公司治理和绿色创新的
多目标投资组合研究

齐 岳　张 雨　廖科智　齐竹君　黄佳宁　著

本书由天津市教委社会科学重大项目"天津市高质量发展的新动能创新研究——基于金融资源整合与金融生态构建的分析"（2018JWZD50）和南开大学中国公司治理研究院科研项目资助

科 学 出 版 社
北 京

内 容 简 介

本书以党的二十大精神为指导,将公司治理和企业绿色创新的非财务因素考虑为风险和收益以外的目标函数加入传统的以风险-收益为核心框架的投资组合选择模型中,分别构建基于均值-方差-公司治理、均值-方差-绿色创新的投资组合选择模型,也为投资者提供一种将公司治理和企业绿色创新的非财务因素加入投资决策中的投资理念,满足投资者的投资需求。同时,针对经典投资组合理论对投资组合的约束条件的假设过分简单而无法满足实际投资组合管理需求的问题,本书基于构建的多目标投资组合选择模型,将投资组合简单的约束条件推广为更为广泛的等式约束条件,为资本市场和基金行业投资者由于现实约束条件的存在而产生的问题提供一个解决思路。

本书适合金融行业从业人员、金融行业监管者、金融专业的研究生,以及对多目标投资组合管理这一领域感兴趣的其他读者学习和使用。

图书在版编目(CIP)数据

公司治理和绿色创新的多目标投资组合研究 / 齐岳等著. —北京:科学出版社,2024.1

ISBN 978-7-03-077699-0

Ⅰ. ①公… Ⅱ. ①齐… Ⅲ. ①组合投资－研究 Ⅳ. ①F830.59

中国国家版本馆 CIP 数据核字(2024)第 005295 号

责任编辑:陶 璇 / 责任校对:姜丽策
责任印制:张 伟 / 封面设计:有道设计

科学出版社 出版
北京东黄城根北街 16 号
邮政编码:100717
http://www.sciencep.com

北京盛通数码印刷有限公司 印刷
科学出版社发行 各地新华书店经销

*

2024 年 1 月第 一 版 开本:720×1000 1/16
2024 年 1 月第一次印刷 印张:12 3/4
字数:257 000

定价:136.00 元
(如有印装质量问题,我社负责调换)

作 者 简 介

　　齐岳，南开大学商学院财务管理系教授、博士生导师，现任系副主任、南开大学中国公司治理研究院企业社会责任研究室主任。2004年毕业于美国佐治亚大学泰瑞商学院金融学与银行学系，并取得博士学位。研究方向：投资组合管理、基金管理、公司治理。在 *Operation Research* 等国际学术期刊和国际学术会议上发表30余篇论文与报告。出版专著：齐岳，《投资组合管理：创新与突破》，经济科学出版社，2007年12月；齐岳，蔡宇，廖科智，《经济发展新常态下完善中国公募基金治理结构研究：基于投资策略的视角》，科学出版社，2016年5月；齐岳，林龙，刘彤阳，郭怡群，《五大发展下中国企业社会责任投资的分析和展望》，科学出版社，2017年11月。主持多项国家自然科学基金、国家社会科学基金、教育部课题。

前　　言

当前中国经济正处于新旧动能转换的关键时期，经济增长的理念和模式正在发生重大变化。一方面，习近平总书记在党的十八届五中全会上提出"创新、协调、绿色、开放、共享"的五大发展理念，将绿色和创新上升到国家战略的地位[①]。另一方面，我国数目庞大的公司在国民经济与社会发展中具有举足轻重的地位。然而，近年来我国数目众多的公司仍存在公司治理问题，作为公司中标杆的上市公司受到监管机构调查处罚的情况时有发生，对股票市场造成冲击，也使得投资者蒙受巨大损失。

在此背景下，有效地量化上市公司的公司治理水平与绿色创新表现，并将其定量地融入资产配置过程中，成为中国情景下金融支持实体经济发展的重要课题。多目标投资组合理论的基础研究为公司治理引入投资组合选择奠定了良好的理论基础，国内外 ESG（environmental social and governance，环境、社会和公司治理）投资的相关研究为我国公司治理投资的开展提供了有力的参考依据，国内公司治理评价相关研究的日趋成熟和发展完善为多目标公司治理投资的研究开展提供了必要的条件。因此，本书从治理体系现代化背景出发，探讨我国上市公司治理和绿色创新发展水平及现状，旨在从公司治理和绿色创新的角度为解决投资者关切的公司治理问题和环境问题提供可行方案。

本书目的在于以金融促进实体经济的健康稳定发展，为符合中国特色社会主义新时代的绿色投资和公司治理投资提供理论研究支持。将公司治理和绿色创新纳入投资过程中，可以充分发挥投资者"事前"参与对公司提高治理水平和绿色创新水平的促进作用，通过优化投资者对资产标的选择和权重配置的方式加速资本向优质企业的流动，更好地发挥资本市场的资源配置作用。同时，资本市场的正向反馈可以激励市场主体主动完善治理结构、提高治理水平，积极推进企业的技术改造和研发创新以实现绿色转型，进而提高整个国家的研发创新和技术转化

---

① 坚持创新发展——"五大发展理念"解读之一[EB/OL]. http://theory.people.com.cn/n1/2015/1218/c40531-27944079.html，2015-12-18.

水平。

因此，本书基于专利授予和环境信息披露的数据构建了一个能够反映上市公司相对于同行业企业环境优势的绿色创新指数，并且将公司治理和绿色创新引入多目标投资组合选择模型，从理论上对模型与投资者效用函数的一致性进行探讨，并对包含公司治理和绿色创新的多目标投资进行建模分析和模型求解，为投资者提出一种兼顾传统投资组合的风险-收益和公司治理及绿色创新的理论工具。

传统的投资组合选择模型以风险-收益为核心框架。本书的核心内容在于，将公司治理和企业绿色创新的非财务因素作为目标函数加入传统模型中，并进行严格推导，得到基于均值-方差-公司治理、均值-方差-绿色创新的投资组合选择模型。在约束条件方面，本书推广了投资组合选择模型中的约束条件，改善现有模型对投资组合的约束条件的假设过分简单、难以满足实际投资组合管理的需求的问题。本书在符合现实的约束条件下，构建三目标投资组合模型，证明模型最小方差曲面的性质并求解计算有效曲面。本书能够为投资者提供一种将公司治理和企业绿色创新的非财务因素加入投资组合决策的新的思路，为资本市场和基金行业投资者提供更符合实际需求的投资模型。本书各章节的主要研究内容概括如下。

第一章是对本书的总体介绍，主要概括性地阐述本书研究的背景、问题、内容、意义、方法、创新等。第二章是背景性的介绍，主要介绍了公司治理和绿色创新的发展和时代背景。第三章是对相关公司治理领域系统的文献梳理与总结，为第四章建立的包含公司治理的多目标投资组合选择模型的研究提供理论铺垫。第四章对 Markowitz 均值-方差模型进行了扩展，建立了考虑风险和收益，同时也关注公司治理水平这一目标的投资组合模型。第五章研究了多目标投资组合最小方差曲面的特征和性质。第六章对绿色创新领域的文献进行了系统回顾和总结，形成了后续章节的理论和论述基础。第七章阐述了绿色创新指数的具体表现，对金融和房地产以外的中国 A 股上市公司绿色创新表现进行了评价。第八章聚焦于均值-方差-绿色创新投资组合选择模型的建模依据论述和模型提出。第九章介绍了该模型的求解和应用。第十章总结了相应的研究结论并提出了对策建议。

本书的创新之处如下。

第一，本书首次将公司治理和绿色创新以投资者效用函数的形式提出，在投资组合选择模型中引入公司治理和绿色创新的目标，并基于参数二次型规划等方法对模型进行求解，拓展了投资组合选择理论。

第二，本书提供了新的研究视角，即从"事前"治理的角度考察了机构投资者在市场公司治理及绿色创新整体水平中可能具备的作用。

第三，基于专利授予和环境信息披露的数据，构建了一个能够反映上市公司相对于同行业企业环境优势的绿色创新指数。通过对该指数构建和计算，形成时序、行业和区域分布特征的统计数据，呈现当前 A 股上市公司的绿色创新整体表现。进一步地，通过实证检验发现作为企业应对外部环境规制的长期举措，绿色创新不仅反映了投资者对企业从事正外部性活动的效用需求，同时还可以正向影响企业价值。

第四，基于多目标投资组合有效曲面，提出了一种非劣于筛选-加权绿色创新指数的权重计算方案，并在样本期外对均值-方差-绿色创新模型的表现进行了实证检验，为模型的有效性提供了经验证据。

本书的主要价值如下。

在理论方面，首先，首次将公司治理和企业绿色创新分别以投资者效用函数的形式提出，并建立引入公司治理、绿色创新的投资组合选择模型。其次，考察机构投资者的"事前"治理作用，从而在机构投资者参与公司外部治理的相关研究方面提供了新的研究视角。最后，将多目标公司治理和绿色创新投资的风险、收益和公司治理及绿色创新状况与传统投资组合相对比，为符合中国特色社会主义新时代的投资组合绩效评价提供创新的视角。

在实践应用方面，首先，为以共同基金为主要组成部分的机构投资者提供一种多目标投资组合的定量方法，从公司治理和绿色创新的角度丰富投资者的投资目标。其次，为投资者指出了一种通过投资活动参与公司外部治理和绿色创新的方式，同时反过来激励我国公司提升公司治理能力和绿色创新水平。最后，为中国特色社会主义背景下 ESG 投资的有序推进提供理论依据，助力多层次资本市场的完善。

本书的主要影响如下。

首先，本书将传统的投资组合选择模型扩展为包含公司治理和绿色创新的多目标投资组合选择模型。一是论证了当投资者效用函数为经典的二次性函数时，构建的多目标投资组合选择模型是科学有效的。二是分析了当投资者效用函数为一般形式时，如何对效用函数期望的最大化进行求解，可以严格推导出从随机规划的角度出发的对传统投资组合选择模型的拓展。

其次，本书实现了将公司治理和绿色创新纳入投资者效用函数的公式推导和实证检验，进而使投资框架从传统的风险-收益维度向风险-收益-公司治理及风险-收益-绿色创新突破，从金融投资的视角引导资金流向公司治理水平和绿色创新表现良好的企业，解决了企业在实现治理体系现代化和绿色创新投入方面所存在的资金短缺问题。

再次，本书探讨了多目标投资组合最小方差曲面的性质，证明了该椭圆抛物面在期望收益率最大值的点集正好投影在传统投资组合最优曲线上。本书基于 A 股市场数据的实证检验表明，传统投资组合的最优解收益率不低于包含公司治理和绿色创新的多目标投资组合选择模型的收益率，但从长期来看，多目标模型收益率可能优于大盘指数，为多目标公司治理和绿色创新投资支持实体经济发展建立了理论基础。正是因为纳入公司治理和绿色创新维度后的投资组合表现良好，才能够使投资者愿意将资金投入公司治理和绿色创新表现良好的企业，从而促进企业绿色创新水平和公司治理水平的进一步提升。

最后，本书探讨了多目标投资组合最小方差曲面在给定可行方差下期望收益率-期望公司治理指数和绿色创新表现的椭圆截面性质。当期望公司治理指数向量、绿色创新表现向量、期望收益率向量和单位向量满足一定条件时，该椭圆的性质能满足为一个正椭圆。该研究结论可以进行进一步扩展，即在给定方差下的包含公司治理和绿色创新的多目标投资组合能够求出最优解曲线方程，进而求出最优解曲面上对应的投资组合权重向量。这一结论实现了多目标投资组合的权重向量现实求解，使多目标公司治理和绿色创新投资不再停留在理论层面，而是在现实市场中，为机构或个人投资者提供投资决策向量，从投资层面促使企业提升自身的公司治理水平和绿色创新水平，进一步实现了金融工具支持实体经济发展的可行路径。

本书的分工情况如下：齐岳负责本书总体设计，完成前言；张雨完成第一章至第四章；廖科智完成第五章至第七章；齐竹君完成第八章至第九章；黄佳宁完成第十章及文字润色修改。

齐　岳

2023 年 5 月

目　　录

第一章 绪 论

党的十九大报告中，习近平总书记对金融发展提出了重要要求："深化金融体制改革，增强金融服务实体经济能力"，"健全金融监管体系，守住不发生系统性金融风险的底线"[①]。由此，如何通过金融创新服务实体经济和如何防控系统性金融风险进而推动经济的长期健康发展，成为中国特色社会主义新时代下金融体系建设的重要议题，同时通过金融创新提升公司治理水平也是实现国家治理体系和治理能力现代化在金融市场方面的有效路径。

第一节 研究背景与研究问题

2015年的股市震荡、2016年初的熔断事件及2018年初的股市下行都表明股票市场大幅震荡会打击投资者信心，增加企业融资难度，不利于金融支持实体经济的发展。关于股票大幅震荡的成因，近年来学者们在管理层捂盘假说上取得了重要进展，即管理层为其薪酬、职业前景和企业控制权等自身利益在信息披露中报喜不报忧，累积负面消息，从而在股价方面产生巨大的负面影响，最终使股价大幅震荡。

管理层捂盘假说从本质上来看是信息不对称和代理问题，因此改善公司治理的实践不足有助于抑制股市大幅震荡。由于我国资本市场发展时间相对于发达国家较短，仅依靠监管能力的增强难以对公司治理水平进行有效而迅速的提升，资本市场治理环境的提升需要机构投资者充分发挥治理主体作用。

2013年11月，党的十八届三中全会提出"推进国家治理体系和治理能力现代

---

① 习近平：决胜全面建成小康社会 夺取新时代中国特色社会主义伟大胜利——在中国共产党第十九次全国代表大会上的报告[EB/OL]. https://www.gov.cn/zhuanti/2017-10/27/content_5234876.htm?eqid=fbed818d0000589000000003645609a8，2017-10-27.

化"，"加快推进社会主义民主政治制度化、规范化、程序化"①。我国数目庞大的公司在国民经济与社会发展中具有举足轻重的地位，因此，如何提高公司治理水平不可避免地成为推进国家治理体系和治理能力现代化中的关键一环。

我国颁布《中国公司治理原则》、《上市公司治理准则》、《中华人民共和国公司法》和《中华人民共和国证券法》，上海证券交易所在2008年发布上证公司治理指数，这都与完善我国上市公司的治理水平直接相关，这些相关法律法规和市场指数的出台标志着我国在提升公司的治理水平方面已经做了大量工作。然而，近年来我国数目众多的公司仍存在公司治理问题，作为公司中标杆的上市公司受到监管机构调查处理的情况时有发生。中央巡视组巡视的央企中至少已有30多名企业的高层管理者被带走调查，涉及多家重要的大型企业。产生严重公司治理问题的大型企业，业务与口碑受到严重影响，甚至长时间停牌，这对公募基金等机构投资者以及广大的中小投资者造成了巨大的冲击，上市公司的公司治理问题也进一步成为投资者的关注热点。一部分公司可能能够在股票市场复牌，但其股票大概率发生连续下跌的情况，这会导致众多持有该股票的基金净值亏损严重。这一过程最终造成的巨大损失是由广大的普通投资者承担的。由此可见，整治上市公司的公司治理问题迫在眉睫，同时这也要求我国众多的金融机构投资者和普通投资者自始至终地密切关注所投资股票的公司治理水平，进而才可以有效控制投资者自身可能面临的金融风险。这些揭示了整治上市公司的公司治理问题迫在眉睫，同时这也要求我国众多的金融机构投资者和普通投资者都需要自始至终地密切关注所投资股票的公司治理水平，进而才可以有效控制投资者自身可能面临的金融风险。

综合来看，机构投资者积极合理地参与公司治理过程，能够帮助公司治理水平得到有效的提升，进而使资本市场的信息不对称程度有所下降，实现对股价大幅震荡现象的控制，促进资本市场的健康和高效发展。已有研究偏重机构投资者的"事后"参与，即讨论机构投资者成为股东后如何通过参与公司治理推动公司治理水平的提升，但对机构投资者"事前"参与公司治理的相关研究较少。"事前"参与是指机构投资者在投资前甄别目标公司的治理水平，并据此做出投资决策，是一种从投资方的角度提升投资对象公司治理水平的途径。相比于个人投资者及其他投资者，以共同基金为代表的机构投资者会选择构建投资组合作为投资的方式和路径，关注企业中长期价值的提升和风险的控制，机构投资者的"事前"参与反向促进了上市公司在提高自身治理水平方面的动力提升，从而降低资本市场的极端风险。将公司治理作为投资目标加入机构投资者的投资组合选择模

---

① 中共中央关于全面深化改革若干重大问题的决定[EB/OL]. https://www.gov.cn/zhengce/2013-11/15/content_5407874.htm, 2013-11-15.

型有助于为机构投资者提供"事前"参与公司治理的途径，推动资本市场治理水平的提升。

此外，金融学研究的一个重要问题是投资者如何科学合理地进行资本配置。资本市场自身充满了不确定性与风险，会受到经济形势、国家政策及资本市场投资者情绪等多方面因素的影响，如何在不确定的风险环境下选择适合的资产，对资金进行分配和利用是现代社会中投资者所面临的一个重要问题。资本市场的参与者在参与资本交易的过程中，互相构成了资产同资本之间的供需关系，这种资产同资本之间的供需关系进而对资本市场交易价格产生影响，与此同时，市场交易价格又会反过来作用于资本和资产的供需关系及最后实现的平衡状态。伴随着投资者需求、国家战略要求等多方面综合因素，投资者在构建投资组合时不再简单地只考虑如何将组合的收益最大化抑或风险最小化这两个目标，而是同时开始追求投资组合的公司治理情况、企业社会责任、企业绿色创新等其他目标。

自 Markowitz（1952）开创投资组合选择理论以来，"均值-方差"模型就成为指导共同基金投资实践的基础理论工具。在传统的投资组合选择理论中，投资组合选择本质上是一个双目标优化问题，即同时考虑实现收益最大化和风险最小化两个目标。Sharpe（1964）、Lintner（1965a）和 Ross（1976）等经济学家对投资组合选择在现实中的应用进行了研究，推动了投资组合选择和金融学的发展。但随着研究的不断深入，包括 Markowitz 在内的众多学者指出在投资组合选择中可能存在诸如股息率、交易流动性、证券数量、企业社会责任等其他重要的目标（Markowitz，1991；Ehrgott et al.，2004；Steuer et al.，2007；Zopounidis et al.，2015；Qi，2017）。由此，多目标投资组合选择理论成为投资组合理论研究的重要前沿之一。

多目标投资组合选择与效用函数关系在理论上的扩展为多目标投资组合选择模型的构建及模型求解奠定了重要的理论基础（Ehrgott et al.，2004；Steuer et al.，2007）。同时，求解方法的提出和不断完善成为连接现实数据与模型的重要桥梁。这些都为公司治理引入多目标投资组合选择模型奠定了有力的基础。

在国外期刊中，多目标公司治理投资的相关研究与社会责任投资紧密结合，表现为学者将 ESG 指数作为投资者目标函数，引入多目标投资组合选择模型并进行求解，进而通过模拟运算和实证研究的方式将多目标投资组合选择模型所构成基金的收益、风险和 ESG 得分与传统投资组合的相应结果进行比较（Hirschberger et al.，2013；Qi，2018）。较好的理论基础研究也进一步推动了国外 ESG 投资的发展，进而推动了共同基金对公司治理的参与。国内的公司治理投资和社会责任投资仍处于理论探讨阶段，投资实践也处于发展的初期，相关的理论研究具有必要性。

近年来，我国大力推进经济的结构转型及供给侧结构性改革，之前经济粗放式发展导致企业产生了一些环境污染问题，由此，公司环境治理水平亟须提高。上市公司的环境处理出现问题，会导致股票市场出现异常表现，2018年4月，某集团被举报非法排放倾倒，严重地破坏和污染了企业附近的生态环境，生态环境部将相关情况对中国证券监督管理委员会（以下简称证监会）进行通报，并对其进行处罚整改，环保处罚的公示使企业的股票价格出现了显著的下跌，带来显著为负的异常收益率，这表明市场对环境及社会责任等问题反应迅速。该类事件的发生，对上市公司的股价产生显著的负面影响。因此，无论是机构投资者还是个人投资者，在投资的过程当中，不仅要关注收益和风险的目标，也要考虑被投资企业对环境的影响及其针对环境影响的应对措施，以此来满足其基本的价值投资需求。

综合来看，多目标投资组合理论的基础研究为公司治理引入投资组合选择提供了良好的理论基础，同时国内外ESG投资的相关研究为我国公司治理投资的开展奠定了有力的参考依据基础。国内公司治理评价相关研究的日趋成熟和发展完善为多目标公司治理投资的研究开展提供了必要的条件。本书将公司治理引入多目标投资组合选择模型，从理论上对模型与投资者效用函数的一致性进行探讨，并对多目标公司治理投资进行建模分析和模型求解，为我国公司治理投资提供模型工具，继而推动公司治理水平的提升，促进金融支持实体经济。因此，本书从治理体系现代化背景出发，探讨我国上市公司治理和绿色创新发展水平及现状，旨在从公司治理层面和以绿色创新为核心的环境问题应对措施的视角解决投资者的环境关切问题。

Markowitz在均值-方差模型中使用投资组合的方差来衡量风险水平，后来学者们进一步地提出了许多改进的风险测度指标并使其替代方差加入投资组合选择模型中。对风险测度的改进是投资组合选择理论的重要进步，但这些研究和Markowitz均值-方差模型的共同缺陷是不能让投资者在考虑收益率与风险的同时关注其他目标。事实上，风险和收益只是投资者需要考虑的众多因素中的一部分。然而，均值-方差模型以及风险测度改良的模型并不能满足投资者对将更多因素纳入投资决策过程中的迫切需求，因此很多学者将现实投资环境中的因素提炼并加入模型中，以此实现对模型的改进。虽然早期投资组合模型实际应用方面存在一定的缺陷，但这一理论框架提供了解决问题的科学思路，对投资者投资行为与量化金融研究的发展有着重要的指导作用，从而使得投资组合模型的研究具有现实意义，因此之后的很多学者在该理论的基础上改进投资组合选择模型，并不断结合数学、统计学与运筹学知识及计算机科学等来研究新的模型与计算方法，这些研究不断地丰富与完善了现代投资组合理论。

本书首次将公司治理和绿色创新以投资者效用函数的形式提出，分别将公司治理和绿色创新引入投资组合选择模型，为投资者提出一种兼顾传统投资组合的风险-收益和公司治理及绿色创新的多目标投资组合选择模型，将公司治理和绿色创新的目标维度扩展到传统的投资组合领域，从理论上对投资组合选择理论进行了拓展。

本书通过构建包含公司治理和绿色创新的多目标投资组合选择模型，从"事前"治理的角度考察了机构投资者在市场公司治理及绿色创新整体水平中可能具备的作用，为机构投资者参与公司外部治理及内部创新的相关研究提供了新的研究视角。同时，本书将公司治理和绿色创新纳入多目标投资组合选择模型，并基于参数二次型规划等方法对模型进行求解，进而将多目标公司治理投资和绿色创新投资的风险、收益及公司治理状况与传统投资组合相对比，为符合中国特色社会主义新时代的投资组合绩效评价提供创新的视角。

考虑到气候变化和环境污染对社会经济活动产生了重要影响，如何将企业的环境竞争力纳入投资组合选择决策的过程，成为本书关注的另一个核心问题。因此，在将公司治理水平纳入投资组合选择的基础上，本书基于专利授予和环境信息披露的数据，构建了一个能够反映上市公司相对于同行业企业环境优势的绿色创新指数。通过对该指数的构建，衡量企业在环境竞争力方面的表现。

此外，本书的另一个研究问题是包含绿色创新的三目标投资组合选择如何建模，其与传统投资组合选择的区别何在，绿色创新因子的加入会对均值-方差优化下的投资组合有效边界产生怎样的影响。在 ESG 投资组合选择领域，已有研究主要将 ESG 整体作为一个目标纳入投资组合选择的建模求解过程中。然而，正如Pedersen 等（2020）的研究所反映的结果，环境、治理和社会信息可能与企业价值存在不同程度的关联，进而对投资组合有效边界产生异质性的影响。作为企业应对外部环境规制的长期举措，绿色创新不仅反映了投资者对企业从事正外部性活动的效用需求，同时还可能正向影响企业价值。同时，投资者通过衡量风险、收益和企业绿色创新表现实现投资效用的最大化，进而有利于吸引更多的机构投资者关注企业绿色创新的价值投资，减少股票市场的异常波动，从而实现基于多目标投资组合为核心的金融创新支持实体经济的最终目标。

第二节　研究内容与研究意义

本书的核心研究内容是分别将公司治理和企业绿色创新的非财务因素考虑为风险和收益以外的目标函数加入传统的以风险-收益为核心框架的投资组合选择模型中，分别构建基于均值-方差-公司治理、均值-方差-绿色创新的投资组合选择模型，也为投资者提供一种将公司治理和企业绿色创新的非财务因素加入投资决策中的投资理念，满足投资者的投资需求。同时，针对经典投资组合理论对投资组合的约束条件的假设过分简单而无法满足实际投资组合管理的需求的问题，基于构建的多目标投资组合选择模型，将投资组合简单的约束条件推广为更为广泛的等式约束条件，为资本市场和基金行业投资者由于现实约束条件的存在而产生的问题提供一个解决思路。然后研究投资约束条件下构建的三目标投资组合模型，证明模型最小方差曲面的性质并求解计算有效曲面，进而研究约束条件的变化对模型有效解产生的影响。具体而言，本书各章节的主要研究内容概括如下。

第一章介绍了分别包含公司治理和绿色创新的多目标投资组合选择模型现实研究背景与研究问题，接着论述了包含公司治理和绿色创新的多目标投资组合选择模型的研究内容、理论意义与实际意义，最后对本书的研究特色与可能的创新之处进行详细说明。

第二章对金融创新的时代背景和发展进行了介绍，分别从国内金融创新的发展现状、数字化转型与金融创新，以及金融创新时代的风险与挑战展开论述，为以多目标投资组合选择为金融创新工具实现金融服务实体经济奠定了理论和实践背景。

第三章是本书对相关公司治理领域系统的文献梳理与总结。本章首先对公司治理评价指标与公司业绩、公司治理评价体系的研究文献进行了详细的总结与归纳，这为建立包含公司治理的多目标投资组合的研究进行了理论铺垫。接着本章对多目标投资组合模型与多目标规划的相关研究进行了总结与梳理，为本书第四章所建立的包含公司治理的多目标投资组合选择模型的研究提供了数理理论铺垫。

第四章的核心内容是在构建投资者投资决策的过程中，不仅考虑风险和收益，同时也关注公司治理水平这一目标。此外，本章对包含公司治理的多目标投资组合的现实必要性进行总结，进而对 Markowitz 均值-方差模型进行直接扩展建立了投资组合模型。接着本章创新性地从投资者效用函数期望最大化的角度对多目标投资组合选择模型展开研究，进一步证明了包含公司治理的多目标投资组合选择模型的科学性与合理性。

第五章研究了多目标投资组合最小方差曲面的性质，本章首先研究了多目标投资组合选择模型最优解所具有的模型特点和特征，其次求解了多目标投资组合选择模型，最后研究了多目标投资组合选择模型中最小方差曲面与传统的投资组合选择模型中最小方差曲线的关系。

第六章着重对绿色创新领域的文献进行了系统回顾和总结，形成后续章节的理论基础和论述基础。从文献所属的领域来看，本章首先回顾绿色创新的定义、特征，强调绿色创新与企业价值之间的关系，阐述将绿色创新纳入投资组合选择的意义。其次，本章对定价因子产生的原因和路径进行回顾，着重探讨了企业的创新活动作用于其长期价值的理论逻辑和路径，为绿色创新与股票收益关系研究的展开提供理论基础。最后，本章对投资组合选择理论的发展过程进行回顾，着重阐述了多目标投资组合的研究前沿。

第七章阐述了绿色创新指数的具体表现，从创新内容上来说可以区分为绿色技术创新和绿色管理创新，结合公开可得的绿色专利授予信息和现有数据库的文本整理，对金融和房地产以外的中国 A 股上市公司绿色创新表现进行评价。然后，根据绿色创新指数评价的原始数据，形成时序、行业和区域分布特征的统计数据，呈现当前 A 股上市公司的绿色创新整体表现。

第八章聚焦于均值-方差-绿色创新投资组合选择模型的建模依据论述和模型提出。以波特假说、有限关注假说和环境偏好假说为基础，使用Fama-Macbeth 模型实证检验绿色创新与股票收益的关系，为模型构建提供了实证依据。在经典的均值-方差模型的基础上，实现了绿色创新维度的模型突破和数值检验，并阐明了其与多目标效用函数的一致性。

第九章聚焦于模型的求解和应用。在等式约束下，本章利用 ε-约束法、加权求和法对均值-方差-绿色创新模型的非劣集和有效集进行求解。进一步，基于多目标投资组合有效界面，提出了非劣于筛选-加权指数的权重计算方案，并在样本期外对均值-方差-绿色创新模型的表现进行了实证检验，为模型的有效性提供经验证据。

第十章对全书的研究结论和相应的对策建议进行总结。

本书的研究意义如下。

1. 学术意义

首先，本书首次将公司治理和企业绿色创新分别以投资者效用函数的形式提出，并将公司治理、绿色创新引入投资组合选择模型，为投资者提出了一种兼顾传统投资组合的风险-收益和公司治理及绿色创新的多目标投资组合选择模型，将公司治理和绿色创新的目标维度扩展到传统的投资组合领域，从理论上对投资组合选择理论进行了拓展。

其次，本书通过构建包含公司治理和绿色创新的多目标投资组合选择模型，从"事前"治理的角度考察了机构投资者在市场公司治理和绿色创新的整体水平中可能具备的作用，从而在机构投资者参与公司外部治理的相关研究方面提供了新的研究视角。

最后，本书将公司治理和绿色创新分别纳入多目标投资组合选择模型，并基于参数二次型规划等方法对模型进行求解，进而将多目标公司治理和绿色创新投资的风险、收益和公司治理及绿色创新状况与传统投资组合相对比，为符合中国特色社会主义新时代的投资组合绩效评价提供创新的视角。

2. 应用意义

首先，本书的研究可为以共同基金为主要组成部分的机构投资者提供一种多目标投资组合的定量方法，从公司治理和绿色创新的角度来丰富投资者的投资目标，使投资者能够精确地控制投资组合中公司治理和绿色创新层次的要求，降低投资组合发生极端风险的可能性，进而有利于吸引更多的机构投资者关注公司治理和绿色创新的价值投资，减少股票市场上繁杂的信息冲击和非理智情绪引起的异常波动，促进实现金融服务实体经济的目标，推动资本市场健康有序发展。

其次，本书的研究为以共同基金为主要组成部分的机构投资者指出了一种在投资过程中能够实现参与公司外部治理和绿色创新的方式，进而反向激励我国公司提升公司治理能力和绿色创新水平，优化我国公司治理能力和绿色创新能力，从治理的角度降低中国股票市场大幅震荡的可能性，推动系统性金融风险防控，促进资本市场的稳定发展。

最后，本书的研究为符合中国特色社会主义新时代的公司治理投资和绿色创新投资提供了理论研究支持，为中国特色社会主义背景下 ESG 投资的有序推进提供理论依据，有助于多层次资本市场的形成与发展。

第三节　研究方法与研究创新

本书围绕"如何将公司治理和绿色创新融入投资组合选择，实现多目标投资组合支持实体经济发展"这一基本问题展开。

在具体所应用的科学研究方法方面，本书主要采用文献分析法和科学计量学对理论进行回顾。通过对相关研究领域已有文献进行系统性回顾，论证公司治理作为目标函数的合理性，并将其扩展到多目标投资组合选择模型，进而证明其与效用函数的内在一致性。在此基础上，使用实证分析法对绿色创新对股票收益影响的机制路径和企业异质性进行检验，形成建模依据。进一步地，采用数理推导法对包含公司治理及绿色创新的三目标在内投资组合分别建模求解。最后，使用参数二次型规划算法和统计检验对样本期外绩效进行比较。

在文献分析方面，本书使用相关方法对 *Journal of Finance*、*Journal of Financial Economics*、*Strategic Management Journal*、*Operations Research*、*Management Science*、《经济研究》和《管理世界》等中英文权威期刊中关于公司治理、绿色创新、责任投资、因子定价和多目标投资组合构建与求解的相关研究文献进行了系统的回顾与整理。

在实证分析方面，本书选择适当的研究样本，通过网络爬虫、数据库检索及数据评价等多种渠道搜集相关数据资料，对绿色创新进行明确的定义和定量的评价，基于 Fama-Macbeth 截面回归的方法检验绿色创新对股票收益的影响，并进一步从未来基本面改善和错误定价的视角探索明确的机制路径。

在数理推导方面，本书以 Qi（2018）提出的多目标投资组合选择模型为范式，在论证公司治理及绿色创新作为投资选择目标的合理性后，将其以目标的形式扩展到传统的均值-方差模型当中，基于数理方法推导出分别包含公司治理和企业绿色创新的三目标投资组合有效集与非劣集，并进一步对解集的性质进行讨论。

本书基于公司治理、绿色创新和投资者效用函数的相关理论首次将公司治理及绿色创新分别以投资者目标函数的形式提出，并将公司治理和企业绿色创新引入多目标投资组合选择模型，将公司治理与 Markowitz 所提出的经典的投资组合理论相连接。

本书从投资者的视角提出一种既重视投资回报率和风险因素，又能让投资者可以直接参与公司治理及绿色创新的多目标投资组合模型，为中国特色社会主义新时代下 ESG 投资的发展提供了理论依据。

本书对包含公司治理和绿色创新的线性函数和二次性函数的多目标投资组合选择模型进行研究，创新性地针对多目标投资组合选择模型等复杂模型的求解问题提出对应的求解办法，有利于从模型推导和公式解的维度推进相关多目标决策问题的求解。同时，通过建模分析和实证研究的方式为以共同基金为代表的机构投资者提供了一种"事前"参与公司外部治理和绿色创新的投资工具，并指明了具体的实施方法和实现路径，有助于反过来促进我国公司治理水平和绿色创新水平的提升，推动金融创新服务实体经济。

第二章 治理体系现代化背景下公司治理和绿色创新发展

近年来，我国大力推进经济的结构转型以及供给侧结构性改革，由于之前经济粗放式发展导致企业随意排污对周边所产生的环境污染问题亟待解决，在治理体系现代化的背景下，通过提高公司治理水平解决环境问题也是当下经济发展的重要议题。上市公司的环境处理出现问题，通常会导致股票市场出现异常表现。例如，当企业非法排放污染物时，不仅会对周边生态环境造成严重的污染与破坏，同时生态环境部会将相关情况通报证监会，并对企业进行处罚整改，已有研究表明环保处罚的公示往往伴随着上市公司股价的显著下跌，由此带来显著为负的异常收益率，这表明市场对环境及社会责任等问题反应迅速。该类事件的发生，对上市公司的股价产生显著的负面影响。因此，投资者在投资的过程中不仅要考虑收益和风险，也要关注被投资方对环境的影响及应对措施，以此来满足其基本的价值投资需求。因此，本书从治理体系现代化背景出发，探讨我国上市公司治理和绿色创新发展水平及现状，旨在从公司治理层面和以绿色创新为核心的环境问题应对措施的视角解决投资者的环境关切问题。

第一节 治理体系现代化背景下公司治理的国内发展和时代特征

2013年11月，党的十八届三中全会提出"推进国家治理体系和治理能力现代化"，"加快推进社会主义民主政治制度化、规范化、程序化"①。我国数目庞大的公司是国民经济与社会的重要组成部分，由此我国公司治理不可避免地在国家治理体系构建中发挥经济层面的作用，因此提升我国公司治理的水平是推进国家治理体系和治理能力现代化中的关键一环。

公司作为生产力的基本单位，在经济发展、社会稳定和生态环境改善的过程中承担着不可替代的责任。政府作为市场规则的制定者与监管者，其本身不能直接拉动经济的增长，而是通过从宏观层面制定相关经济政策，刺激公司和其他市场参与主体采取相应的措施来推动经济的增长。由于公司在经济增长的过程中承担着重要的作用，因此公司治理在国家治理体系和治理能力现代化的过程中也具有举足轻重的地位。

公司治理的核心目标是使企业的管理层始终以最大化股东利益为目标，同时强调与其他利益相关者之间的利益协调。主流的公司治理研究文献通常在区分公司治理时，按照治理环境的不同将其考虑为外部治理和内部治理，为企业所有者与管理层、控股股东和小股东之间可能存在的利益冲突提供了两类不同的应对机制。首先考虑的是内部机制（通常细分为股权结构、董事会、经理层、财务信息披露和审计审慎机制等），其次考虑的是外部机制（通常细分为市场并购重组机制、法律法规、中小股东的权益保护和产品市场竞争等）。

早在 300 多年前，亚当·斯密就在《国富论》中提出了股份制公司因所有权和经营权分离而产生的一系列问题。近代的公司治理理论文献起源于 Berle 和 Means 在 1932 年出版的专著 *The Modern Corporation and Private Property*。在这部专著中，他们指出公司管理者与股东的价值追求存在根本性的差别，对企业契约性质和委托代理问题进行了详细的论述，推动了代理理论的萌芽和发展。Shleifer 和 Vishny（1994）认为公司治理的核心要义是确保投资者的投资回报所产生的一系列制度，这也成了现代公司治理理论的重要观点。公司治理基础理论的研究在国外已经相当成熟，成为国内公司治理理论研究的重要参考。

进入 21 世纪以来，我国以国有企业和上市公司为代表的公司治理改革取得了重大进展，相对于传统的计划经济体制，公司制企业的生产组织方式显著地提升了公司的经营绩效，也推动了国民经济的高速增长。我国的公司治理研究于 20 世纪 90 年代逐渐兴起，其中比较有代表性的研究是徐晓东和陈小悦（2003）以第一大股东在公司治理和企业业绩方面所发挥的作用为主题进行的实证研究，从国有股减持和股权多元化方面切实探讨了我国的公司治理问题。相关研究为我国公司治理研究的开展提供了重要的启示，但此时并未形成针对我国公司治理理论应用

---

① 中共中央关于全面深化改革若干重大问题的决定[EB/OL]. https://www.gov.cn/zhengce/2013-11/15/content_5407874.htm，2013-11-15.

于实体经济的系统性研究。南开大学公司治理研究中心结合国外公司治理研究的丰硕成果与我国公司治理的实际情况，提出了一套系统评价公司治理状况的理论模型，成为我国公司治理研究逐渐走向成熟的重要里程碑。随着我国公司治理问题逐渐复杂化，关于公司治理理论的研究也逐渐呈现具体化特征，在内外部治理框架的指引下系统地研究治理要素。现有关于公司治理基础理论的研究已经逐渐深入化与具体化，但针对政府与公司协同治理的研究仍然较少。

改革开放 40 余年，中国式公司治理逐步由以所有权和经营权高度结合，具体体现在以往各级政府监管部门对所监管企业的运营具有治理权，逐渐地转变为所有权与经营权分离，同时政府的监管和企业本身也不再统一，形成了完善的内部法人治理结构与外部资本市场、产品市场、经理人市场和法律法规治理环境相结合的经济型治理模式。我国公司治理模式的演进也以行政型治理向经济型治理发展为主线。

国有企业改革是我国公司治理发展过程中的一个独特背景，也是公司治理在我国发展的现实体现。在此之前，传统的行政治理模式往往表现在资源配置的过程、企业制定目标及高管任免等方面行政化特征尤为明显，进而产生了内外部治理不平衡的现象。以国有企业改革为代表的经济型治理机制建设，通过法律法规不断强化了"经济型"治理意识，以行政干预为特征的行政型治理模式逐渐被规范、科学的政府监管和实质性的现代企业制度构建的内外部治理机制取代。经济型治理的建立和完善提升了企业的经营绩效，从宏观上对国民经济的发展起到了重要的推动作用。从整体上看，从行政型治理向经济型治理转变成为我国公司治理演进的一条主线。

学界也对这种从行政型治理向经济型治理的演变特征进行了探讨。以治理主体变化的角度为切入点，杨瑞龙和周业安（2001）指出以往国有企业公司治理的核心要义是把握股东利益的最大化，而未来的改革和演进应朝着利益相关者利益最大化的方向进行。以治理结构为切入点，卓文燕和邵斌（2002）提出国有企业公司治理由双层制向混合制治理结构演进的观点。

行政型治理向经济型治理的转型是我国公司治理改革的重要趋势，并且这种转型显著提升了公司治理的效率，也成为我国经济增长的重要制度原因。2008 年全球金融危机以及近年来国内外一系列公司治理危机说明，经济型治理存在治理失灵的问题，即单纯以自由市场配置资源为导向的治理模式不能全面地防范治理风险的发生。

本书认为成熟的行政型治理和成熟的经济型治理并存是公司治理的理想化模式，强调政府对经济型治理失效下的适当支助与干预，追求的是恰当地运用行政型治理在危急时刻应对经济型治理失效带来的问题的"相机治理"。建立政府、机构与企业的协同治理机制，统筹成熟的经济型治理与成熟的行政型治理的模式应用，是我国未来公司治理发展的重要趋势，既要强调市场的作用，同时也要关注监管部门在治理过程中发挥的效果和作用。

随着我国公司治理模式逐渐从行政型转向经济型，对公司治理实践的探索越来越完善深入，同时在实践中，公司治理风险也愈发为人所关注。越来越多的实践证明，公司治理风险在公司治理框架中是重要的节点部分，其连接着治理机制和治理效果，因此应该和公司治理结构、公司治理机制、公司治理环境等要素一起纳入公司治理统一的分析框架之中。公司治理是一个有机的系统，由公司治理环境和利益相关者交互作用构成，治理质量表现为公司治理多个子系统的协同作用所形成的系统效能。在一个基本的公司治理系统中，治理对象是构成系统的元素，治理结构是系统的载体，公司治理行为或过程是系统元素相互作用的运行机制。公司治理系统本质上是一个持续改善的过程，它关注着治理过程的环境、结构、机制及行为所产生的统一结果。此外，公司治理风险的界定应建立在公司治理系统的基础上，具体来说其体现在当公司面临的环境具有不确定性时，公司内部存在着治理不完善以及相应的决策不科学等问题，导致公司内部治理和外部不确定环境不匹配，进而难以接受环境的变化所带来的影响，最终使公司治理的目标偏离最初的治理系统。如何有效地通过政府与公司协同治理的方式控制市场的治理风险，成为公司治理实践需要探索的重要方向。

第二节　治理体系现代化背景下中国的绿色产业发展和创新

一、中国的绿色产业发展

工业革命的到来给全球经济带来了快速的发展，人们的生活发生了翻天覆地的变化。但是，随之而来的是环境的日益恶化和生态的严重失衡，气候变暖、臭氧层耗损、生物多样性锐减等问题使人们意识到保护环境、绿色发展刻不容缓。人们试图在促进经济发展和保护环境、节约资源之间找到一个平衡。20 世纪 60 年代，欧美部分国家制定了环境相关的法规，将环境保护纳入法律层面。20 世纪七八十年代，世界各国开始制定大量环境相关的法律法规，发达国家也提出了控制工业污染的清洁生产。1987 年，"可持续发展"的概念由挪威首相布伦特兰夫人在联合国的报告中提出，具体来说这一概念的内涵在于既满足当代人的需要，又不对后代人满足其需要的能力构成危害的发展。此后，环境保护、绿色发展、可持续发展进一步在世界范围内得到关注，清洁生产在各国受到了重视，环境法律法规的数量在全球范围内也迅速增多，许多国家形成了较为完善的环境法体系，各国在绿色发展保护环境方面做出努力，并呈现出世界范围内的合作趋势。1992 年，联合国环境与发展会议通过了《21 世纪议程》，正式提出了可持续发展战略。2008 年，联合国向全球倡议"绿色新政"的发展观，强调提升各国绿色创新能力，强调注重经济发展质量、环境保护与追求人与自然和谐的发展。

对于我国而言，自改革开放以来，我国在各方面取得了重要成就，经济迅速发展、市场逐步开放、社会更加稳定，但环境污染和资源短缺是发展过程中面临的重要问题，我国对绿色发展的重视程度逐渐提高。2006 年，王金南等首次提出我国绿色发展战略规划五维度的构想①。2008 年北京奥运会的理念中，"绿色奥运"占据了首位，整场奥运会贯穿了可持续发展的思想，体现了人与自然的和谐。得益于这次奥运会，绿色发展的意识逐步在公众中取得了共同的认知。党的十八大以来，党中央将生态文明建设放在了重要的位置，党的十八大报告中"大力推进生态文明建设"单独将"生态文明"作为单独篇进行阐述，提出"推进绿色发展、循环发展、低碳发展"。2015 年 9 月，中共中央政治局召开会议，审议通过了《生态文明体制改革总体方案》，会议认为该方案是生态文明领域改革的顶层设计②。2015 年 10 月，党的十八届五中全会召开，这次会议中提出了"绿色发展"的理念，首次将"绿色发展"提升到"五大发展"的高度③。2017 年，党的十九大报告要求进一步统筹推进"五位一体"总体布局，提出需要"构建市场导向的绿色技术创新体系"④。习近平总书记在中央政治局第二十九次集体学习时强调，"十四五"时期，我国生态文明建设进入了以降碳为重点战略方向、推动减污降碳协同增效、促进经济社会发展全面绿色转型、实现生态环境质量改善由量变到质变的关键时期⑤。这些都体现了我国加快生态文明建设、实现高质量发展、推动绿色发展的决心。从 21 世纪初期提出经济发展要实现绿色转变的设想至今，我国环境保护意识增强，政府、企业、民众都为改善生态环境、实现绿色发展做出贡献。

---

① 绿色发展战略规划包括五个方面内容：国土环境与经济协调布局，制定国土综合整治规划及西部地区的开发规划；制定资源保护与资源节约规划；制定绿色产业与经济发展规划；制定生态保护与生态建设规划；制定环境污染综合治理规划。

② 中共中央政治局召开会议审议《生态文明体制改革总体方案》、《关于繁荣发展社会主义文艺的意见》[EB/OL]. http://cpc.people.com.cn/pinglun/n/2015/0912/c64094-27574855.html，2015-09-12.

③ 绿色发展引领生态文明建设新路径[EB/OL]. http://theory.people.com.cn/n1/2017/0103/c40537-28995389.html，2017-01-03.

④ 习近平：决胜全面建成小康社会 夺取新时代中国特色社会主义伟大胜利——在中国共产党第十九次全国代表大会上的报告[EB/OL]. https://www.gov.cn/zhuanti/2017/10/27/content_5234876.htm?eqid=fbed818d0000589000000003645609a8，2017-10-27.

⑤ 习近平主持中央政治局第二十九次集体学习并讲话[EB/OL]. http://www.gov.cn/xinwen/2021-05/01/content_5604364.htm，2021-05-01.

二、推动绿色创新的发展理念

在绿色发展的过程中，企业的绿色创新表现扮演着重要的推动角色，为绿色发展提供了动力，赋能国家的绿色产业发展。目前，对于"绿色创新"一词仍没有一个统一的定义。通常绿色创新是指对保护环境、促进可持续发展有益的创新。绿色创新包括但不限于技术、流程、管理、服务等方面的创新。

2017 年，党的十九大报告提出需要"构建市场导向的绿色技术创新体系"①。2019 年 4 月，《国家发展改革委 科技部关于构建市场导向的绿色技术创新体系的指导意见》首次定义了我国绿色技术的概念，并指出了绿色技术创新的重要性②。该指导意见指出，构建市场导向的绿色技术创新体系的基本原则是坚持绿色理念、坚持市场导向、坚持完善机制、坚持开放合作。该指导意见也指出了市场和企业在绿色技术创新中的重要作用，强化企业的绿色技术创新主体地位。无论是在绿色技术的创新研发之中，还是将创新成果运用到实处并带动推广等，企业都发挥着不可或缺的作用。

在实际环境和政策目标的种种推动之下，我国在绿色创新方面取得了重要成就。我国绿色创新相关制度和政策的推出与日益完善，形成了能够促进绿色创新的良好制度环境，企业绿色创新的积极性进一步提高。企业形成了绿色创新的趋势，统计数据显示传统能源企业在技术创新投入、研发强度方面都呈现增长态势，许多企业建立起促进转型升级、推动成果转化的"产学研"体系。不少企业也在技术、产品等方面取得了绿色创新的成就，如伊利金典推出"零碳牛奶"、道达尔远景的智慧绿色能源解决方案等。民众消费观念的转变和低碳零碳意识的提升也促进了绿色产品技术创新的发展，提供了强大的绿色市场潜力。随着资本市场的完善和投资者对企业绿色创新的重视，如科创板对绿色环保和高新科技产业的支持、企业 ESG 指数的完善及多种绿色指数的出现，环保并且具备创新技术产品的企业越发能够获得所需资金，进行进一步的研发。碳金融市场和碳交易机制也在逐渐建立和完善，绿色金融产品的创新也为绿色创新提供了更多可能性。

同时我国的绿色创新也面临着一定的问题。例如，绿色创新的数量和质量未能达到需求；"产学研"结合仍有不足，科研探索和产业的成果转化存在脱节现

---

① 习近平：决胜全面建成小康社会 夺取新时代中国特色社会主义伟大胜利——在中国共产党第十九次全国代表大会上的报告[EB/OL]. https://www.gov.cn/zhuanti/2017-10/27/content_5234876.htm?eqid=fbed818d0000589000000003645609a8，2017-10-27.

② 绿色技术是指降低消耗、减少污染、改善生态，促进生态文明建设、实现人与自然和谐共生的新兴技术，包括节能环保、清洁生产、清洁能源、生态保护与修复、城乡绿色基础设施、生态农业等领域，涵盖产品设计、生产、消费、回收利用等环节的技术。

象；科技企业研发自有资金普遍处于不足状态，需要通过融资筹集研发资金；由于我国金融交易机制仍存在不完善之处，金融创新产品不够丰富，企业绿色创新的融资仍显不足，技术革新缺乏资金；等等。

第三节　绿色金融创新

环境保护在我国愈发得到重视，绿色金融产品和服务也受到广泛关注。本节将对我国绿色金融创新的发展现状进行介绍。

一、金融创新的含义和发展

金融创新是什么？学界目前仍没有一个统一的定义。约瑟夫·阿洛伊斯·熊彼特在其专著《经济发展理论》中指出了创新理论的概念，他认为创新是构建新的生产组合，在这个过程中考虑到现有生产要素和生产条件，具体来说主要包括产品、技术、市场、原材料供应、组织五种创新情况。基于该理论进行延伸，我国对于金融创新的定义包括但不限于工具、技术、机构市场等金融领域的创新。部分学者还从制度、业务和组织层面或者微观、中观、宏观层面总结了金融创新的含义。对于何种创新更为基础、重要，目前也无统一意见，有学者认为金融创新首先需要制度创新，有学者给出的观点是金融工具创新为金融创新奠定了基础。

关于金融创新的起源领域，有学者认为，在某种程度上讲金融发展史是伴随着创新而来的，金融创新从货币产生时就拉开了帷幕。随着时代的发展，金融创新也从更多角度被赋予更丰富的含义和特征。例如，经济全球化对金融创新提出了国际化的要求，各国金融市场联系愈发紧密，市场制度可以得到借鉴完善，创新的金融产品也不断出现，在 2008 年全球金融危机后，金融创新与金融监管的联系也进一步被各界关注。随着科技的进步、互联网的飞速发展、数字化时代的到来，金融创新进一步趋向数字化创新，金融机构传统的盈利模式亟待改革，同时在新的时代背景下也产生了更多全新的金融产品和金融服务需求。因此，需要构建新的科创金融业务体系，数字化的发展也为金融技术的创新提供了机遇和挑战。随着我国对生态环境的进一步重视，在绿色发展方面也提出了更高目标。金融创新也需要更加重视绿色创新，加强构筑绿色金融体系，如从政策上进行创新协同，从金融业务上进行新产品和新服务的开发，从市场机制上构建符合绿色发展需求的新机制等。

本书认为，金融创新的含义应包括其时代特征。金融是跟随时代不断发展的，新的时代背景会对金融创新提出新的要求，这种要求从本质上推动了金融工具的创新发展，在这种创新推进合理的情况下，金融创新会促进整个金融的发展。同时，金融创新可以看成一个完整体系的创新，包括了机构、制度、业务、技术、市场等。无论讨论哪个层面的金融创新，都需要结合其时代需求。时代提出的需求可能有很多，如数字化、绿色创新要求等，这种要求将施加给整个金融体系，金融体系中的每个层面的创新又相辅相成，各种政策和机制发挥创新协同作用。一方面，金融服务和金融创新都要以服务于实体经济发展作为基本准则。例如，当前金融体系中的制度、业务创新等需要与实体经济的发展创新接轨，为实体经济服务，这才是具备时代特征的金融创新。另一方面，金融创新也是时代特征之一，对政策制度、实体经济等提出了要求。这样整体协同运行，才能实现高效发展。

我国金融体制改革不断深入，金融创新的形式多样、发展迅速。从广义上来看，我国的金融创新体现在金融业的多个方面，我国金融体系从无到有，整体规模从小到大，功能从单一到复杂，市场主体类型也趋于多样化，这一过程离不开金融创新。

我国金融体系从高度集中的"大一统"模式，发展为以"一行两会"为主导、银行政策性和商业性分离、商业银行为主体、多种金融机构并存的丰富多样和功能较为齐全的现代体系。中国人民银行发布的《金融机构编码规范》确定了我国金融机构的 9 个一级分类，分别为货币当局、监管当局、银行业存款类金融机构、银行业非存款类金融机构、证券业金融机构、保险业金融机构、交易及结算类金融机构、金融控股公司和其他金融机构。一级分类下设二级分类，其中货币当局包括中国人民银行和国家外汇管理局，监管当局包括中国银行业监督管理委员会（以下简称银监会）、证监会、中国保险监督管理委员会（以下简称保监会）。2018 年 4 月，银监会、保监会合并为中国银行保险监督管理委员会（以下简称银保监会）。2023 年 5 月国家金融监督管理局正式揭牌，银保监会正式退出历史舞台。我国的金融制度体系趋于完善，金融业务不断多元化和专业化。作为我国的三大金融行业，银行业、证券业和保险业在改革与完善的过程中得到了充分的发展。银行业金融机构数量多，种类丰富，总体资产规模大。2022 年第一季度，我国银行业金融机构总资产达 3 579 003 亿元，比上年同期增长 8.6%，其中商业银行总资产占比 84.3%，值得注意的是，在众多商业银行资产中，大型商业银行总资产占比 40.8%①。截至 2021 年 6 月 30 日，我国共有 4 608 家银行业金融

---

① 2022 年银行业总资产、总负债（季度）[EB/OL]. https://www.cbirc.gov.cn/cn/view/pages/ItemDetail.html?docId=1054665&itemId=954，2023-02-15.

机构[①]。

20世纪80年代，我国证券业开始萌芽，上海"飞乐音响"股票的发行是一个显著的创新，为我国新时代证券业拉开了帷幕。1986年，全国第一个股票交易市场成立。1987年，我国首家专业性证券公司成立。1990年以后，我国成立了一批规模较大的金融公司，业务也由单一转向多元，大多发展经纪、承销、自营三大业务。1998年，《中华人民共和国证券法》颁布，在这之前我国金融机构职责相对不清晰，金融业偏向于"混业经营"，不利于资金的合理配置，容易导致资金疯狂涌入证券市场的现象，带来风险且难以监管。《中华人民共和国证券法》规定证券、银行、信托、保险业"分业经营、分业管理"，规范金融机构的职责范围，维护市场有序发展。在金融业体系进一步成熟、监管进一步完善的背景下，金融混业经营又成为趋势，发挥整合优势和业务多样化优势，同时各业务各有侧重。

截至2021年底，我国共有证券公司140家，证券行业总资产达到10.59万亿元[②]。1949年成立的中国人民保险公司是我国的第一家保险公司。之后受到影响，我国保险业的发展处于停滞状态，1979年恢复发展之后成立我国首家股份制保险公司，为保险业的发展带来了新力量。

随着20世纪末21世纪初保监会、中国保险行业协会成立，我国保险业也趋于规范化。进入21世纪，我国保险业不断扩大对外开放、监管体系不断完善、产品逐渐趋于多元、行业进入高质量发展阶段。2020年，我国保险业保费收入达到45 257亿元，同比增长6.1%[③]。我国金融业发展的过程本身，就体现着金融创新的发展。我国金融业发展起步较晚，在发展金融业的过程中，我国借鉴西方金融市场的经验，又结合我国实际情况，设立和引入新的机构、制度及金融工具、服务等，构建符合我国的现代金融体系，这对于我国金融业发展而言本身就是一种创新，这种创新体现在金融业方方面面，也在不断推动着金融业的发展。

通常认为的金融创新是指金融业务创新，具体结合金融创新的时代特征看金融业务创新，我国新时代金融创新主要体现在以下方面。

一方面，金融业务的多元化。我国金融业务包括银行、保险、证券、信托、投资、租赁等多种类型，发展趋势呈现多元化，金融混业经营趋势也在不断显露。金融业务需要多元化发展的原因在于，我国金融市场不断发展，金融市场的

---

① 银行业金融机构法人名单（截至2021年6月30日）[EB/OL]. http://www.cbirc.gov.cn/cn/view/pages/governmentDetail. html?docId=1002746&itemId=863&generaltype=1，2021-08-19.

② 中证协：2021年140家券商净利润1 911.19亿 总资产突破10万亿[EB/OL]. https://www.cs.com.cn/qs/202202/t20220225_6245173.html，2022-02-25.

③ 2020年我国保险业保费收入4.5万亿元[EB/OL]. https://www.gov.cn/xinwen/2021-02/14/content_5587092.htm，2021-02-14.

客户也不断增加，其需求也日趋多样化，金融机构需要满足客户对多种多样金融业务的个性化需求，也需要满足客户对"一站式服务"的需求。同时，业务的多元化能够将金融资源的利用加以放大，整合各种资源，各方加以协同，能够简化中间环节、降低成本。例如，传统商业银行的业务重心偏向于存贷款以及中间业务，我国对外开放的脚步带来国际化的机遇和挑战，银行积极探索外汇等相关业务，拓展国际结算市场。此外，银行在传统业务的基础上加以创新，如创新贷款种类、优化贷款方式，以及针对全产业链提供创新性的金融产品和服务等，还发展包括代理保险、代理证券等在内的新兴业务。

另一方面，金融创新的数字化。近年来，我国互联网技术迅速发展，自 2012 年"互联网+"被提出以来，包括金融业在内，我国各行各业都受到互联网发展的影响，金融创新也直接或者间接地受到互联网的影响，展现了依托于互联网的特征。随着我国步入大数据时代，金融创新更与数字化密不可分，支付、融资、投资、保险、理财等业务都趋于数字化，第三方支付、蚂蚁花呗、P2P（peer to peer，个人对个人）业务、数字证券等，都是基于传统业务进行数字化创新或者升级的新兴金融方式。例如，2013 年开始，我国金融科技企业就利用数字技术，提供互联网支付、网络借贷、网络理财、网络众筹等业务，腾讯金融、蚂蚁金服更是其中的佼佼者。从 2017 年开始至今，商业银行和其他传统金融机构全面推动数字化转型，利用互联网开办业务、整合资源，利用大数据为客户提供更高效、更智能的服务，打造更加智能化的多元金融服务综合平台，迎接金融与数字化结合的时代。同时，我国进一步出台相关数字金融监管政策，提升数字金融治理能力，监管体系也逐渐清晰。总体来看，我国的金融行业与数字技术的结合愈发明显，金融创新在数字化的影响下加快步伐，智能化数字金融治理框架和监管机制也逐渐完善，数字化的金融创新将高效且有序地发展。

除此之外，配套的制度措施也在创新和完善，信息披露愈发透明，我国多层次市场逐步形成，为金融业务的创新提供了良好基础，反过来金融业务的创新也为其提供了发展需求和动力。此外，在我国资本市场发展的过程中，始终贯彻的都是金融发展服务于实体经济，通过金融工具创新等手段更好地提升为实体经济服务的效率。因此，金融创新为实体经济提供更为高效的资源配置和扶持助力，响应着实体经济发展的需求，也引导、辅助企业创新，具备导向意义；这些创新的实体经济企业进一步为我国金融业提供良好的投资标的，能够吸引投资者，为金融市场增加活力，又进一步促进了金融市场相关制度和业务等的完善与金融创新的进步，如此形成良性循环。我国的金融创新随时代发展，为实体经济服务，也与实体经济的发展相辅相成。

二、绿色金融创新在我国的发展

2016 年，七部委印发《关于构建绿色金融体系的指导意见》给出了我国的绿色金融定义："绿色金融是指为支持环境改善、应对气候变化和资源节约高效利用的经济活动，即对环保、节能、清洁能源、绿色交通、绿色建筑等领域的项目投融资、项目运营、风险管理等所提供的金融服务。"①绿色金融通过金融业务创新，为加强环境保护、促进绿色发展提供资金投入。绿色金融业务范围广泛，包括绿色信贷、绿色债券、绿色指数、绿色基金、绿色保险等。碳金融进一步走进人们的视野，随着 2021 年碳市场的开市，围绕着碳金融产生的绿色创新金融产品也逐渐增加。

我国的绿色金融发展可以追溯到 20 世纪 90 年代。1995 年，国家环境保护总局颁布《关于运用信贷政策促进环境保护工作的通知》，指出"充分运用信贷政策做好环境保护工作"②。1995 年，中国人民银行颁布《关于贯彻信贷政策与加强环境保护工作有关问题的通知》，也对金融部门在信贷工作中落实国家环境保护政策问题进行了规定，如贷款审查时要审查影响环境的项目的报告书，用于环保工程的款项做到专款专用等，并对利于环保的产业产品给予积极的信贷支持③。

自 2006 年起，我国绿色金融开始初步发展。2006 年，世界银行下属国际金融公司（International Finance Corporation，IFC）设立中国节能减排融资项目（China Utility-Based Energy Efficiency，CHUEE），IFC 与我国金融机构合作，提供技术支持并为节能减排相关贷款分担一定的风险，即若该贷款产生损失，IFC 将为金融机构承担一部分。2007 年，为切实做好与节能减排有关的授信工作，银监会关于印发《节能减排授信工作指导意见》的通知发布，这是我国重要的绿色金融监管政策，强调银行业金融机构要从战略规划、内部控制、风险管

---

① 中国人民银行、财政部、发展改革委等关于构建绿色金融体系的指导意见[EB/OL]. https://www.pkulaw.com/chl/aeb1b1e5859aa2fabdfb.html?keyword=%E5%85%B3%E4%BA%8E%E5%BB%BA%E7%AB%8B%E7%BB%BF%E8%89%B2%E9%87%91%E8%9E%8D%E4%BD%93%E7%B3%BB%E7%9A%84%E6%8C%87%E5%AF%BC%E6%84%8F%E8%A7%81.

② 国家环境保护总局关于运用信贷政策促进环境保护工作的通知[EB/OL]. https://www.pkulaw.com/chl/146e1c3d5e328127bdfb.html?keyword=%E5%85%B3%E4%BA%8E%E8%BF%90%E7%94%A8%E7%BB%BF%E8%89%B2%E4%BF%A1%E8%B4%B7%E4%BF%83%E8%BF%9B%E7%8E%AF%E4%BF%9D%E5%B7%A5%E4%BD%9C%E7%9A%84%E9%80%9A%E7%9F%A5&way=listView.

③ 中国人民银行关于贯彻信贷政策与加强环境保护工作有关问题的通知[EB/OL]. https://www.pkulaw.com/chl/057dbd5f63dfccb6bdfb.html?keyword=%E5%85%B3%E4%BA%8E%E8%B4%AF%E5%BD%BB%E4%BF%A1%E8%B4%B7%E6%94%BF%E7%AD%96%E4%B8%8E%E7%8E%AF%E4%BF%9D%E5%B7%A5%E4%BD%9C%E9%80%9A%E7%9F%A5&way=listView.

理、业务发展着手，贯彻落实节能减排的要求①。面对高耗能、高污染的项目或者产业，对其带来的风险制定应对方案，制定授信政策及细则，对节能减排的项目或产业也要制定授信程序和规范，并提供支持。2007 年，国家环境保护总局、中国人民银行、银监会联合发布了《关于落实环保政策法规防范信贷风险的意见》，指出要加强环保和信贷管理工作的协调配合②，这标志着绿色信贷作为经济手段全面进入我国污染减排的主战场③，绿色证券和绿色保险业务相应基本规则也逐渐形成④，三者共同构建绿色金融的政策框架。

　　继"十五"计划、"十一五"规划对环保明显重视之后，我国的"十二五"规划进一步明确了节能减排的目标，并出台了具体工作方案⑤。2012 年，党的十八大提出了"五位一体"总体布局，即经济建设、政治建设、文化建设、社会建设、生态文明建设"五位一体"协调发展，明确了生态文明建设的战略地位⑥。2014 年，《中华人民共和国环境保护法》进行了修订，该法前所未有的严格，详细规定了"按日计罚"制度。该法规定："企业事业单位和其他生产经营者违法排放污染物，受到罚款处罚，被责令改正，拒不改正的，依法作出处罚决定的行政机关可以自责令改正之日的次日起，按照原处罚数额按日连续处罚。"⑦该法成为处理污染环境行为的利器。在环保政策趋于严格，环保监管进一步完善的时期，绿色金融也加速了发展，绿色金融业务进一步趋于丰富和规范化。2012 年，银监会印发《绿色信贷指引》，进一步规范和鼓励绿色信贷的发展，推动经济结

---

① 中国银监会关于印发《节能减排授信工作指导意见》的通知[EB/OL]. https://www.pkulaw.com/chl/90c35d6afa4e8595bdfb.html?keyword=%E8%8A%82%E8%83%BD%E5%87%8F%E6%8E%92%E6%8E%88%E4%BF%A1%E5%B7%A5%E4%BD%9C%E6%8C%87%E5%AF%BC%E6%84%8F%E8%A7%81E3%80%8B%E7%9A%84E9%80%9A%E7%9F%A5&way=listView.

② 国家环境保护总局、中国人民银行、中国银行业监督管理委员会关于落实环保政策法规防范信贷风险的意见[EB/OL]. https://www.pkulaw.com/chl/155c75bbaec0d6a2bdfb.html?keyword=%E5%85%B3%E4%BA%8E%E8%90%BD%E5%AE%9E%E7%8E%AF%E4%BF%9D%E6%94%BF%E7%AD%96%E6%B3%95%E8%A7%84%E9%98%B2E8%8C%83%E4%BF%A1%E8%B4%B7%E9%A3%8E%E9%99%A9%E7%9A%84E6%84%8F%E8%A7%81&way=listView.

③ 国家环保总局向新闻界通报绿色信贷第一阶段进展[EB/OL]. http://www.gov.cn/gzdt/2008-02/13/content_888607.htm，2008-02-13.

④ 国家环境保护总局关于加强上市公司环境保护监督管理工作的指导意见（环发〔2008〕24 号），现已失效，国家环境保护总局、中国保险监督管理委员会关于环境污染责任保险工作的指导意见（环发〔2007〕189 号）。

⑤ 国务院关于印发"十二五"节能减排综合性工作方案的通知（国发〔2011〕26 号），国务院关于印发节能减排"十二五"规划的通知（国发〔2012〕40 号）。

⑥ 坚定不移沿着中国特色社会主义道路前进 为全面建成小康社会而奋斗——在中国共产党第十八次全国代表大会上的报告[EB/OL]. http://www.12371.cn/2012/11/18/ARTI1353183626051659.shtml，2012-11-08.

⑦ 中华人民共和国环境保护法（2014 修订）[EB/OL]. https://www.pkulaw.com/chl/c24f71752129d23dbdfb.html?keyword=%E7%8E%AF%E5%A2%83%E4%BF%9D%E6%8A%A4%E6%B3%95EF%BC%882014%E4%BF%AE%E8%AE%A2%EF%BC%89&way=listView.

构调整和促进绿色信贷服务实体经济。此后，诸多绿色信贷的相关文件相继出台，涉及统计制度、实施情况评价指标、信息平台建设等①。

2016 年，中国人民银行与财政部等七部委联合出台《关于构建绿色金融体系的指导意见》，该意见表明我国建立了相对完整的绿色金融政策体系。该意见从绿色信贷、证券市场的绿色投资、绿色发展基金、绿色保险等方面进行指导，并进一步明确各机构的分工和合作。在此之后，绿色金融改革试验区建立，党的十九大报告也强调了"构建市场导向的绿色技术创新体系"②。

我国逐步形成支持绿色金融发展的、各方面相配套的政策体系，以及鼓励绿色创新金融产品的市场环境。如今，我国的绿色金融蓬勃发展，并愈加丰富多样。绿色信贷作为我国最活跃的绿色金融产品，在节能环保项目中起到了明显支持作用，也受到银行业金融机构的重视。据中国人民银行数据，截至 2021 年末，我国本外币绿色贷款余额达 15.9 万亿元，同比增长 33%③。在绿色信贷中，综合运用再贴现、业绩评价等工具，与政府绿色信贷政策协调。例如，为解决绿色融资的抵押物不足问题，广东近年来推出"光伏贷""林链贷""排污权质押融资"等。在绿色证券方面，我国发布多种绿色相关指数，如绿色技术创新指数、上市公司绿色治理指数等，市场也向绿色产业倾斜，支持相关企业融资、促进环保信息披露等。绿色债券自 2016 年起蓬勃发展，且种类多元化，包含了金融债、企业债、熊猫债券、债务融资工具等，私人企业发行的绿色债券也逐渐增多。绿色保险发展迅速，除传统的环境污染责任险、绿色农业相关保险、巨灾指数保险之外，绿色建筑保险、天气保险、可再生能源项目保险、碳保险等也逐渐诞生。

三、绿色金融创新的趋势

环境保护需要持续的努力，绿色金融创新也将持续发展。分析绿色金融创新的发展趋势如下：首先，绿色金融进一步规范化，法律体系进一步完善。虽然我国颁布了一系列关于绿色金融的政策法规，但多偏重指导意义，绿色金融的法律体系有待形成，未来的绿色金融将进一步提升规范性。

其次，碳金融将成为绿色金融发展的重要方向。

---

① 中国银监会办公厅关于绿色信贷工作的意见（银监办发〔2013〕40 号），国家发展改革委关于加大工作力度确保实现 2013 年节能减排目标任务的通知（发改环资〔2013〕1585 号），中国银监会办公厅关于印发《绿色信贷实施情况关键评价指标》的通知（银监办发〔2014〕186 号）。

② 中共中央政治局召开会议审议《生态文明体制改革总体方案》、《关于繁荣发展社会主义文艺的意见》[EB/OL]. http://cpc.people.com.cn/pinglun/n/2015/0912/c64094-27574855.html，2015-09-12.

③ 我国绿色贷款存量规模居全球第一[EB/OL]. https://www.gov.cn/xinwen/2022-03/08/content_5677832.htm，2022-03-08.

最后，未来的绿色金融将进一步发挥金融引导资金配置的作用，促进碳价格形成和碳交易，促进能源结构调整，刺激产业转型。碳金融的发展，需要新的碳金融发展水平评价体系，也需要完善零碳金融信息披露制度，构建相应监管框架，由碳排放交易衍生出一系列创新的金融产品，如碳债券、碳期权等，其风险管理机制也需要得到匹配。绿色金融将进一步支持绿色企业上市，我国多层次资本市场的构建日趋完善，无论是 2018 年设立的科创板，还是 2021 年设立的北京证券交易所，都明确支持绿色企业上市融资，为绿色创新中小企业提供融资渠道，也为投资者提供良好的投资标的，促进板块活跃，形成良性循环。

第三章　理论基础与文献综述

本章旨在对公司治理和投资组合理论的相关文献进行梳理与总结，为后续研究内容奠定基础，同时指出现有研究中的不足并在此基础上明确本书的研究工作对完善现有文献的意义。

本章共分为四节。第一节从公司治理的内涵、主要内容和公司治理评价体系、公司治理的价值相关性四个方面对公司治理与公司治理评价文献进行回顾；第二节从绿色创新的定义和驱动因素对相关文献进行回顾；第三节从经典的均值-方差模型、模型优化求解对投资组合理论的相关文献进行回顾；第四节从多目标投资组合选择模型的提出、建模分析、优化求解和发展四个方面对多目标投资组合选择理论进行回顾。

第一节　公司治理与公司治理评价

一、公司治理的内涵

国内外学者们对公司治理的内涵和边界做出了许多探讨。Shleifer 和 Vishny（1994）认为公司治理的关键问题是保护好股东和债权人等外部投资者不受经理人等内部人员的利益侵害。我国学术界对公司治理的研究始于 20 世纪 90 年代初，尤其是 1993 年，党的十四届三中全会审议通过《中共中央关于建立社会主义市场经济体制若干问题的决定》后，学者们针对在企业中建立健全公司治理结构和推动国有企业向着现代企业制度转型这一关乎我国经济发展的关键问题展开了大量的探讨。总的来看，学者们对公司治理的界定可以分为广义和狭义两种。狭义的公司治理是指通过合理设计股东和董事、监事、高级管理人员的权责利关系，有效实现所有者对经营者的监督制衡，这主要是基于第一类委托代理问题提出的。广义的公司治理将更广泛的利益相关者考虑在内，希望通过合理的制度设计来平衡公司各方利益相关者。

本书遵从李维安（2016）给出的定义：公司治理是指通过一套包括正式或非正式的、内部或外部的制度或机制来协调公司与所有利益相关者之间的利益关系，以保证公司决策的科学化，从而最终维护公司各方面利益的一种制度安排。这在目前国内关于公司治理研究中得到广泛认同。

二、公司治理的主要内容

（一）内部治理

公司治理的内部治理是在公司内部范围，通过股东（大）会、董事会、监事会和经理层等组织边界内部的治理主体之间权责配置和相互制衡安排（李维安等，2019a），实现公司所有者、经营者和员工等各方之间利益公平分配与公司可持续发展的权责利体系。内部治理的主要内容如下。

股东治理是公司治理的基础，学者们重点关注了股权结构、机构投资者持股、大股东行为的负外部性和中小股东保护等方面。在发达市场经济中的公司运作历史和大量研究表明，股权过度分散或过度集中都不利于建立有效的公司治理结构。在股权分散的情况下，股东之间的沟通效率和意见一致性会受到不利影响，可能由于管理层权力缺乏制衡监督而出现损害股东利益的"内部人控制"问题（Hu and Kumar，2004）。在股权集中的情况下，控股股东若缺乏外部监督，可能会出现攫取超出控制权收益的"掏空"行为，通过资金违法占用、违规担保、非公允关联交易等方式侵害中小股东利益。中小股东由于专业性不足、投机性强、行权维权成本过高而收效甚低等原因往往选择"搭便车"或"用脚投票"的方式消极被动地参与公司治理。相应地，研究发现通过改善法制环境和畅通信息渠道等方式能够激励中小股东更加积极主动地参与公司治理（郑国坚等，2016），进而有利于抑制大股东"掏空"（黄泽悦等，2022）。此外，机构投资者的加入有助于改善资本市场投资主体过于单一的状况，研究发现机构投资者拥有信息渠道广泛、金融和技术类专业人才储备多、行业研究能力强等优势，具有外部独立性，可以有效发挥监督管理者的职能，降低上市公司的代理成本，提高独立董事治理效率，并在投资者保护方面发挥积极作用。

董事会作为治理主体，在双重委托代理关系以及利益主体中扮演着四种角色：股东的代理人、公司战略的决策者、管理层的委托人和监督者、利益相关者中的利益方之一。因此，董事会治理是公司治理的核心，是完善公司治理和优化治理机制的关键节点，其主要内容包括董事会的规模、结构、独立董事等。董事会有决策职能，设立职能委员会有助于提高董事会的决策专业性、科学性和运作效率，并且董事会规模及稳定性、女性董事比例、董事会会议召开次数等均对董事会的决策职能和治理有效性有重要影响。董事会负有监督职能，勤勉、独立和两职分离的董事会能够在一定程度上识别并抑制高管的投机利己行为（徐沛勋，2020），聘任独立董事并确保其独立性可以抑制大股东的"掏空"行为，有助于充分发挥董事会的监督职能。

监事会治理是指在一定的市场与企业环境下，关于监事会权责利配置的一系列制度安排，其目标在于实现企业的可持续发展。研究发现监事会规模、开会次数、持股比例和激励机制等会影响监事会职能的发挥，我国由于监事会运作不畅、监事胜任能力低下等原因，监事会治理的效果并不十分明显。对此，学者们认为应当明确在中国情境下监事会履职障碍的根本原因（杨大可，2022），并且充分发挥党组织参与中国公司治理的特色，借助纪委参与监事会治理（周泽将和雷玲，2020）等方式提高监事会的治理效率。

高管治理，就是委托人（即董事会）通过设计合理的激励与约束机制，使代理人（即高管）与其目标函数最大限度地保持一致，从而最小化代理成本、最大化经营绩效的一整套制度安排（李维安，2016）。研究发现，高管的年龄、性别、教育背景等人口统计学特征（魏立群和王智慧，2002），以及工作经验、学术经历、海外经历、政府任职背景、任职时间、高管团队规模等特征（傅超等，2021），其结构比例、平均水平和差异化程度等都对公司具有显著影响。此外，高管在职消费（尹夏楠等，2021）、货币薪酬（吴育辉和吴世农，2010）和股权等长期激励机制（曲亮和任国良，2010）也是影响高管治理有效性的重要内容。

（二）外部治理

公司治理的外部治理是指公司为适应外部市场所做的公司治理的制度安排。债权人与公司主要通过资本市场连接；经营者、雇员、顾客与公司主要通过劳动力市场和产品市场相联系；政府对市场的监督和干预也是公司外部环境中的重要影响因素。外部治理主要体现在资本市场、产品市场、国家法律和社会舆论等方面。

债权融资是企业主要的融资方式之一，以债权人利益诉求为核心的债权人治理是研究和实践中不可忽视的内容。张文魁（2000）认为负债在公司治理中具有资本结构优化、缓解内部人控制、对经理人行为进行约束等作用，偿债的事前和事后保障机制可以使债权达到目的。

在法律制度保护方面，Bhattacharya 和 Daouk（2002）比较了 103 个国家对内部交易的监管情况，发现执行内部交易法的国家的上市公司融资成本显著低于未执行相关法律法规的国家。Hail 和 Leuz（2006）搜集对比了 40 个国家的法律环境和执法情况，发现在执法严格的国家里上市公司的融资成本显著低于其他国家上市公司的融资成本。

产品市场竞争作为一种有效的公司外部治理机制，有助于缓解企业的代理问题、激励经理人提高经营效率、避免过度投资、抑制经理人的盈余管理行为等。宋常等（2008）发现产品市场竞争强度与代理成本负相关，因此提高产品市场竞争力可以提高公司绩效。

三、公司治理评价体系

将公司治理水平定量化，对于学术研究和指导公司提高治理水平都具有重要意义，因此各国学者们构建了一系列董事会治理、监事会治理、经理层治理、利益相关者治理和信息披露等方面的公司治理的分指数评价体系，以及涵盖范围更广的综合评价体系。

国外较早开始了公司治理评价的研究，国际上许多著名的机构与组织都建立了自己的评价体系，包括标准普尔公司、戴米诺公司、里昂证券（亚洲）、世界银行公司治理评价体系等。我国对公司治理的研究起步较晚，但是发展迅速，目前已经取得比较丰富的成果。在要素评价方面，有董事会治理评价、监事会治理评价、经理层治理评价等；在综合评价体系方面，有海通证券的上市公司治理全面评价体系、中国社会科学院世界经济与政治研究所公司治理中心对中国 100 家最大上市公司的公司治理评价、南开大学公司治理研究中心的"中国上市公司治理评价指标体系"等。

纵观国内公司治理评价的研究，基本上都是在借鉴世界银行、OECD（Organization for Economic Co-operation and Development，经济合作与发展组织）等国际公认的公司治理原则、准则的基础上，综合考虑我国《中华人民共和国公司法》《中华人民共和国证券法》《上市公司治理准则》等有关法律法规要求，并且结合我国上市公司所处的特殊社会环境，从我国特有的公司治理内外部环境出发，探索适合我国公司实际情况的治理评价体系。与国外研究相比，我国学者比较关注上市公司的独立性、股东权益的保护、监事会及利益相关者参与治理等方面。

四、公司治理的价值相关性

（一）公司治理溢价

公司治理问题是资本市场持续关注的焦点，公司治理水平对股票市场的影响也受到学者们的关注，目前已有相当多的研究证实了良好的公司治理与公司在股票市场上的正向超额收益有密切关系。

国外学者在不同国家的股票市场上发现了公司治理溢价现象。Gompers 等（2003）以美国市场上约 1 500 家公司为样本，发现买入 G 指数得分（衡量公司治理水平）最低的 1/10 公司的股票并卖出 G 指数最高的 1/10 公司的股票，每年会获得 8.5% 的异常收益。Li 等（2012）使用 2002~2009 年俄罗斯股票市场的数据，发现在俄罗斯法律框架薄弱的商业环境下，公司治理的小幅改善将带来收益显著增加。

我国学者也同样验证了公司治理溢价的存在。郝臣（2008）认为公司治理风险因子的提出有利于完善资产定价模型，并定性地分析了该领域的研究现状。牛建波和刘绪光（2008）发现在董事会中设立审计、提名、战略等专业委员会能够为投资者带来显著的治理溢价。赵玉洁（2014）从关联交易、股东权力、管理层权力、激励机制、约束机制、信息披露六个维度共 47 项指标综合衡量公司治理质量，在控制公司成长性、资本市场风险、制度背景、Fama-French 三因子等因素后，发现公司治理质量与公司下年度超额回报率显著正相关，公司治理溢价存在。

但是，也有学者的研究发现了不一致的结论。Bebchuk 等（2009）对 IRRC（Investor Responsibility Research Center，投资者责任研究中心）的 24 项条款的相对重要性进行考察，发现基于 6 项条款的指数（即 E 指数）与企业估值下降以及负异常回报率显著相关，而其他 18 项条款与公司估值下降或负异常回报无关。姜巍（2019）发现股权结构、董事会结构等公司治理要素对股票收益的影响取决于上市公司所在行业的竞争程度，在竞争较激烈的行业中董事会结构与公司调整后的股票收益率显著负相关，在竞争较弱的行业中股权结构与调整后的股票收益之间存在显著相关性。

（二）公司治理的其他影响

除了股票回报率外，学者们还研究了公司治理与股票流动性、股票投资风险等其他股票市场特征的关系。

公司治理与股票流动性。Chung 等（2010）发现企业可以通过采用缓解信息不对称的公司治理标准来缓解基于信息的交易，提高股票市场的流动性。Prommin 等（2014）基于 2006~2009 年泰国最大的一组上市公司数据，发现公司治理质量每提高一个标准差，流动性就会提高 26.19%。

公司治理与股票投资风险。李维安等（2012a）利用中国 A 股上市公司样本验证了公司治理水平的提高有利于降低投资者信念的异质程度和股票的投资风险。苏建皓等（2021）以中国 2015 年股市震荡作为自然实验，发现公司治理有助于减轻公司股票流动性在股市震荡期间所受负面冲击的程度，增强公司股价稳定性。Andreou 等（2016）从所有权结构、会计不透明度、董事会结构与流程、管理层激励四个方面共 21 项指标进行主成分分析，发现它们可以解释股价大幅震荡风险一个标准差的 13.1%~23.0%，其中短暂的机构所有权、CEO（chief executive officer，首席执行官）股票期权激励和董事持股比例增加了股价大幅震荡风险，而内部人持股、会计保守主义、董事会规模和公司治理政策的存在则降低了股价大幅震荡风险。

第二节 绿色创新的定义和驱动因素

　　众所周知，创新是学术界和实践领域备受关注的一个重要问题。2018 年诺贝尔经济学奖得主 Romer（1986）在其代表作 "Increasing returns and long-run growth" 中将知识作为一个边际递增的生产要素，对传统的内生经济增长模型进行了扩展。在企业管理领域，著名战略管理学者 Grant（1996）也提出了基于知识基础观的企业理论，将知识的发现和整合作为企业存在的基础。应对不断变化的企业外部环境，创新是企业长期竞争力的重要来源。

　　气候变化和环境污染对社会经济的影响日益突出。根据《2019 年全球空气状况报告》，空气污染次于高血压、吸烟、高空腹血糖和高总胆固醇，成为全球第五大死因。同时，学术研究也发现，空气污染对居民的生活幸福感知、劳动生产率和资本市场效率均存在明显的负面影响。为了应对气候变化和环境污染的负面影响，各国政府纷纷出台对应举措防治环境污染，并对能源的获取、使用和处理进行规制。在此背景下，如何应对日趋严格化的环境规制，以更加清洁、更加生态的方式进行经营管理，成为企业在未来能否保持持续经营和快速发展所必须要面对的关键问题。

　　由于以上两方面的背景，企业的绿色创新行为逐渐受到关注。Porter 和 Vanderlinde（1995）提出波特假说，认为适当的环境规制会推动企业进行利润最大化导向的创新行为，通过采用环境友好型技术降低环境成本，以获取企业的竞争优势。由此，本节对绿色创新的定义和驱动因素进行回顾，为绿色创新作为溢价因子提供理论依据。

一、绿色创新的定义

　　企业实现可持续绿色增长的核心在于产品和服务的绿色化，而绿色产品的推出离不开绿色创新活动的开展。绿色创新的研究起源于 20 世纪 90 年代，James

（1997）首先将绿色创新定义如下：以降低环境外部性为目的，同时推动企业价值提升的新产品或新工艺。在此基础上，Klemmer 等（1999）将绿色创新的广度进行了扩展，将其概念表述成以生态负担降低为目的的一系列措施，包括对产品服务和管理流程的创新。绿色创新的定义决定了其概念范围和测度基础。因此自提出以来，已有研究对绿色创新的定义进行了多次争论。关于绿色创新的概念界定，目前主要形成了两类观点。

狭义的观点主要关注企业的绿色技术创新，强调企业用以实现清洁生产、节能减排的专利技术。代表性的研究如下：Rennings（2000）将环境创新定义为缓解生产经营负面环境影响的一系列创新活动，包括生产流程、技术和系统等方面的绿色改进。

广义的观点同时考虑了绿色技术创新和绿色管理创新，强调采用具有低外部性的生产技术的同时，补充关于企业绿色管理实践重要性的论述。Kemp 和 Pearson（2008）将绿色创新定义成缓解生产经营对环境负面影响的一系列创新活动，包括生产流程、管理、技术和系统等方面的绿色改进。Li 等（2018）将绿色创新划分为绿色技术创新和绿色管理创新，将绿色技术创新定义为保护环境的一系列专利产出，同时将绿色管理创新定义为适应企业绿色生成的组织系统。

综合来看，绿色技术创新是绿色创新的核心概念，企业将对环境更加友好的专利技术用于生产流程才能够在中长期有效地缓解对环境的负面影响，对企业绿色创新的测度依赖于对企业研发过程和结果的评估与理解。相对而言，绿色管理创新将从组织的视角来看待绿色技术的产生、应用和反馈过程，强调推动绿色技术产生和生产无害化的管理环境。由此，绿色管理创新是绿色技术创新的有益补充，涵盖了有助于绿色技术产生的企业文化和组织架构。

对照绿色创新的狭义和广义概念，已有研究在测度绿色创新时也存在较大的差异。从创新的本质来看，专利是测量企业绿色创新的一个更加稳健的指标。专利体现出企业对绿色技术的长期投入，并取得了具有排他性的授权。同时，在专利授权书中，每一项专利都具有详细的用途、适用技术领域和技术特征的描述，相对于模糊的调查具有更高的信息含量。因此，强调绿色技术创新的狭义定义主要搜集绿色专利的信息对其进行测度。以绿色专利衡量绿色创新的代表性研究如下：Karvonen 等（2016）将 WIPO（World Intellectual Property Organization，世界知识产权组织）绿色专利清单应用于废气处理的技术竞争研究当中。Cecere 等（2014）基于 OECD 的绿色信息与通信技术（information and communications technology，ICT）清单和 WIPO 的绿色专利清单的 IPC（international patent classification，国际专利分类）分类号对绿色信息科技进行了识别。Przychodzen 等（2019）也利用 IPC 分类号对企业的绿色专利进行筛选。Mukandwal 等（2020）将绿色专利的划分标准总结为两类：一是以搜索和爬虫技术为基础的内容检索方案；二是以专利分类号为基础的绿色清单匹配方案。齐绍洲等（2018）以绿色专利授予量相对于当年专利申请总量的占比为基础，对 A 股上市公司的绿色创新进行研究。王旭和王非（2019）以中国知网上能够检索到环保、节能和低碳等关键词的专利文本为基础，统计相关的绿色专利作为绿色创新的测度指标。

对于包含绿色技术创新和绿色管理创新的定义，已有研究主要采用问卷调查的方式对绿色创新进行整体测度。Kunapatarawong 和 Martínez-Ros（2016）以能源使用、环境影响和材料消耗等方面指标为基础，设计利克特量表对绿色创新进行度量。陈泽文和陈丹（2019）以山东省内重污染行业企业为调研对象，通过一套包含绿色产品创新和绿色工艺创新的调查问卷对企业的绿色创新水平进行度量。

由于并非所有的研发创新活动都能被专利所体现，以问卷调查为基础的广义测度方式能够更全面地体现出企业的绿色创新实践。然而，以问卷为基础的绿色创新测度可能存在以下局限：首先，以问卷为基础的度量可能会受到受访者主观意愿的影响。企业可能会为了营造绿色的外部形象，在受访时选择性披露绿色创新实践。其次，问卷调查需要进行标准化的问题设计，其考察的内容可能不适用于跨行业的绿色技术比较。最后，调查问卷缺乏统一的度量标准，不同的测度方案可能会得出不一致的测度结果。

综合以上观点，我们在使用绿色创新概念时采用广义观点，但在具体测度上则从公开数据库可得的绿色管理实践指标和绿色专利数据出发，弥补这两类常用观点存在的不足。此外，考虑到不同行业的绿色创新具有不同的特点，在测度绿色创新指标时，我们采用行业中位数进行 0-1 打分，测度企业相对于所在行业的绿色创新优势，具体指标的选取和评价的过程在本书的第七章中进行详细介绍。

二、绿色创新的驱动因素

为了进一步理解绿色创新对于企业价值的影响，本节主要回顾驱动绿色创新的相关因素和理论研究进展。目前，企业绿色创新驱动因素方面的研究，大多以 Porter 和 Vanderlinde（1995）提出的波特假说为基础，即环境规制能够推动以利益最大化为目标的绿色创新，进而提升企业的环境竞争力。

在此基础上，为了对研究领域进一步细化，Jaffe 和 Palmer（1997）将波特假说延展为三种针对不同阶段的定义："弱波特假说"认为环境规制将推动企业绿色创新活动的提升，但这样的创新活动并不一定导致企业绩效的提升。"强波特假说"认为环境规制可以推动企业竞争力的提升，即强调创新的环境成本节约效应能够补偿研发支出。狭义版本的波特假说认为市场化导向的环境规制更能够推动企业创新。由此，关于"弱波特假说"和狭义版本的波特假说检验主要关注环境规制与绿色创新之间的关系，即探讨环境规制是否会推动绿色创新。关于"强波特假说"的实证检验侧重于绿色创新与企业价值的关系。

在这些理论假说的支持下，学者们通过实证研究对环境规制与绿色创新的关系进行了检验。Rubashkina 等（2015）以欧洲的制造业板块为研究对象，对"弱波特假说"和"强波特假说"进行了区分。Johnstone 等（2010）发现可持续能源政策能够推动相关领域的绿色专利产出。

随着近年来我国环保立法、环境督查和环保约谈等环境规制活动的开展，国内学术界也逐渐关注到环境规制与企业绿色创新之间的关系。齐绍洲等（2018）关注到市场型环境规制对企业微观活动的影响，以各区域排污权交易试点为自然实验，基于三重差分法研究了环境规制与绿色创新的关系。周力和沈坤荣（2020）关注到国家级城市群建设的环保效益，基于PSM-DID的方法发现城市群建设有利于提升区域的绿色生产率，但对绿色创新没有显著影响。王晓祺等（2020）以 2014 年修订的《中华人民共和国环境保护法》（以下简称新《环保法》）为自然实验，研究法制环境改善对绿色创新的影响，发现新《环保法》提高了企业污染的成本，能够促使一些重污染型企业进一步开展绿色创新活动。陈斌和李拓（2020）基于中国省级面板数据计算绿色创新、绿色技术研发和绿色成果转化等效率，发现提升过快的环境规制力度在一定程度上不利于绿色创新。陈钰芬等（2020）以社会资本理论为基础，研究了上市公司的CSR（corporate social responsibility，企业社会责任）表现对技术创新绩效的影响。综合来看，相对于行政型环境规制，市场型环境规制更能够推动中国企业的绿色创新活动，验证了"弱波特假说"和狭义版本的波特假说。

除了外部监管环境的变化，已有研究也逐渐关注到公司基本面状况、舆情和高管特征对绿色创新的影响。张兆国等（2019）发现 ISO14001 体系认证能够成为上市公司的"环保工具"，推动企业的环保投资和绿色创新，进而改善企业的环境绩效。潘翻番等（2020）关注到自愿型环境规制的价值，对自愿型规制的理论基础和现实挑战进行了综述，指出自愿型环境规制对绿色创新的潜在影响路径。李大元等（2018）基于 GEE 的检验方法，发现对上市公司的媒体报道会促使其更加积极地参与绿色创新活动。王旭和褚旭（2019）建立了一个基于企业规模的面板门槛模型，发现企业规模突破门槛值时，外部融资能够促使绿色创新水平的提升。于飞等（2019）关注到企业知识耦合对绿色创新的影响，发现异质领域的知识互动与绿色创新之间呈现 U 形关系，在冗余资源较少时能够推动绿色创新。Berrone 等（2013）指出，企业所面临的监管压力和非营利组织规范压力是其参与环境创新实践的重要驱动因素。Mukandwal 等（2020）通过对美国制造业企业的数据进行分析，发现供应商的环境表现能够正向影响企业的绿色创新。

　　综合来看，环境规制与企业绿色创新的关系已有丰富的研究成果，数据结果基本支持"弱波特假说"，即适度的环境规制能够提升绿色创新程度。同时，相较于行政型规制，市场型规制更能够促进绿色创新的实践。此外，近年来的实证发现表明，企业基本面特征和企业所处的文化环境会对未来的绿色创新具有预测效果。Berrone 等（2013）指出，虽然绿色专利能够反映出绿色创新的核心能力，但并不足以测度无法被专利化的其他绿色无形资产。因此，在进行绿色创新的测度时，有必要考虑反映企业绿色创新意愿的行为和文化因素。

第三节　投资组合理论

　　Markowitz（1952）在 *Journal of Finance* 期刊上发表题为"Portfolio selection"的文章，提出一种均值-方差模型，该模型在不确定条件下平衡了投资组合风险与期望收益，并且该理论首次使用数理分析的方法定量地回答了投资组合选择问题，奠定了现代投资组合理论的基石。此后，学者们在 Markowitz 的工作的基础上进一步扩展和深化，共同推动现代投资组合理论的发展。

一、经典投资组合选择模型

　　Markowitz（1952）假设理性的投资者是不知足的和风险厌恶的，以证券的未来预期收益水平（以期望收益衡量）和风险水平（以预期收益率的方差衡量）作为投资组合选择的依据。因此在同一风险水平上，投资者偏好预期收益回报更大的证券或证券组合；在同一预期收益水平上，投资者偏好风险更小的证券或证券组合。可以表示为以下的均值-方差投资组合选择模型：

$$\min z_1 = \boldsymbol{x}^{\mathrm{T}} \boldsymbol{\Sigma} \boldsymbol{x}$$
$$\max z_2 = \boldsymbol{\mu}^{\mathrm{T}} \boldsymbol{x} \tag{3.1}$$
$$\mathrm{s.t.}\ \boldsymbol{x} \in S$$

其中，$\boldsymbol{x}$ 是资金在不同证券上的分配的权重向量；$\boldsymbol{\mu}$ 是期望收益的向量；$\boldsymbol{\Sigma}$ 是收益的协方差矩阵；z_1 是投资组合的方差；z_2 是投资组合的期望收益；S 是 n 维空间 $\mathbf{R}^n$ 中投资组合权重向量 $\boldsymbol{x}$ 的可行域。

　　均值-方差模型由 Markowitz（1952）首次提出，为投资者提供了一种平衡投资组合风险与期望收益的数学优化方法，并且将投资分析的重点从单一的有价证券扩展到多元化的组合投资，使其成为理论巍峨基石屹立于现代投资组合理论之中。在均值-方差模型中，单个证券对投资组合的影响不取决于其单独的风险收益表现，而是取决于该证券与其他证券之间的相互作用，或者说取决于该证券对整体投资组合收益和风险的贡献。

Markowitz（1952）的模型没有直接揭示其经济学意义。Levy 和 Markowitz（1979）在其研究中证明了投资组合理论与经济学的期望效用理论的一致性，即期望收益和协方差矩阵能够有效地描述投资者需求，期望效用最大化准则下的投资者能够在投资组合有效边界上取得最优投资组合。

二、投资组合选择模型优化求解

投资组合选择模型的优化求解与算法是国内外学者的重点研究内容，在这一方面已经有系统深入的研究，主要包括解析法、线性规划（linear programming）法和以遗传算法（genetic algorithm）等为代表的启发式算法。

（一）解析法

解析法是指用数学推导的方法求解投资组合选择模型，并将最优解用公式的形式表达出来。为了在投资组合选择模型中精确得到其最优解的解析表达式，国内外学者结合鞅方法、动态规划原理、临界线算法等求解方法，对于投资组合选择模型的解析法进行了研究。

Merton（1972）明确推导出有效投资组合边界的解析表达式，并验证了有效边界的特征，得到两基金分离定理。Xie 等（2008）假设连续时间的均值-方差投资组合选择模型由多个风险资产和一个负债构成，使用一般随机 LQ 控制技术，明确推导最优动态策略和均值-方差有效边界。刘利敏和肖庆宪（2014）对基于跳-扩散模型的均值-方差投资选择问题进行了研究，结合动态规划原理和凸分析方法推导出最优投资策略和模型有效边界的解析表达式。刘勇军等（2020）以半方差作为投资组合风险的度量指标，将背景风险加入均值-半方差模型中，给出了考虑背景风险的均值-半方差模型的临界线算法和不同参数情形下的有效前沿分析。王秀国和伍慧玲（2021）研究了基于 CVaR（conditional value at risk，条件风险价值）和 CCaR（conditional capital at risk，条件风险资本）下风险测度的连续时间投资组合优化问题，并给出了最优投资策略和有效前沿的显式表达式。

（二）线性规划法

Markowitz（1952）以均值和方差衡量投资组合的期望收益和风险，因此均值-方差模型的优化是一个二次规划问题。为此，学者们尝试线性化投资组合优化问题，并由此提出了几种不同的风险度量方法。

Sharpe（1967）提出利用对投资组合风险的二次公式的线性近似，将均值-方差模型重新表述为参数线性规划问题，并且以有限的经验证据表明这种近似是可以接受的。Ogryczak（2000）考虑了风险下选择的偏好公理，基于投资组合选择问题构建了多目标线性规划模型，该模型允许人们采用标准的多目标程序来分析投资组合选择问题。Papahristodoulou 和 Dotzauer（2004）构建了 maximin 模型和平均绝对偏差最小化模型，将烦琐耗时的二次规划问题转化为线性规划问题，实证发现 maximin 模型产生了最高回报和风险，二次规划模型提供了最低风险和回报，平均绝对偏差最小化的结果接近二次规划。张鹏等（2006）在均值-半绝对偏差投资组合模型中引入限制性卖空这一假设，使用变量替换方法将该模型转化为一般线性规划问题，同时在求解过程中运用线性规划的旋转算法，最后以算例验证了该算法的有效性，证明了将限制性卖空引入投资组合中有助于降低市场风险。刘家和等（2018）考虑在状态依赖和损失厌恶下的情形，基于前景理论建立了鲁棒投资组合模型，在此基础上采用对偶理论将投资组合模型转换为线性规划问题进行求解。

（三）启发式算法

考虑到证券收益率分布的尖峰厚尾特征、现实交易中的各类约束及精确解决问题的计算难度，学者们引入启发式算法求解投资组合选择问题[1]。

Ehrgott 等（2004）通过该目标层次结构，将风险和回报分解为五个子目标，构建了包含投资比例上下限和基数约束限制的非凸混合整数规划模型，并利用自定义局部搜索、模拟退火算法、禁忌搜索和遗传算法等启发式算法求解。Yang（2006）将遗传算法整合到依赖于状态的动态投资组合优化系统中，认为与经典的均值-方差模型相比，遗传算法显著提高了预期回报估算的准确性，从而提高了投资组合的整体效率。Zhu 等（2011a）提出了一种使用粒子群优化技术的投资组合优化问题的元启发式方法，在各种受限和不受限制的风险投资组合上进行了测试，发现该算法在构建最佳风险投资组合方面表现出很高的计算效率。Tuba 和 Bacanin（2014）提出了应用于基数约束均值-方差组合优化模型的人工蜂群算法，发现该算法收敛到最佳区域的速度缓慢，因此提出了通过与萤火虫算法杂交改进的人工蜂群算法。黄金波等（2017）提出了非参数核估计框架下的均值-VaR（value at risk，风险价值）模型，运用 Monte Carlo 模拟发现，非参数核估计方法得到的有效边界比较光滑，且具有较好的样本期外表现。

---

① 由于本章在第三节对多目标投资组合选择模型的优化求解进行文献回顾，因此这一部分仅对涉及单目标和双目标投资组合求解的文献进行回顾。

第四节　多目标投资组合选择

一、多目标投资组合选择的提出

传统投资组合理论的有效市场、完全信息、理性投资者等前提假设与现实资本市场的情形不相符，并且在风险测度、参数估计等方面也与投资实践的需要有一定差异。此外，投资者的效用函数不仅受到证券收益和风险的影响，也会受到其他因素的影响（Markowitz，1991）。由于受到现实投资环境的差异约束以及对各个投资目标关注程度的不同，投资者也会根据自身需求选择除证券风险和收益率以外的其他目标，如股息率、交易流动性、公司治理水平、企业社会责任表现等。

为了更好地满足投资者的多样化需求，自 20 世纪 70 年代起，构建多目标投资组合选择的尝试逐步兴起（Stone，1973）。多目标决策理论旨在为具有多个相互矛盾、相互制约的目标函数的决策问题提供有效解，因而这一理论可以为关注股息率、交易流动性等多个投资目标的投资者提供有效的建模和求解方法。多目标投资组合选择模型将多维风险作为目标，将均值-方差模型扩展为具有预期收益、方差和其他风险的投资组合选择模型，为投资者提供了一种有效的建模和优化工具。从多目标决策的视角，Steuer 等（2007）将均值-方差模型式（3.1）扩展为多目标投资组合选择模型：

$$\begin{cases} \min z_1 = \boldsymbol{x}^{\mathrm{T}} \boldsymbol{\Sigma} \boldsymbol{x} \\ \max z_2 = \boldsymbol{\mu}_1^{\mathrm{T}} \boldsymbol{x} \\ \max z_3 = \boldsymbol{\mu}_2^{\mathrm{T}} \boldsymbol{x} \\ \quad \vdots \\ \max z_k = \boldsymbol{\mu}_{k-1}^{\mathrm{T}} \boldsymbol{x} \\ \text{s.t. } \boldsymbol{x} \in S \end{cases} \tag{3.2}$$

其中，$\boldsymbol{z} = \left[z_1, z_2, \cdots, z_k \right]^{\mathrm{T}}$ 是投资者的 k 个目标函数组成的准则向量；$\boldsymbol{\mu}_1, \boldsymbol{\mu}_2, \cdots, \boldsymbol{\mu}_{k-1}$ 是投资者对证券收益、交易流动性、公司治理水平、社会责任表现等投资目标的期望值向量；$\boldsymbol{x}$ 是决策向量；S 是决策空间中的可行域。

在 Markowitz（1952）提供的传统投资组合选择分析框架下，Hurson 和 Zopounidis（1997）进一步将投资组合构建问题划分成两个阶段：在第一阶段中，对资产池中的证券进行估值以选取最能满足投资者偏好的证券；在第二阶段中，确定从第一阶段中选出的证券的资产配置权重，以实现投资者期望效用最大化。因此后续将根据这一划分方法对多目标投资组合的相关文献进行梳理。

二、多目标投资组合选择模型的建模分析

在建模分析多目标投资组合的阶段，需要在对投资者关注的目标进行定量的解析和比较的基础上，设计适合的数理模型并给出对证券的整体评价，并且选择拥有较高估值结果的证券参与投资组合构建中。

（一）对证券价值的衡量

传统投资组合选择将期望收益作为证券收益的测度指标，但需要注意的是，期望收益通常采用历史收益率来估计，而历史收益能否准确预测未来收益存在着争议。因此学者对多目标投资组合选择的收益的衡量标准进行了研究。

Xidonas 等（2009）采用 Electre 方法，使用财务分析数据作为输入，提出了基于公司财务整体状况的证券估值方法。Ho 和 Oh（2010）利用数据包络分析（data envelopment analysis，DEA）和层次分析法（analytic hierarchy process，AHP）提出了针对互联网股票投资的分析方法，以 31 家美国互联网上市公司为样本构建选股框架，研究结果证实了结合效率分析和结构决策的组合方法的有用性。

（二）对风险的衡量

在传统投资组合选择过程中，以期望收益的方差来衡量风险。但一方面，证券收益并不满足正态分布，收益序列往往存在"尖峰厚尾"和不对称分布的特征；另一方面，方差在计算过程中将相对于期望收益的正向偏差和负向偏差都视为"风险"，但投资者往往对实际收益超过期望收益的情况持有积极态度，而对收益的负向偏差更加敏感。基于此，学者对投资组合风险的衡量方式进行了进一步的研究，提出使用绝对偏差、半方差、VaR 和 CVaR 等方法衡量投资组合风险[①]。

Huang 和 Jane（2009）结合灰色系统理论与粗糙集（rough set）理论，同时引入平均自回归外生预测模型，创建了自动股票市场预测和投资组合选择机制。Zhao 等（2014）基于非对称拉普拉斯分布研究了均值-CVaR-偏度投资组合优化模型，该模型适用于描述金融资产的尖峰、厚尾和偏度特征，并且在投资组合优化模型中加入偏度，以满足投资者的多样化需求。彭胜志和王福胜（2013）在给定

---

① 部分文献在前一节已经进行了回顾，此处不做重复。

的均值、方差和偏度条件下研究了最小化峰度的投资组合优化模型，对模型的有效前沿表达式分析后发现模型最优解有着形如退化抛物线的性质。

（三）风险收益以外的目标的选取

多目标投资者不仅关注投资组合的收益和风险问题，而且不同的投资者特质决定了投资者在进行组合选择时关注的不同目标。

Lo 等（2003）构建了均值–方差–流动性有效曲面，发现在传统均值–方差有效边界上彼此接近的投资组合，其流动性特征可能存在很大差异，简单的流动性优化可以通过降低投资组合的流动性风险敞口而使投资者显著获益，并且这种获益并不需要以大量牺牲每单位风险的预期收益为代价。齐岳和林龙（2015）在投资组合选择中引入企业社会责任视角，在均值–方差模型上添加企业社会责任的三个一级指标期望作为目标函数。

三、多目标投资组合选择模型的优化求解

主要的研究方法包括线性规划法和多目标规划（multi-objective programming）法。此外，学者还将遗传算法、蚁群算法（ant colony optimization，ACO）、人工鱼群算法（artificial fish swarms algorithm，AFSA）、粒子群算法（particle swarm optimization，PSO）等引入此阶段。现有研究主要从以下三个方面对投资组合选择的权重配置过程进行拓展。

（一）目标规划法

目标规划（goal programming）法由 Charnes（1955）引入财务金融领域用以研究高管薪酬问题。Alexander 和 Resnick（1985）运用线性规划法和目标规划法对包含无风险政府债和存在违约风险的公司债所组成的投资组合进行了优化求解。Ogryczak（2000）将多目标线性规划法应用于不确定下的投资组合非劣集求解。Arenas-Parra 等（2001）将模糊目标规划法应用于以收益、风险和交易流动性为目标的投资组合优化求解。Ji 等（2005）在情景分析的基础上将随机线性目标规划法应用于多阶段的投资组合管理。Ballestero 等（2009）基于随机目标规划法对十五种情景下的模糊多目标投资组合有效边界进行了求解。

综合来看，目标规划法的优点在于可以用单目标算法对其进行求解，但其缺陷在于需要获得决策者偏好的先验信息。随着计算机技术和数学（特别是模糊数学理论）的发展，目标规划法不断得到扩展。

（二）多目标规划法

不同于目标规划法，多目标规划法不需要获取投资者偏好的先验信息。多目标规划法将非劣集上的全部点进行计算，并将其呈现给投资者以供决策。随着硬件设施和理论基础的发展，大规模计算效率逐渐提升，多目标规划法更加受到投资组合研究者的关注。

Pendaraki 等（2005）结合 UTADIS 方法和多目标规划法构建投资组合，由此提出一种共同基金的评价方法。齐岳等（2016）以收益、风险和企业社会责任为目标构建投资组合，并基于多目标规划法对组合权重进行计算，由此对社会责任基金进行研究。

（三）启发式算法

针对特定的投资组合选择问题，国内外学者引入了一系列启发式算法对投资组合非劣集进行求解，其中最具有代表性的包括遗传算法、粒子群算法和蚁群算法。

Lin 和 Liu（2008）利用遗传算法求解了考虑最小交易费用目标的投资组合有效解，并将结果与模糊多目标算法求解结果进行比较。Zhu 等（2011b）用欧几里得粒子群优化算法（euclidean particle swarm optimization，EPSO）与计算统一设备架构并行以解决 EPSO 随着优化问题的维数和局部最优数的增加而处理速度不足的问题，采用 5 个基准函数对并行 EPSO 的性能进行了测试，发现计算适应度的平均处理速度比原算法最大提高了 16.27 倍。李国成和肖庆宪（2014）基于混沌搜索、EPSO 和引力搜索算法提出了一种新的混合元启发式搜索算法，并基于多维布朗运动假设使用 Monte Carlo 模拟法对均值-CVaR 投资组合选择模型进行近似求解，将新算法与线性规划法和非参数估计方法进行比较。齐岳等（2015）利用遗传算法对传统投资组合模型、带上界约束条件的投资组合选择以及带市值约束条件的投资组合选择模型的非劣集进行精确求解。

除遗传算法、粒子群算法和蚁群算法之外，学者们在多目标投资组合的求解过程中也逐渐使用到其他类型的智能算法。例如，学者们提出了一种基于蜜蜂群体智能行为的优化算法，称为人工蜂群算法（artificial bee colony algorithm）。

四、多目标投资组合选择的发展

早期关于投资组合选择问题的研究大多是针对随机不确定性展开的，随着模糊数学的发展和不断完善，学者们开始研究模糊不确定性下的投资组合选择问题。Huang（2008）以模糊变量构造半方差并证明了模糊半方差的三个性质，在此基础上构造了模糊均值-半方差模型，提出了一种基于模糊仿真的遗传算法并证明了算法的有效性。金秀等（2017）构建了考虑投资者风险态度的均值-下半方差-流动性模糊多目标投资组合模型，并基于投资者损失厌恶及参照依赖等心理特征，设计了一种 CPT-TOPSIS 交互式算法用以求解模型。王灿杰和邓雪（2019）在融资约束条件下，基于可信性理论建立了均值-熵-偏度三目标投资组合决策模型，并提出了一种新的约束多目标粒子群算法。

正如前文提到的，在现实条件下的金融市场中，交易成本、投资组合管理成本等现实约束条件对投资组合的构建和管理有明显的影响。此外学者们认为，最低交易量限制、借款限制等因素同样需要考虑在内。张鹏等（2016）针对现实市场中资产交易具有最小交易量限制，以及投资者的投资行为是长期持续的实际情况，提出了具有借款约束限制和交易成本的多阶段均值-半方差投资组合模型。张鹏和龚荷珊（2018）考虑交易成本、交易量限制和借款限制等实际投资约束条件，提出可以利用基于数据的 DEA 模型顾及投资组合效率。

我们在前文中列举的投资组合相关文献大多数都是在控制金融市场风险的基础上展开的。事实上，投资者不仅要承担金融资产价格波动带来的市场风险，也要承担工作变动、健康状况波动、人际关系、纳税义务等不能通过金融市场上的分散化投资分散的风险，这些风险统称为"背景风险"。因此有学者将背景风险加入投资组合选择模型的构建中，以使模型更加贴合现实条件。Huang 和 Wang（2013）在期望效用框架下研究了存在背景风险的个人投资组合选择问题，分别给出了具有独立可加性和可乘性背景风险的两基金分离定理的充要条件，在均值-方差框架下分析了考虑可加性背景风险的投资组合的边界性质。

我国早期相关研究大多以股票、债券和货币资产构建投资组合，投资品种受到局限，随着我国资本市场交易产品逐渐完备，投资者的资产选择范围得到有效扩展。梁巨方和韩乾（2017）对商品期货指数、行业股票指数和债券指数收益率进行研究，并基于我国的数据发现三者之间存在时变的非对称相关、高阶矩相关和尾部相关。齐岳和廖科智（2021）基于正态分布和非正态分布假设，研究了将商品期货引入传统投资组合对风险-收益结构的影响，并实证发现商品期货对投资组合有效边界的改善主要体现为风险分散效应，但不能为传统资产配置策略带来超额收益。

五、文献评述

本章对公司治理和投资组合选择领域的相关文献进行了详细的梳理和回顾，在此进行专门的总结。

第一，目前国内外对于公司治理的研究已经相当成熟，对公司治理的基本内容，包括股东、董事会、监事会、高管治理等内部治理与债权人监督、法律制度、产品市场竞争等外部治理的相关理论和实证研究十分丰富，普遍认可了良好的公司治理对公司绩效和长期发展、各利益相关主体及社会的重要性。此外，国际组织、国内外专家学者和金融机构等从不同的视角提出了一系列公司治理评价体系，这为本书明确界定公司治理并对其进行评价提供了重要基础。

第二，目前已有较多的研究证实了良好的公司治理与公司在股票市场上的正向超额收益和更好的流动性、较低的风险等有密切关系，但也有学者发现了并不完全一致的结论，这可能是由于样本数据来自不同的国家、地区或不同年代，也可能是由于部分研究遗漏了重要的定价因素导致的差异。总体而言，大多数研究表明公司治理指数或部分公司治理因素与当前和未来更好的股票市场表现密切相关，因此本书考虑将公司治理纳入投资组合选择模型中，为偏好稳定收益和较低风险的投资者及关切公司治理质量的利益相关者提供可行方案。

第三，已有研究为多目标投资组合的构建和求解提供了重要的理论基础。目前对多目标投资组合模型构建的研究较多地集中在改良收益和风险测度指标、加入流动性和股利等其他目标函数、考虑现实约束条件等方面，对模型求解的研究越来越多地关注遗传算法、粒子群算法和蚁群算法等启发式算法在投资组合中的应用。在已有文献和投资实践中，更多的是将公司治理作为 ESG 的一个组成部分纳入投资组合管理中，而较少直接关注公司治理在投资组合中的表现。因此，本书将公司治理评价指数作为目标函数直接纳入投资组合选择模型中，使用解析法对其非劣集和有效集进行求解并讨论解集性质，进一步推动多目标投资组合选择理论的发展。

第四章 建立包含公司治理的多目标投资组合选择模型

本章旨在论述包含公司治理的三目标投资组合选择模型构建依据，并进一步将传统的均值-方差的两目标优化模型扩展到均值-方差-公司治理三目标优化模型。本章共分为三节。第一节回顾收益和风险的计算方法，传统投资组合选择的基本概念、术语、符号等内容，并且简要总结均值-方差模型的优势和缺点。第二节回顾多目标投资组合选择的基本内容，包括多目标决策理论和多目标投资组合选择模型的概念、术语、模型构建等。第三节从公司治理的制度环境要求、投资者的公司治理偏好两个方面论述建立包含公司治理的投资组合选择模型的合理性，并提出包含公司治理的三目标投资组合选择模型。

第一节 传统投资组合选择模型

本节首先介绍计算有价证券收益和风险的数学方法①，随后回顾 Markowitz（1952）的经典均值-方差投资组合选择模型，以及学者们对该模型的一些评价。

一、收益和风险

（一）单一有价证券的收益和风险

投资者从事投资行为的重要目的之一就是获得投资收益，通常以收益率来衡量一定期限内单位投入资本所赚取的利润。假设投资者在期初购买有价证券 i 并

---

① 在本章及后续章节，我们用斜体符号表示标量，用粗体符号表示向量或矩阵。

持有一段时期，并在期末卖出证券 i，那么证券 i 在这段投资期间内的收益率可以表示为

$$r_i = \frac{P_1 - P_0 + d_1}{P_0} \quad （4.1）$$

其中，r_i 是证券 i 的投资收益率；P_0 是证券在该投资期间的期初价格（即投资者的购买价格）；P_1 是证券在该投资期间的期末价格（即投资者的出售价格）；d_1 是证券 i 在投资期间获得的股票股息或债券的分红（假设它发生在投资期末）。

由于证券 i 在未来的投资收益率无法准确预测，人们通过收益率的未来分布情况进行描述，常用期望收益来描述未来收益率的平均水平。如果投资收益率是离散型的随机变量，就需要估计在各种可能的情形下证券收益率的预期值及其发生概率，用概率作为权重，为对应情况下的未来收益率加权并求和：

$$E(r_i) = \sum_{s=1}^{m} r_i(s) p(s) \quad （4.2）$$

其中，未来投资收益共有 m 种可能出现的情况；$r_i(s)$ 是证券 i 在第 $s(1 \leqslant s \leqslant m)$ 种可能的情况发生时的收益率；$p(s)$ 是第 s 种情况发生的概率；$E(r_i)$ 是证券 i 未来投资收益率的数学期望，称为证券 i 的期望收益。

风险资产的投资收益具有不确定性，因此希望避免损失的投资者需要关注的另一个重要指标是投资风险，也就是证券投资收益偏离预期的程度。度量随机变量偏离其数学期望的程度在数学中常用方差来表示，因此 Markowitz 使用证券未来收益率的方差 σ_i^2 来衡量证券 i 的投资风险：

$$\sigma_i^2 = \sum_{s=1}^{m} \left[r_i(s) - E(r_i) \right]^2 p(s) \quad （4.3）$$

其中，方差 σ_i^2 衡量的是有价证券 i 的整体风险水平，方差的数值越大，表示证券 i 的投资风险越大。标准差 σ_i 是方差 σ_i^2 的算数平方根，也常被用来表示证券的风险水平。

（二）两个有价证券的相关关系

协方差 σ_{ij}^2 和可以用来描述两个不同的有价证券 i 和 j 的收益率的相关关系：

$$\sigma_{ij}^2 = \sum_{s=1}^{m} \left[r_i(s) - E(r_i) \right] \left[r_j(s) - E(r_j) \right] p(s) \quad （4.4）$$

其中，当 $\sigma_{ij}^2 > 0$ 时，表示证券 i 和 j 的收益率变动趋势一致；当 $\sigma_{ij}^2 < 0$ 时，表示两个变量的变化趋势相反；当 $\sigma_{ij}^2 = 0$ 时，表示两个变量不相关。

由于量纲差异，协方差不便于直接比较，因此可以将协方差标准化处理得到证券 i 和 j 收益率的相关系数 ρ_{ij}：

$$\rho_{ij} = \frac{\sigma_{ij}^2}{\sigma_i \sigma_j} \tag{4.5}$$

其中，σ_{ij}^2 是证券 i 和 j 收益率的协方差；σ_i 是证券 i 的收益率标准差；σ_j 是证券 j 的收益率标准差；相关系数 ρ_{ij} 用来度量两个变量间的线性关系，取值范围是 $\rho_{ij} \in [-1,1]$，$\rho_{ij} > 0$ 表示证券 i 和 j 的收益率正相关，$\rho_{ij} < 0$ 表示证券 i 和 j 的收益率负相关，$\left|\rho_{ij}\right|$ 越大表示相关程度越大，$\left|\rho_{ij}\right| = 0$ 表示不存在线性相关关系。

（三）投资组合的收益和风险

基于前文对单一证券的预期收益与风险的度量，以及两个不同证券之间的收益率关联，可以进一步计算投资组合的收益和风险。对于包含 n 种有价证券的投资组合，$x_i(i=1,2,\cdots,n)$ 是投资者购买第 i 种证券的资金占总资本的比例，投资组合投资收益率 r_p 的表达式如下：

$$r_p = \sum_{i=1}^{n} x_i r_i \tag{4.6}$$

根据数学期望的性质，投资组合的期望收益 $E(r_p)$ 可以表示为

$$E(r_p) = E\left(\sum_{i=1}^{n} x_i r_i\right) = \sum_{i=1}^{n} E(x_i r_i) = \sum_{i=1}^{n} x_i E(r_i) \tag{4.7}$$

为了表达和计算更简洁，我们用 n 维列向量 $\boldsymbol{x} = [x_1, x_2, \cdots, x_n]^{\mathrm{T}}$ 表示投资组合中资金分配情况，称 $\boldsymbol{x} = [x_1, x_2, \cdots, x_n]^{\mathrm{T}}$ 为权重向量。$E(r_i)$ 表示第 i 种证券的期望收益，我们定义 $\mu_i = E(r_i)$，则 n 维列向量 $\boldsymbol{\mu} = [\mu_1, \mu_2, \cdots, \mu_n]^{\mathrm{T}}$ 可以描述 n 种有价证券的期望收益情况。因此也可以把式（4.7）表示成：

$$E(r_p) = \boldsymbol{\mu}^{\mathrm{T}} \boldsymbol{x} \tag{4.8}$$

用 $\boldsymbol{\Sigma}$ 表示投资组合的协方差矩阵：

$$\boldsymbol{\Sigma} = \begin{pmatrix} \sigma_{11}^2 & \sigma_{12}^2 & \cdots & \sigma_{1n}^2 \\ \sigma_{21}^2 & \sigma_{22}^2 & \cdots & \sigma_{2n}^2 \\ \vdots & \vdots & & \vdots \\ \sigma_{n1}^2 & \sigma_{n2}^2 & \cdots & \sigma_{nn}^2 \end{pmatrix}_{n \times n} \tag{4.9}$$

因此投资组合的方差 σ_p^2 可以表示为

$$\sigma_p^2 = \sum_{i=1}^{n} \sum_{j=1}^{n} x_i x_j \sigma_{ij}^2 = \boldsymbol{x}^{\mathrm{T}} \boldsymbol{\Sigma} \boldsymbol{x} \tag{4.10}$$

二、均值-方差模型与有效边界

Markowitz（1959）指出，有两个目标对所有投资者都是适用的，一是希望获得高的投资回报，二是希望投资回报是可靠的、稳定的、不受不确定性影响的。因此可以用期望收益衡量投资组合的未来收益水平，以预期收益率的方差衡量风险水平，将投资组合选择表达为一个收益最大化和风险最小化的均值-方差两目标优化问题。对于 n 只股票组成的投资组合，均值-方差模型表示为

$$\min z_1 = \boldsymbol{x}^{\mathrm{T}} \boldsymbol{\Sigma} \boldsymbol{x}$$
$$\max z_2 = \boldsymbol{\mu}^{\mathrm{T}} \boldsymbol{x} \tag{4.11}$$
$$\text{s.t. } \boldsymbol{x} \in S$$

其中，$\boldsymbol{x}$ 是一个表示投资组合权重的 n 维列向量；$\boldsymbol{\Sigma}$ 是一个股票收益的 $n \times n$ 协方差矩阵；$\boldsymbol{\mu}$ 是一个股票期望收益的 n 维列向量；z_1 是投资组合的方差；z_2 是投资组合的期望收益；S 是 n 维空间 R^n 中投资组合权重向量 $\boldsymbol{x}$ 的可行域。

Merton（1972）加入一个权重之和等于 1 的线性约束条件，将式（4.11）改写为

$$\min z_1 = \boldsymbol{x}^{\mathrm{T}} \boldsymbol{\Sigma} \boldsymbol{x}$$
$$\max z_2 = \boldsymbol{\mu}^{\mathrm{T}} \boldsymbol{x} \tag{4.12}$$
$$\text{s.t. } \mathbf{1}^{\mathrm{T}} \boldsymbol{x} = 1$$

其中，$\mathbf{1}^{\mathrm{T}} = [1,1,\cdots,1]_{1 \times n}$ 是一个 n 维向量，$\mathbf{1}^{\mathrm{T}} \boldsymbol{x} = 1$ 表示所有证券的权重之和等于 1 的线性约束条件，此时可行域为 $S = \left\{ \boldsymbol{x} \in \mathrm{R}^n \mid \mathbf{1}^{\mathrm{T}} \boldsymbol{x} = 1 \right\}$。进一步地，Merton（1972）使用 ε-约束法求解式（4.12）得到：

$$\min z_1 = \frac{1}{2} \boldsymbol{x}^{\mathrm{T}} \boldsymbol{\Sigma} \boldsymbol{x}$$
$$\text{s.t. } \boldsymbol{\mu}^{\mathrm{T}} \boldsymbol{x} = \varepsilon \tag{4.13}$$
$$\mathbf{1}^{\mathrm{T}} \boldsymbol{x} = 1$$

通过 Lagrangian 乘数法及后续计算，可以得到式（4.13）的解集式（4.14），并证明式（4.14）在方差-期望收益二维目标空间，即 (z_1, z_2) 二维空间中的映射是一条开口向右的平滑抛物线如式（4.15）所示：

$$\boldsymbol{x} = \frac{1}{af - cc} \left[\varepsilon \left(f \boldsymbol{\Sigma}^{-1} \boldsymbol{\mu} - c \boldsymbol{\Sigma}^{-1} \mathbf{1} \right) + \left(a \boldsymbol{\Sigma}^{-1} \mathbf{1} - c \boldsymbol{\Sigma}^{-1} \boldsymbol{\mu} \right) \right] \tag{4.14}$$

$$z_1 = \frac{1}{af - cc} \left(f z_2^2 - 2c z_2 + a \right) \tag{4.15}$$

其中，$a = \boldsymbol{\mu}^{\mathrm{T}} \boldsymbol{\Sigma}^{-1} \boldsymbol{\mu}$，$c = \boldsymbol{\mu}^{\mathrm{T}} \boldsymbol{\Sigma}^{-1} \mathbf{1}$，$f = \mathbf{1}^{\mathrm{T}} \boldsymbol{\Sigma}^{-1} \mathbf{1}$。

式（4.15）的形状如图 4.1 所示。在图 4.1 中，横坐标轴是投资组合的方差，

纵坐标轴是投资组合的期望收益，区域 Z（包括边缘的实线部分）表示准则向量 $z = [z_1, z_2]^T$ 的可行域 Z。实线部分表示给定期望收益时方差最小的投资组合，这条线被称为最小方差边界。由于最小方差边界的下半部分，即最小方差投资组合（global minimum-variance portfolio）z^{mv} 以下的部分，与抛物线的上半部分相比，在方差相同的条件下期望收益更低，不满足给定方差时期望收益最大化的条件，因此它们所代表的投资组合是无效的。最小方差边界的上半部分（包括最小方差组合 z^{mv}）称为有效边界（也称为有效前沿，efficient frontier），即图4.1中粗实线部分。

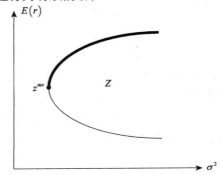

图 4.1　投资组合的最小方差边界和有效边界

考虑到更一般的情况，Markowitz（1956）、Markowitz 和 Todd（2000）在式（4.11）的基础上增加了等式约束条件、不等式约束条件，以及对于投资组合权重向量取值的限制，将均值-方差模型表述为

$$\min z_1 = x^T \Sigma x$$
$$\max z_2 = \mu^T x$$
$$\text{s.t. } A^T x = b \qquad (4.16)$$
$$C^T x \geqslant d$$
$$\ell \leqslant x \leqslant v$$

其中，A 是一个等式约束矩阵；C 是一个不等式约束矩阵；b 和 d 是约束条件的准则向量；ℓ 和 v 分别是权重向量 x 的下界和上界向量。进一步地，Markowitz（1956）、Markowitz 和 Todd（2000）使用参数二次型规划的方法求解式（4.16），并且证明了式（4.16）的非劣集是一条在 (z_1, z_2) 空间中连续、严格递增、严格凹的、由相互连接的抛物线段片段组成的曲线。

三、均值-方差模型的优势与不足

自 1952 年 Markowitz 提出一种在不确定条件下平衡投资组合风险与期望收益

的均值-方差模型以来，该理论一方面因为通过数理方法解决金融问题等开创性思想受到学术界的肯定和发扬继承，另一方面由于模型本身的参数敏感、假设条件与现实不符、计算难度等问题受到批评，下面将对均值-方差模型的优势与不足进行简要的总结，以更好地体现本书工作的学术和实践意义。

（一）均值-方差模型的优势

综合 Michaud（1989）的观点，可以认为均值-方差模型至少具有以下几点优势。

第一，该模型使用均值和方差来量化收益与风险，并且通过引入协方差或相关性的统计概念量化了"多样化"或"非多样化"的概念，使得数理分析统计方法开始进入金融领域。此后，Sharpe（1963）基于均值-方差模型提出了一种简化了协方差矩阵估计的单指数模型，Sharpe（1964）、Lintner（1965a）推导出了资本资产定价模型（capital asset pricing model，CAPM），Ross（1976）建立了多因素套利定价模型并进一步提出套利定价理论（arbitrage pricing theory，APT）。这些基于均值-方差模型的进一步研究成果共同奠定了现代金融学的坚实基础。

第二，该模型提供了一个直观的分析框架。它允许投资者在指定其可接受的风险水平后寻求最高的回报，并且允许将各种简单但重要的约束条件和目标与投资组合选择结合起来。例如，可以控制投资组合中各种风险成分的敞口，也可以将投资者的资金约束考虑在内。

第三，对于投资机构而言，该模型提供了快速处理新信息并及时调整投资组合的工具，而对于机构的现有和潜在客户而言，机构的投资风格、理念和市场前景等可以通过其选择的各种风险因素的敞口大小、感兴趣的股票范围和业绩基准等反映出来。

（二）均值-方差模型的不足

均值-方差模型的不足之处如下。

第一，参数敏感。均值-方差模型在计算过程中高度依赖历史收益率的一阶矩和二阶矩，其结果的准确性受输入参数的影响。当输入参数存在估计误差时，所得的权重是有偏估计结果。Michaud（1989）指出均值-方差模型的主要问题是其优化结果倾向于将输入假设中误差的影响最大化，甚至产生比简单分散化组合更差的结果。

第二，历史数据依赖。均值-方差模型不能根据其规则可靠地预测投资者未来投资回报的实际平均值和标准差，而是在概率论基础上假设可以通过对历史数据的随机分析正确预测证券的未来价格。然而，资产收益风险等相关参数具有时变性，历史数据不是预测证券未来价格或收益率的可靠依据，因此用历史数据计算出的均值和协方差矩阵将导致估计误差，代入投资组合选择模型计算求解可能会得到相差甚远的错误结果。此外，该模型显然无法适用于历史数据缺失或环境剧烈变动导致历史数据失效的情况。

第三，基本假设与现实情况不符。首先，均值-方差模型假设股票收益率服从多元正态分布，但是研究发现资产回报率表现出尖峰厚尾和有偏特征。其次，方差作为投资组合选择模型中的风险度量指标，对正回报偏差和负回报偏差同等处理，而股票回报率具有非对称分布特征，这使得学界对此提出广泛批评，并提出下半方差、绝对离差、VaR、CVaR 等改良的风险度量指标。再次，均值-方差模型的一个隐含假设是单一时期投资，然而在实践中，管理投资组合的问题是一个涉及多个时间段的持续行为，投资者需要根据动态变化的数据对投资组合的资产配置进行及时调整，并且投资者观念的变化也会导致投资策略的变化。最后，均值-方差模型假设投资者是理性的，然而现实中常常发现投资者的行为会受到情绪等非理性因素的驱动，并且投资者对待风险的态度更加复杂，不能用单纯的风险厌恶来描述，人们对风险的态度会随着评价事物时的参照点的改变而发生变化（Kahneman and Tversky，1979）。

第四，均值-方差模型只包括了期望收益和方差，忽视了现实投资活动中投资者对资产流动性、现金股利等方面的需求，也没有将税收、佣金、手续费等交易成本和不同国家对股票卖空具有不同规定等现实因素考虑在内，这会导致在现实情境中，均值-方差模型的应用结果偏离理论预期。

第二节　多目标投资组合选择模型

本节首先回顾多目标决策理论的定义、模型和常见求解方法，对关键术语进行明确的定义，随后明确多目标投资组合选择的模型和相关概念。

一、多目标决策理论

（一）多目标决策的定义

多目标决策由单目标决策发展而来，单目标决策问题是研究只有一个目标的决策问题，其求解方法称为单目标决策方法。相应地，具有两个及两个以上目标的决策问题是多目标决策问题，其求解方法称为多目标决策方法。

一般认为，多目标决策的思想最早是 1896 年由意大利经济学家帕累托提出的，并且帕累托最优（非劣解）的概念就是在研究关于经济效率和收入分配的问题时提出的，此后，非劣集的精确求解就成为多目标决策的核心问题。Kuhn 和 Tucker（1951）从数学规划的视角提出了向量优化解的充要条件，从而推动了多目标决策理论的发展。Charnes 和 Cooper（1961）提出了目标规划的概念，通过设置优先因子与权重，有轻重缓急地考虑问题，弥补了线性规划方法的局限性。20世纪70年代之后，多目标决策的相关研究迅速发展，在经济、管理、系统工程等领域得到了广泛的应用。

多目标决策问题通常具有矛盾性和不可公度性的特征。也就是说，决策者会面临多个目标之间存在相互制约甚至相互矛盾的情形，很难找到一种解决方案使多个目标同时实现最优，并且目标之间没有统一的度量标准，难以直接进行评价、比较和选择。这些特征使得多目标决策问题的优化充满困难。

一个多目标决策问题一般包括目标体系、备选方案和决策准则三个基本因素。目标体系是指由决策者在决策制定过程中想要实现的一组目标及其结构。备选方案是指一系列针对实际问题提出的、可供决策者选择的解决方案。决策准则是指决策者在一系列备选方案中做出选择时应当遵循的标准，可以分为"最优原则"和"满意原则"两类。"最优原则"适用于决策者可以按照某一标准将所有备选方案排出先后次序，进而选择优先级最高的方案的情况；"满意原则"适用于在复杂多变的社会经济环境中，决策者无法做到"绝对理性"的情况，决策者不需要找到最优方案，只需要找到能够满足合理目标要求的方案。

（二）多目标决策的模型

假设一个多目标决策问题可以总结为 k 个目标函数 $f_1(\boldsymbol{x}), f_2(\boldsymbol{x}), \cdots, f_k(\boldsymbol{x})$ 的优化问题，其中一部分目标希望求得最大值而其余希望求得最小值，并且问题的解面临一定的等式和不等式的约束条件，那么可以将这个多目标决策问题表示为

$$\max z_1 = f_1(\boldsymbol{x})$$
$$\vdots$$
$$\max z_i = f_i(\boldsymbol{x})$$
$$\min z_{i+1} = f_{i+1}(\boldsymbol{x})$$
$$\vdots \qquad\qquad (4.17)$$
$$\min z_k = f_k(\boldsymbol{x})(1 \leqslant i \leqslant k)$$
$$\text{s.t. } \boldsymbol{A}^{\mathrm{T}}\boldsymbol{x} = \boldsymbol{b}$$
$$\boldsymbol{C}^{\mathrm{T}}\boldsymbol{x} \geqslant \boldsymbol{d}$$

其中，$\boldsymbol{z} = [z_1, \cdots, z_k]^{\mathrm{T}}$ 是准则向量；$\boldsymbol{x} = [x_1, x_2, \cdots, x_n]^{\mathrm{T}}$ 是 n 维实数空间 R^n 中的决策向量；$\boldsymbol{A}$ 是一个等式约束矩阵；$\boldsymbol{C}$ 是一个不等式约束矩阵；$\boldsymbol{b}$ 和 $\boldsymbol{d}$ 是约束条件的准则向量。和本章第一节类似，用 S 表示 n 维空间 R^n 中决策向量 $\boldsymbol{x}$ 的可行域，

$Z = \{z \mid x \in S\}$ 表示准则空间中的可行域。

一般来说，由于最小化问题可以转化为最大化问题，各种约束条件共同构成了决策向量的可行域，式（4.17）可以简单表示为

$$\max z_1 = f_1(\boldsymbol{x})$$
$$\vdots$$
$$\max z_k = f_k(\boldsymbol{x})$$
$$\text{s.t. } \boldsymbol{x} \in S$$

（4.18）

与单目标决策可以求得一个最优解不同，多目标决策由于其目标的矛盾性特征，往往不能得到一个最优解，而是得到一系列的帕累托最优解，也就是本书中使用的"非劣解"。在这里，本书对多目标优化的相关术语做出明确定义，后文使用的相关术语的含义均遵从此处。

定义 4.1：在式（4.18）中，对于两个准则向量 $\bar{z} = [\bar{z}_1, \bar{z}_2, \cdots \bar{z}_k]^T \in Z$ 和 $z = [z_1, z_2, \cdots, z_k]^T \in Z$，其中 $\bar{z}$ 占优于（dominate）z 定义为 $\bar{z}_1 \geqslant z_1, \cdots, \bar{z}_k \geqslant z_k$，并且对 $i \in \{1, 2, \cdots, k\}$，至少有一个不等式严格成立，即 $\bar{z}_i > z_i$。

定义 4.2：在式（4.18）中，一个准则向量 $\bar{z} \in Z$ 是非劣的（nondominated），这意味着不存在 Z 中的另外一个准则向量 z，使得 z 占优于 $\bar{z}$。否则 $\bar{z}$ 就是劣的（dominated）。

定义 4.3：在式（4.18）中，一个决策向量 $\bar{x} \in S$ 是有效的（efficient），说明它的准则向量 $\bar{z} \in Z$ 是非劣的，否则（也就是 $\bar{z} \in Z$ 是劣的）称 $\bar{x} \in S$ 是无效的（inefficient）。

根据定义 4.1~定义 4.3 总结得到，如果不存在另一个准则向量 $z \in Z$ 使得 z 占优于 $\bar{z}$，那么准则向量 $\bar{z} \in Z$ 是非劣的，它的逆像 $\bar{x} \in S$ 则是有效的。将 S 中所有的有效决策向量组成的集合称为有效集，用 E 表示；将 Z 中所有的非劣准则向量组成的集合称为非劣集，用 N 表示。多目标决策理论的核心就在于寻找目标空间中的非劣集 N，并且逆向求解相对应的有效集 E，为决策者提供决策支持。

（三）多目标决策的常见求解方法

按照解决问题思路的不同，多目标决策的优化方法可以大致分为化多为少法、目标规划法、层次分析法等。

1. 化多为少法

化多为少法的基本思想是将多目标问题转换成一个统一的综合目标，再使用单目标决策的方法进行求解。按照将多目标转化为单一目标方法的不同，化多为少法还可以进一步分为主要目标法、线性加权和法、平方和加权法、乘除法等。

主要目标法是指在一系列目标中选择一个主要目标实现最优，其他目标只需要满足一定要求即可。对具有 k 个目标函数 $f_1(\boldsymbol{x}), f_2(\boldsymbol{x}), \cdots, f_k(\boldsymbol{x})$ 的多目标决策问题，$\boldsymbol{x} \in S$，假设选取 $f_k(\boldsymbol{x})$ 作为主要目标并要求其最大，其他目标只需要满足一定约束条件（如具有下界和上界限制，用 f_i' 和 f_i'' 表示），那么多目标决策问题式（4.18）就可以简化成以下形式：

$$\max f_k(\boldsymbol{x})$$
$$\text{s.t. } \boldsymbol{x} \in \left\{ \boldsymbol{x} \mid f_i' \leqslant f_i(\boldsymbol{x}) \leqslant f_i'', i = 1, 2, \cdots, k-1, \ \boldsymbol{x} \in S \right\} \quad (4.19)$$

线性加权和法是指对目标函数 $f_1(\boldsymbol{x}), f_2(\boldsymbol{x}), \cdots, f_k(\boldsymbol{x})$ 分别赋予适当的权重系数 $\lambda_1, \lambda_2, \cdots, \lambda_k$，然后将其加权求和，形成新的目标函数：

$$\max U(\boldsymbol{x}) = \sum_{i=1}^{k} \lambda_i f_i(\boldsymbol{x})$$
$$\text{s.t. } \boldsymbol{x} \in S \quad (4.20)$$

平方加权和法适用于要求各目标函数 $f_1(\boldsymbol{x}), \cdots, f_k(\boldsymbol{x})$ 与其对应规定值 $f_1^*, \cdots, f_k^*$ 之间的差距尽可能小的情况，此时可以用各个目标函数与其规定值之差的平方表示偏离程度，并分别赋予适当的权重系数 $\lambda_1, \lambda_2, \cdots, \lambda_k$ 表示决策者对不同目标函数偏差的重视程度。将偏差的平方加权求和后就得到以下单目标函数：

$$\min U(\boldsymbol{x}) = \sum_{i=1}^{k} \lambda_i \left[f_i(\boldsymbol{x}) - f_i^* \right]^2$$
$$\text{s.t. } \boldsymbol{x} \in S \quad (4.21)$$

乘除法是指将需要最小化的目标函数 $f_1(\boldsymbol{x}), \cdots, f_i(\boldsymbol{x})(1 \leqslant i < k)$ 相乘作为分子，将需要最大化的目标函数 $f_{i+1}(\boldsymbol{x}), \cdots, f_k(\boldsymbol{x})$ 相乘作为分母，形成以下单目标函数：

$$\min U(\boldsymbol{x}) = \frac{f_1(\boldsymbol{x}) f_2(\boldsymbol{x}) \cdots f_i(\boldsymbol{x})}{f_{i+1}(\boldsymbol{x}) \cdots f_k(\boldsymbol{x})}$$
$$\text{s.t. } \boldsymbol{x} \in S \quad (4.22)$$

2. 目标规划法

1961 年美国学者 Charnes 和 Cooper（1961）提出了目标规划的概念，它的基本思想是对每一个目标函数给定一个目标值，并寻找与目标值尽可能接近的解。这一方法在经济管理、流程优化、工业设计等领域得到了广泛应用。

对于具有 k 个目标函数 $f_1(\boldsymbol{x}), \cdots, f_k(\boldsymbol{x})$ 的多目标决策问题，决策向量 $\boldsymbol{x}$ 具有 n 个维度。设 $f_i(\boldsymbol{x})(i = 1, 2, \cdots, k)$ 的目标值是 f_i^*，那么函数值与目标值的差异可以定义成：

（1）正偏差变量：函数值相比于目标值超出的部分，即 $d_i^+ = f_i(\boldsymbol{x}) - f_i^*$，并且有 $d_i^+ \geqslant 0$。

（2）负偏差变量：函数值相比于目标值不足的部分，即 $d_i^- = f_i^* - f_i(x)$，并且有 $d_i^- \geqslant 0$。

将一系列目标函数根据其重要性程度的不同，划分为 $L(L \leqslant k)$ 个优先级，并按照优先级的先后次序分别赋予优先次序系数 $p_1, p_2, \cdots, p_L$。在设置优先次序系数时，需要满足第 $l(l = 1, 2, \cdots, L)$ 级的优先次序系数 $p_l > 0$ 并且使 $p_1 \gg p_2 \gg \cdots \gg p_L$。对处于第 $l(l = 1, 2, \cdots, L)$ 级优先级的目标函数 $f_i(x)$，对其正偏差变量 d_i^+ 赋予权系数 ω_{li}^+，对其负偏差变量 d_i^- 赋予权系数 ω_{li}^-。综上所述，目标规划法的数学模型可以表示为

$$\min F = \sum_{l=1}^{L} p_l \sum_{i=1}^{k} \left(\omega_{li}^- d_i^- + \omega_{li}^+ d_i^+ \right)$$

$$\text{s.t.} \begin{cases} \sum_{j=1}^{n} a_{mj} x_j \leqslant b_m (m = 1, 2, \cdots, M) \\ f_i(x) + d_i^- - d_i^+ = f_i^* (i = 1, 2, \cdots, k) \\ x_j \geqslant 0 (j = 1, 2, \cdots, n) \\ d_i^-, d_i^+ \geqslant 0 (i = 1, 2, \cdots, k) \end{cases} \quad (4.23)$$

其中，F 是目标规划法构造的准则函数，对其进行优化求解后可以得到满意解；$\sum_{j=1}^{n} a_{mj} x_j \leqslant b_m (m = 1, 2, \cdots, M)$ 是一组绝对约束条件，M 是绝对约束条件的个数，也可以写作 $Ax \leqslant b$，A 是一个 $M \times n$ 的表示约束条件的系数矩阵，b 是一个 M 维列向量；$f_i(x) + d_i^- - d_i^+ = f_i^* (i = 1, 2, \cdots, k)$ 是引入偏差变量后，由目标函数形成的目标约束条件；$x_j \geqslant 0 (j = 1, 2, \cdots, n)$ 和 $d_i^-, d_i^+ \geqslant 0 (i = 1, 2, \cdots, k)$ 是两组非负约束。

3. 层次分析法

层次分析法是20世纪70年代美国运筹学家Saaty结合定性和定量分析，提出的一种多目标决策方法，为研究包含众多相互关联、相互制约因素的复杂系统提供了实用且有效的分析思路。

首先，决策者需要将复杂决策问题涉及的各类元素，按照其属性特征和内在联系从上到下划分为目标层、准则层和方案层。目标层是最高层级，代表决策问题想要实现的总体目标。准则层是中间层级，代表实现总目标需要考虑的判断标准，在相关因素较多的情况下可以进一步建立子准则层。方案层是最低层级，代表可供选择的一系列可行方案。在建立层次结构模型时，应当仔细分辨各因素之间的关系，将具有相同或近似属性的因素归属于同一层因素。

在建立层次结构模型之后，需要使用一致矩阵法构造判断矩阵。一致矩阵法

是指把因素进行两两比较，以降低比较不同属性因素过程中可能出现的难度，提高比较结果的准确度的方法。决策者在进行一系列两两比较时，可能不能从始至终都保持着完全一致且科学准确的判断标准，因此判断矩阵很可能存在估计误差，需要对层次内的判断矩阵进行一致性检验。

决策者需要对总目标下一系列准则的重要性进行判断并赋予权重。进一步地，结合各准则层对下属方案重要性程度的判断矩阵，可以得到各个方案对总目标的相对重要性程度，为决策者提供决策依据。最后，需要检验层次总排序的一致性，以确保总体排序结果的一致性可以接受。

二、多目标投资组合选择

（一）多目标投资组合选择的提出

正如第三章第三节所言，投资者在投资收益和风险之外还存在其他的重要目标，如现金股利收入、股票流动性、投资的整体分散化程度，有些投资者由于其个人偏好、社会责任感或者投资价值观等原因，还对投资组合中包含的上市公司研发投入、社会责任表现、环境绩效、合规情况、公司治理水平等有特殊的要求。

在构建投资组合的过程中需要充分考虑这些除均值、方差以外的指标。一方面，这些因素对资产定价的影响被相关研究所证实，如 Fama 和 French（1993）提出的三因素模型证实了公司规模和账面市值比对股票收益率的影响。另一方面，这些均值和方差以外的指标包含了许多与公司未来发展以及股票未来收益率密切相关的信息，而这些信息没有在股票收益的历史时间序列数据中体现。

这就提出了一个实际问题——投资者如何将流动性风险、研发风险、环境规制风险、合规监管风险等多维风险直接纳入投资组合选择中。传统的解决方法是将各类风险的影响纳入协方差矩阵并减轻估计矩阵的繁重负担。这种方式可以控制协方差矩阵的操作，但是在投资组合优化后，多维风险的作用可能不太明确。对此，有三种基本的解决方式。

第一种方式，是在传统投资组合选择中制定问题，并将风险视为（定性的）约束条件。例如，为了验证投资组合选择受规模和账面市值比的影响，Chow 和 Hulburt（2000）形成了六种规模（小或大）和账面市值比（低、中或高）的投资组合，计算投资组合的均值方差和其他目标，发现大规模和高账面市值比的投资组合优于小规模和低账面市值比的投资组合。这种方式的潜在缺点是，一些风险因素被简单地分类并设置为一种约束形式，没有直接进入投资组合选择阶段。此外，分类在一定程度上具有主观性，并且属于一种定性的方式而没有明确的量化结果呈现出来，因此投资者可能难以明确地控制风险，在构建投资组合时无法获得太多帮助。

第二种方式，是将多维风险以额外的用以描述风险的参数形式，引入作为优化目标的效用函数中，并通过最大化预期效用来确定最佳投资组合。这种方式在实际应用中可能会遇到困难，因为投资者必须决定效用函数的数学形式和证券收益的联合分布。

第三种方式，是将多维风险作为目标，将均值-方差模型扩展为具有预期收益、方差和其他风险的多目标投资组合选择模型。这种方式的优点在于，第一，投资者可以看到均值和多维风险的整体量化结果，因此可以直接控制风险因素，构建三目标的投资组合可以在三维空间中以图像的形式直观展现优化结果；第二，建模是客观的，也就是说，如果投资者具有相同的原始数据和目标函数，他们会得到相同的有效曲面。这种方法可能存在的潜在缺点是，计算非劣曲面[①]并在非劣曲面上定位最佳投资组合的计算难度比较大。

因此，多目标投资组合选择成为投资组合理论发展的一个重要方向，它将投资者风险和收益以外的风险因素以新的目标函数的形式直接纳入投资组合选择中，以更好地满足投资者的需求。多目标决策理论旨在为具有多个相互矛盾、相互制约的目标函数的决策问题提供有效解，因而这一理论也可以为在均值和方差以外，关注股息率、交易流动性等多种目标的投资者提供有效的建模和优化方法。

（二）多目标投资组合选择模型

在多目标决策方面，Steuer 等（2007）将均值-方差模型扩展为多目标投资组合选择模型式（4.24）：

$$
\begin{aligned}
&\min z_1 = \boldsymbol{x}^{\mathrm{T}} \boldsymbol{\Sigma} \boldsymbol{x} \\
&\max z_2 = \boldsymbol{\mu}^{\mathrm{T}} \boldsymbol{x} \\
&\max z_3 = \boldsymbol{\mu}_2^{\mathrm{T}} \boldsymbol{x} \\
&\qquad \vdots \\
&\max z_k = \boldsymbol{\mu}_{k-1}^{\mathrm{T}} \boldsymbol{x} \\
&\mathrm{s.t.}\ \boldsymbol{x} \in S
\end{aligned}
\tag{4.24}
$$

其中，$\boldsymbol{z} = [z_1, z_2, \cdots, z_k]^{\mathrm{T}}$ 是投资者的 k 个目标函数组成的准则向量；$\boldsymbol{\mu}, \boldsymbol{\mu}_2, \cdots, \boldsymbol{\mu}_{k-1}$ 是投资者对证券投资收益、交易流动性、公司治理水平、社会责任表现等投资目标的期望向量；$\boldsymbol{x}$ 是决策向量；S 是决策空间中的可行域，$Z = \{\boldsymbol{z} \in \mathrm{R}^k \mid z_1 = \boldsymbol{x}^{\mathrm{T}} \boldsymbol{\Sigma} \boldsymbol{x}, z_2 = \boldsymbol{\mu}^{\mathrm{T}} \boldsymbol{x}, \cdots, z_k = \boldsymbol{\mu}_{k-1}^{\mathrm{T}} \boldsymbol{x}, \boldsymbol{x} \in S\}$ 是准则空间中的可行域。

---

① 这是与均值-方差模型的优化结果，即有效边界，相对应的在多维空间中的概念，这一点本书在后文中有详细说明。

式（4.24）是由一个二次目标函数和多个线性目标函数组成的。Qi（2017）提出了含有多个二次目标函数和多个线性目标函数的多目标投资组合选择模型，并给出了逼近非劣集的算法，如式（4.25）所示：

$$\min z_1 = \boldsymbol{x}^{\mathrm{T}} \boldsymbol{\Sigma}_1 \boldsymbol{x}$$
$$\vdots$$
$$\min z_k = \boldsymbol{x}^{\mathrm{T}} \boldsymbol{\Sigma}_k \boldsymbol{x}$$
$$\max z_{k+1} = \boldsymbol{\mu}_1^{\mathrm{T}} \boldsymbol{x} \qquad\qquad (4.25)$$
$$\vdots$$
$$\max z_{k+l} = \boldsymbol{\mu}_l^{\mathrm{T}} \boldsymbol{x}$$
$$\text{s.t. } \boldsymbol{x} \in S$$

其中，$\boldsymbol{\Sigma}_1, \cdots, \boldsymbol{\Sigma}_k$ 是证券回报率和其他目标的 k 个协方差矩阵；$z_1, \cdots, z_k$ 是投资组合回报率和其他目标的方差；$\boldsymbol{\mu}_1, \cdots, \boldsymbol{\mu}_l$ 是证券回报率和其他目标的 l 个期望向量；$z_{k+1}, \cdots, z_{k+l}$ 是投资组合回报率和其他目标的数学期望。

以式（4.24）和式（4.25）为例，可以看出多目标投资组合选择模型在目标函数构建时存在不同的方式，目标函数可以是线性的，也可以是非线性的（如幂函数、指数函数、对数函数等其他形式）。不同的目标函数也具有不同的最优化目标形式，可以是最大化、最小化，也可以是趋近于某一最优值等形式。

（三）多目标投资组合选择的优化

根据优化方法的不同，投资组合问题可以分为两类。一类是适合用数理分析方法解决的问题。这类问题的特点是可以使用数理分析的方法（主要涉及微积分和线性代数）推导出相关公式，利用这些公式求解如有效集、非劣集、集合中的特殊点等定量问题。那些通过数理分析方法推导出的公式非常有见地，并且已经在投资组合选择的理论方面得到了大量应用，如 Merton（1972）、刘利敏和肖庆宪（2014）等在不同假设情形下推导得出了有效边界的解析表达式。另一类是不适合用数理分析方法解决的问题。这类问题的特点如下：它们的有效集、非劣集、集合中的特殊点等定量问题只能通过算法解决，如数学规划或者进化算法等技术。

想要适用数理分析方法，一个投资组合问题必须满足两个要求：一是该问题必须具有正定的协方差矩阵，二是该问题的决策向量的可行域 S 必须是由等式约束确定的。例如，Merton（1972）提出的模型假定股票收益率的协方差矩阵是正定矩阵，并且把决策向量的可行域定义为 $S = \left\{ \boldsymbol{x} \in \mathrm{R}^n \mid \mathbf{1}^{\mathrm{T}} \boldsymbol{x} = 1 \right\}$，是符合使用数理分析方法求解问题的条件的。虽然 Merton（1972）提出的可行域 S 在实践中可能过于简单，但这并不是投资组合选择理论问题的缺点。资本约束条件 $\mathbf{1}^{\mathrm{T}} \boldsymbol{x} = 1$ 允许卖空，这一可行域的简单约束形式可以很好地表达在各种集合、特殊点和均值—

方差模型属性之间的数学关系。

与数理分析方法不同，投资组合选择算法方面的问题允许协方差矩阵是半正定的，并且可行域 S 可以由不等式约束确定，这些问题无法通过数理分析的方法来解决。需要说明的是，算法通常不能用来解决数理分析方法可以解决的问题，因为用于解决投资组合问题的算法都要求 S 是有界的。当目标函数有三个及以上时，常用的策略是变多目标问题为单目标问题，然后使用加权求和法、ε-约束法、目标规划法等方式求解。此外，国内外学者引入了一系列启发式算法对多目标投资组合的非劣集和有效集进行求解，其中包括遗传算法、粒子群算法、蚁群算法、人工蜂群算法和人工鱼群算法等。

第三节　建立包含公司治理的投资组合选择模型

一、建立包含公司治理的投资组合选择模型的意义与论证

（一）公司治理的制度环境要求

我国资本市场 30 多年历史中，上市公司财务造假、操纵市场、资金占用、恶性内幕交易等违法违规行为层出不穷，此类事件扰乱资本市场秩序，严重损害投资者的利益和对市场的信心，与我国经济高质量发展的目标相悖。良好的公司治理是企业可持续发展的根基，也是提高上市公司质量、保护投资者权益、推动资本市场走向成熟的关键。对此，我国出台了一系列政策指引和规范性文件，对上市公司建立健全公司治理结构提出了严格要求。

2002 年，证监会发布《上市公司治理准则》，要求中国境内的上市公司贯彻精神，改善公司治理。此后，陆续出台了针对股份制商业银行、证券公司、期货经纪公司、保险公司、国有商业银行、信托公司等重要金融机构完善公司治理结构、提高公司治理成效的规范性文件①。2007 年，证监会发布《关于开展加强上市公司治理专项活动有关事项的通知》，确立了"上市公司独立性显著增强，日常运作的规范程度明显改善，透明度明显提高，投资者和社会公众对上市公司的治理水平广泛认同"的总体目标。2018 年，修订后的《上市公司治理准则》提出"上市公司治理应当健全、有效、透明，强化内部和外部的监督制衡，保障股东

---

① 具体请见中国人民银行公告〔2002〕第 15 号《股份制商业银行公司治理指引》，证监机构字〔2003〕259 号《证券公司治理准则（试行）》，证监期货字〔2004〕13 号《期货经纪公司治理准则（试行）》，保监发〔2006〕2 号《关于规范保险公司治理结构的指导意见（试行）》，银监发〔2006〕22 号《国有商业银行公司治理及相关监管指引》，银监发〔2007〕4 号《信托公司治理指引》等文件。

的合法权利并确保其得到公平对待，尊重利益相关者的基本权益，切实提升企业整体价值"。2020 年，《国务院关于进一步提高上市公司质量的意见》明确提出要提高上市公司治理水平，要求上市公司"完善公司治理制度规则""加强治理状况信息披露"，通过证监会、银保监会等部门开展专项行动以切实提高公司治理水平。

我国监管部门在公司上市和退市的环节中也提出了对公司治理的要求。《上市公司证券发行管理办法（2020 修正）》第六条要求"公司章程合法有效，股东大会、董事会、监事会和独立董事制度健全，能够依法有效履行职责"。《首次公开发行股票并上市管理办法（2022 修正）》第十四条要求"发行人已经依法建立健全股东大会、董事会、监事会、独立董事、董事会秘书制度"。2022 年，证监会发布《关于完善上市公司退市后监管工作的指导意见》，提出"优化退市公司持续监管制度，合理设定信息披露和公司治理要求，建立与退市公司实际情况相适应的信息披露和公司治理安排"。

此外，证监会、银保监会、各交易所等也在不断加强对公司治理方面的监督和违规惩处。根据 Wind 数据，2015~2021 年违规类型为"公司运作，治理违规"的处罚公告情况如图 4.2 所示。图 4.2 使用堆积柱形图分别展示了处罚对象是公司（包括上市公司、非上市公众公司）和个人的统计数据，并且用折线图展示了合计情况。近年来，在公司运作和治理方面，我国对公司和个人整体加强了监管，其中针对个人的处罚数量上升尤为明显。

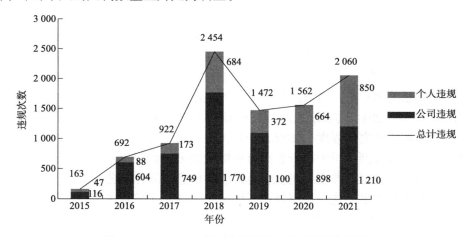

图 4.2　2015~2021 年"公司运作，治理违规"统计

综上所述，随着我国上市、退市、日常监管等资本市场基础性制度不断的完善，我国上市公司面临着越来越严格的公司治理层面的制度体系合规化。在这样的外部环境下，良好的公司治理水平可以帮助企业规避由公司治理违规引发的经

济损失和社会声誉损失，避免因公司治理不合规而被要求进行强制性整改，从而提升企业的长期竞争力。

（二）投资者的公司治理偏好

公司治理是现代公司制企业所有权和经营权分离条件下缓解委托代理问题的重要机制，理论研究和长期实践均证明了公司通过提升自身的治理水平是能够在一定程度上降低企业的代理成本，提高公司绩效，维护股东、债权人及社会公共利益的。因此，提高上市公司的公司治理水平不仅为公司未来具有良好的前景提供制度层面的保障，同时从外部性来看也是提高对中小投资者权益的保护、推动资本市场正常运行和健康发展的重要条件。

随着对公司治理的认识不断加深，投资者通常会将良好的公司治理水平与公司良好的预期财务表现紧密相连，从而为他们未来在股票市场的收益提供保障，因此愿意为良好的公司治理支付溢价。麦肯锡在 2000 年和 2002 年对 200 个代表 3.25 万亿美元资产的国际投资人进行的问卷调查显示，西欧和北美的基金经理们愿意为好的公司治理支付 12%~14% 的溢价，亚洲和拉美地区的溢价水平在 20%~25%，新加坡达到了 21%，中国（不包括港澳台）超过 25%，而在东欧国家这一溢价比例可以上升到 30%[①]。何顺文教授针对在中国投资的香港及其他国家的投资者（以基金管理公司为主）开展了名为"环球机构投资者对中国公司治理的看法"的调查，结果显示，部分受访者都十分看重公司治理水平的表现，并且他们会将公司治理水平和公司的财务表现看得同样重要，甚至公司治理水平高比财务表现好更重要，所有受访者都表示愿意对治理水平高的公司进行投资[②]。

现有文献也表明，机构投资者表现出对良好公司治理水平的偏好。Chung 和 Zhang（2011）发现机构投资者的持股的可能性会因为公司治理水平的提高而增加，而在持股比例方面，也受到公司治理水平的正向影响。

Bushee 等（2014）发现存在一部分治理敏感的机构投资者，他们的持股比例受到公司治理机制完善程度的影响，并且大型机构、持有大量股票投资组合的机构及那些偏爱成长型公司的投资者更有可能受到公司治理机制的影响。钟宁桦等（2021）认为，融资融券交易制度会通过改善信息不对称和公司治理，进而吸引机构投资者参与交易。这一机制强调了机构投资者对于信息透明度和较优的公司治理的偏好，与国外相关研究的结论一致。

此外，将公司治理因素纳入资产管理中也符合个人和家庭投资理财的需要。

① 良好治理可带来溢价 公司治理基金将日益流行[EB/OL]. http://finance.sina.com.cn/fund/jjsy/20060717/00002736392.shtml，2006-07-17.

② 公司治理良莠：投资者的风向标[EB/OL]. http://news.cctv.com/financial/20070126/102387.shtml，2007-01-26.

随着我国经济体制市场化改革的不断深入和资本市场基础性制度建设的日益完善，居民家庭财富迅速积累。合理配置并有效管理巨额的家庭财富，不仅关系到居民生活水平的提升，更关乎中国宏观经济的稳定运行和健康发展，也因此成为中国特色社会主义新时代下经济金融领域研究的重要话题。资本市场的财富管理实践离不开现代投资组合选择理论的指导，而为满足投资和多样化的投资需求，学者们基于 Markowitz 均值-方差模型，提出了包含其他决策目标的多目标投资组合选择模型，为兼顾股息率、交易流动性、企业社会责任等同样受到投资者关注的目标提供了解决方案。因此，在良好的公司治理可以有效提高公司财务绩效和信息披露水平，减少盈余管理和大股东"掏空"等不规范行为的情况下，可以考虑将公司治理作为新的目标函数加入均值-方差模型中，在均值-方差-公司治理三维空间中寻找更优的投资组合，为投资者提供可行的投资组合构造方案。

二、构建包含公司治理的三目标投资组合选择模型

公司治理水平与股票未来收益显著正相关（赵玉洁，2014），基于股票历史收益率序列计算的期望收益和方差无法完全将与公司治理相关的价值信息考虑在内，因此应该将历史收益中无法反映出的信息加入投资组合选择中。结合经典投资组合理论和多目标决策理论，本书将上市公司的公司治理水平作为除了风险和收益外的第三个目标函数，并将其扩展到传统的投资组合选择模型当中，得到：

$$
\begin{aligned}
&\min z_1 = \boldsymbol{x}^{\mathrm{T}} \boldsymbol{\Sigma} \boldsymbol{x} \\
&\max z_2 = \boldsymbol{\mu}^{\mathrm{T}} \boldsymbol{x} \\
&\max z_3 = \boldsymbol{g}^{\mathrm{T}} \boldsymbol{x} \\
&\text{s.t. } \boldsymbol{1}^{\mathrm{T}} \boldsymbol{x} = 1
\end{aligned}
\tag{4.26}
$$

其中，n 维列向量 $\boldsymbol{g} = [g_1, g_2, \cdots, g_n]^{\mathrm{T}}$ 是资产池中各股票对应的上市公司的公司治理评分。在第五章，本书将求解式（4.26）在三维空间中的非劣曲面和对应的有效集的解析表达式，并证明相关的性质。

第五章　均值–方差–公司治理投资组合选择模型的优化求解

在第四章的第三节，本书从制度背景和投资者的公司治理偏好两个方面论证了将公司治理因素纳入投资组合中的必要性，并且结合经典投资组合理论和多目标决策理论，在投资组合选择模型中引入包含公司治理水平的目标函数，建立了均值–方差–公司治理的三目标投资组合选择模型。

在本章，本书将通过数理分析方法对均值–方差–公司治理的三目标投资组合选择模型进行优化求解，为投资者提供一种能够兼顾均值、方差、公司治理的投资组合选择方案。其中，第一节介绍将两目标投资组合选择模型扩展至三目标投资组合选择模型后将发生的变化，并且明确定义后文将使用的相关术语。第二节使用 ε-约束法推导均值–方差–公司治理的三目标投资组合选择模型的最小方差曲面的解析表达式，并证明该最小方差曲面是一个非退化的椭圆抛物面的重要性质。第三节使用加权求和法求解均值–方差–公司治理的三目标投资组合选择模型的非劣曲面以及对应的有效集的解析表达式，证明两目标模型的有效集是三目标模型的有效集的子集，并且进一步说明 ε-约束法与加权求和法的统一性，最后证明了非劣曲面与有效边界之间的投影关系。第四节介绍了多目标公司治理如何支持实体经济发展。在本章的附录部分，展示了正文中省略的计算细节，以及对抛物面性质的进一步讨论。

第一节　多目标投资组合选择模型非劣集的特点

为了本章论述以及引用公式的方便起见，在这里再一次给出经典均值–方差模型的数学表达式以及相关符号的意义。假设投资者持有一定数额的初始资金，

资产池中共有 n 只股票可供选择。$\boldsymbol{x} = [x_1, x_2, \cdots, x_n]^{\mathrm{T}}$ 是 n 维实数空间 $\mathbf{R}^n$ 中的投资组合权重向量，表示投资者对各个股票的投资占总资金的比例；$\boldsymbol{\mu} = [\mu_1, \mu_2, \cdots, \mu_n]^{\mathrm{T}}$ 表示各只股票的期望收益向量；$\boldsymbol{\Sigma}$ 是股票收益率的 $n \times n$ 协方差矩阵。具有资金约束，即权重之和等于 1 的均值-方差投资组合选择模型可以表示为

$$\min z_1 = \boldsymbol{x}^{\mathrm{T}} \boldsymbol{\Sigma} \boldsymbol{x}$$
$$\max z_2 = \boldsymbol{\mu}^{\mathrm{T}} \boldsymbol{x} \tag{5.1}$$
$$\text{s.t. } \mathbf{1}^{\mathrm{T}} \boldsymbol{x} = 1$$

那么，同样具有资金约束的均值-方差-公司治理的三目标投资组合选择模型可以表示为

$$\min z_1 = \boldsymbol{x}^{\mathrm{T}} \boldsymbol{\Sigma} \boldsymbol{x}$$
$$\max z_2 = \boldsymbol{\mu}^{\mathrm{T}} \boldsymbol{x}$$
$$\max z_3 = \boldsymbol{g}^{\mathrm{T}} \boldsymbol{x} \tag{5.2}$$
$$\text{s.t. } \mathbf{1}^{\mathrm{T}} \boldsymbol{x} = 1$$

其中，n 维列向量 $\boldsymbol{g} = [g_1, g_2, \cdots, g_n]^{\mathrm{T}}$ 是资产池中各股票对应的上市公司的公司治理评分；z_1 是投资组合的方差；z_2 是投资组合的期望收益；z_3 是投资组合的公司治理总体水平。

在明确本章的核心模型式（4.26）之后，需要对本章中反复提及的多目标决策理论的相关术语做出明确定义：

定义 5.1：对于两个准则向量 $\bar{\boldsymbol{z}} = [\bar{z}_1, \bar{z}_2, \cdots, \bar{z}_k]^{\mathrm{T}} \in Z$ 和 $\boldsymbol{z} = [z_1, z_2, \cdots, z_k]^{\mathrm{T}} \in Z$，其中 $\bar{\boldsymbol{z}}$ 占优于 $\boldsymbol{z}$ 定义为 $\bar{z}_1 \geq z_1, \cdots, \bar{z}_k \geq z_k$，并且对 $i \in \{1, 2, \cdots, k\}$，至少有一个不等式严格成立，即 $\bar{z}_i > z_i$。

定义 5.2：一个准则向量 $\bar{\boldsymbol{z}} \in Z$ 是非劣的，这意味着不存在 Z 中的另外一个准则向量 $\boldsymbol{z}$，使得 $\boldsymbol{z}$ 占优于 $\bar{\boldsymbol{z}}$。否则 $\bar{\boldsymbol{z}}$ 就是劣的。

定义 5.3：一个决策向量 $\bar{\boldsymbol{x}} \in S$ 是有效的，说明它的准则向量 $\bar{\boldsymbol{z}} \in Z$ 是非劣的，否则（也就是 $\bar{\boldsymbol{z}} \in Z$ 是劣的情况时）称 $\bar{\boldsymbol{x}} \in S$ 是无效的。

根据定义 5.1~定义 5.3 可以总结得到，如果不存在另一个准则向量 $\boldsymbol{z} \in Z$ 使得 $\boldsymbol{z}$ 占优于 $\bar{\boldsymbol{z}}$，那么准则向量 $\bar{\boldsymbol{z}} \in Z$ 就是非劣的，与之相对应的决策向量 $\bar{\boldsymbol{x}} \in S$ 则是有效的。将 S 中所有的有效决策向量组成的集合称为有效集，用 E 表示；将 Z 中所有的非劣准则向量组成的集合称为非劣集，用 N 表示。

定义 5.4：对于一个准则向量 $\bar{\boldsymbol{z}} = [\bar{z}_1, \bar{z}_2, \cdots, \bar{z}_k]^{\mathrm{T}} \in Z$，当且仅当 Z 中不存在另外一个准则向量 $\boldsymbol{z} = [z_1, z_2, \cdots, z_k]^{\mathrm{T}} \in Z$ 使 $z_i > \bar{z}_i$ 对所有 $i \in \{1, 2, \cdots, k\}$ 都成立，我们称 $\bar{\boldsymbol{z}}$ 是弱非劣的（weakly nondominated）。否则 $\bar{\boldsymbol{z}} \in Z$ 就是弱劣的（weakly dominated）。

定义 5.5：对于一个决策向量 $\bar{x} \in S$，当且仅当它的准则向量 $\bar{z} = \left[f_1(\bar{x}), f_2(\bar{x}), \cdots, f_k(\bar{x}) \right]^{\mathrm{T}}$ 是弱非劣的，我们称 $\bar{x}$ 是弱有效的（weakly efficient）。否则 $\bar{x}$ 是弱无效的（weakly inefficient）。

根据定义 5.1~定义 5.5 可知，一个准则向量是非劣的，那么它一定是弱非劣的，但反之则不然；一个有效解是弱有效的，但反之则不然。我们把所有弱有效点的集合被称为弱有效集（the weakly efficient set）。

关于投资组合选择模型的优化结果，Merton（1972）使用 ε-约束法求解具有资金约束的均值-方差模型，推导出非劣集在 (z_1, z_2) 空间中的解析表达式，并证明它是一条开口向右的平滑抛物线，这条曲线被称为有效边界。Markowitz 和 Todd（2000）使用参数二次型规划的方法，证明了有效边界是由一些前后连接的抛物线片段组成的，与之相对应的投资组合权重是由权重空间中一些前后连接的直线片段组成的。

我们认为，称有效边界为"非劣边界"（nondominated frontier）更准确。这是因为"有效"和"无效"作为术语，只能用于区分决策空间中的决策向量 $\boldsymbol{x}$。相应地，根据多目标优化的相关概念，术语"劣的"和"非劣的"只能用于区分准则空间中的准则向量 $\boldsymbol{z}$。当我们在均值-方差模型中增加新的目标函数，准则空间就从二维的均值-方差空间扩展到高维空间，以式（4.26）为例，它的非劣准则向量存在于三维的均值-方差-公司治理空间中。因此在本书中，我们将有效边界扩展成的有效曲面①统一称为非劣曲面（the nondominated surface），而它们对应的决策向量的集合仍然被称为有效集（efficient set）。

第二节　均值-方差-公司治理模型的最小方差曲面

一、基本假设与优化方法

在求解式（4.26）之前，为了能够得到模型的解析解，我们做出如下假设：

假设 5.1：矩阵 $\boldsymbol{\Sigma}$ 是正定矩阵。

假设 5.2：向量 $\boldsymbol{\mu} = \left[\mu_1, \mu_2, \cdots, \mu_n \right]^{\mathrm{T}}$，$\boldsymbol{g} = \left[g_1, g_2, \cdots, g_n \right]^{\mathrm{T}}$ 和 $\mathbf{1} = \left[1, 1, \cdots, 1 \right]_{1 \times n}^{\mathrm{T}}$ 是线性

---

① 本章第三节将证明，均值-方差-公司治理的三目标投资组合选择模型的非劣解的集合是三维空间中一个非退化的椭圆抛物面的一部分。

无关的[①]。

基于 Merton（1972）应用 ε-约束法求解均值–方差两目标投资组合选择模型的思路，我们可以将式（4.26）转换为式（5.3）以方便后续的求导和计算：

$$\min z_1 = \frac{1}{2}\boldsymbol{x}^\mathrm{T}\boldsymbol{\Sigma}\boldsymbol{x}$$
$$\max z_2 = \boldsymbol{\mu}^\mathrm{T}\boldsymbol{x} \tag{5.3}$$
$$\max z_3 = \boldsymbol{g}^\mathrm{T}\boldsymbol{x}$$
$$\mathrm{s.t.}\ \boldsymbol{1}^\mathrm{T}\boldsymbol{x} = 1$$

与 Merton（1972）的计算思路一致，我们仍然选择方差最小化目标作为后续优化的主要目标，将投资组合的期望收益和公司治理目标函数作为参数约束条件，使三目标优化问题式（5.3）转换为单目标优化问题。式（5.3）使用 ε-约束法后转换为

$$\min z_1 = \frac{1}{2}\boldsymbol{x}^\mathrm{T}\boldsymbol{\Sigma}\boldsymbol{x}$$
$$\mathrm{s.t.}\ \ \boldsymbol{\mu}^\mathrm{T}\boldsymbol{x} = \varepsilon_2 \tag{5.4}$$
$$\boldsymbol{g}^\mathrm{T}\boldsymbol{x} = \varepsilon_3$$
$$\boldsymbol{1}^\mathrm{T}\boldsymbol{x} = 1$$

其中，ε_2 是投资组合期望收益的目标值；ε_3 是投资组合公司治理水平的目标值。式（5.4）的最优解的含义是，一个在资本约束条件下具有给定期望收益和公司治理水平的最小方差投资组合。如果我们能够将 $(\varepsilon_2,\varepsilon_3)$ 的全部可能取值都代入式（5.4）并依次求得最优解，那么得到的所有最优解在准则空间 (z_1,z_2,z_3) 中的映射的集合，就是式（4.26）的最小方差曲面。需要注意的是，使用 ε-约束法求得的最优解并不都是有效解，可以参照均值–方差模型中有效边界上拥有相同方差的两个点，曲线下半部分上的点劣于曲线上半部分的对应点，因为它在相同方差的情况下期望收益更低。

二、构造并求解 Lagrangian 函数

面对具有一系列约束条件的单目标优化问题 ［式（5.4）］，我们运用 Lagrangian 乘数法求极值。构建如下 Lagrangian 函数：

$$L\left(\boldsymbol{x},\lambda_1,\lambda_2,\lambda_3\right) = \frac{1}{2}\boldsymbol{x}^\mathrm{T}\boldsymbol{\Sigma}\boldsymbol{x} + \lambda_1\left(\varepsilon_2 - \boldsymbol{\mu}^\mathrm{T}\boldsymbol{x}\right) + \lambda_2\left(\varepsilon_3 - \boldsymbol{g}^\mathrm{T}\boldsymbol{x}\right) + \lambda_3\left(1 - \boldsymbol{1}^\mathrm{T}\boldsymbol{x}\right) \tag{5.5}$$

[①] 这是因为如果 $\boldsymbol{\mu}$、$\boldsymbol{g}$ 和 $\boldsymbol{1}$ 之间存在线性相关关系，那么使用 ε-约束法时完全可以通过矩阵变换消除其中一个约束条件。假设我们将 $\boldsymbol{g}^\mathrm{T}\boldsymbol{x} = \varepsilon_3$ 的约束条件消除，均值–方差–公司治理三目标投资组合选择模型就不具有实际意义。

其中，λ_1、λ_2 和 λ_3 分别是三个约束条件的 Lagrangian 乘数。由 Σ 是正定矩阵，可知 $x^T \Sigma x$ 是严格凸的，因此 Lagrangian 函数 $L(x, \lambda_1, \lambda_2, \lambda_3)$ 也是严格凸的，那么式（5.5）的极小值就是其最小值，也是 $\mu^T x = \varepsilon_2$、$g^T x = \varepsilon_3$ 和 $1^T x = 1$ 的条件下 $z_1 = \dfrac{1}{2} x^T \Sigma x$ 的最小值。因此，式（5.5）的最优解就是式（5.4）的最优解。

要求函数 $L(x, \lambda_1, \lambda_2, \lambda_3)$ 的极值及其对应决策向量，需要令 $L(x, \lambda_1, \lambda_2, \lambda_3)$ 关于 $x, \lambda_1, \lambda_2, \lambda_3$ 的一阶偏导数均等于零：

$$
\begin{aligned}
\frac{\partial L}{\partial x} &= \Sigma x - \lambda_1 \mu - \lambda_2 g - \lambda_3 1 = 0 \\
\frac{\partial L}{\partial \lambda_1} &= \varepsilon_2 - \mu^T x = 0 \\
\frac{\partial L}{\partial \lambda_2} &= \varepsilon_3 - g^T x = 0 \\
\frac{\partial L}{\partial \lambda_3} &= 1 - 1^T x = 0
\end{aligned}
\tag{5.6}
$$

Σ 是正定的，因而是可逆的。我们将式（5.6）的第一行公式变形为 $\Sigma x = \lambda_1 \mu + \lambda_2 g + \lambda_3 1$，并在等号两边同时左乘 Σ 的逆矩阵 Σ^{-1}，得到：

$$
x = \lambda_1 \Sigma^{-1} \mu + \lambda_2 \Sigma^{-1} g + \lambda_3 \Sigma^{-1} 1
\tag{5.7}
$$

将式（5.7）代入式（5.6）第二至第四行公式中，可以得到：

$$
\begin{aligned}
\lambda_1 \mu^T \Sigma^{-1} \mu + \lambda_2 \mu^T \Sigma^{-1} g + \lambda_3 \mu^T \Sigma^{-1} 1 &= \varepsilon_2 \\
\lambda_1 g^T \Sigma^{-1} \mu + \lambda_2 g^T \Sigma^{-1} g + \lambda_3 g^T \Sigma^{-1} 1 &= \varepsilon_3 \\
\lambda_1 1^T \Sigma^{-1} \mu + \lambda_2 1^T \Sigma^{-1} g + \lambda_3 1^T \Sigma^{-1} 1 &= 1
\end{aligned}
\tag{5.8}
$$

我们可以将式（5.8）表达为矩阵的形式：

$$
\begin{bmatrix}
\mu^T \Sigma^{-1} \mu & \mu^T \Sigma^{-1} g & \mu^T \Sigma^{-1} 1 \\
g^T \Sigma^{-1} \mu & g^T \Sigma^{-1} g & g^T \Sigma^{-1} 1 \\
1^T \Sigma^{-1} \mu & 1^T \Sigma^{-1} g & 1^T \Sigma^{-1} 1
\end{bmatrix}
\begin{bmatrix}
\lambda_1 \\
\lambda_2 \\
\lambda_3
\end{bmatrix}
=
\begin{bmatrix}
\varepsilon_2 \\
\varepsilon_3 \\
1
\end{bmatrix}
\tag{5.9}
$$

显然 $\mu^T \Sigma^{-1} g = g^T \Sigma^{-1} \mu$，$\mu^T \Sigma^{-1} 1 = 1^T \Sigma^{-1} \mu$，$g^T \Sigma^{-1} 1 = 1^T \Sigma^{-1} g$。因此为了表达方便起见，我们将式（5.9）的表达形式略作调整，得到：

$$
\begin{bmatrix}
\mu^T \Sigma^{-1} \mu & \mu^T \Sigma^{-1} g & \mu^T \Sigma^{-1} 1 \\
\mu^T \Sigma^{-1} g & g^T \Sigma^{-1} g & g^T \Sigma^{-1} 1 \\
\mu^T \Sigma^{-1} 1 & g^T \Sigma^{-1} 1 & 1^T \Sigma^{-1} 1
\end{bmatrix}
\begin{bmatrix}
\lambda_1 \\
\lambda_2 \\
\lambda_3
\end{bmatrix}
=
\begin{bmatrix}
\varepsilon_2 \\
\varepsilon_3 \\
1
\end{bmatrix}
\tag{5.10}
$$

我们定义：

$$C = \begin{bmatrix} \boldsymbol{\mu}^{\mathrm{T}}\boldsymbol{\Sigma}^{-1}\boldsymbol{\mu} & \boldsymbol{\mu}^{\mathrm{T}}\boldsymbol{\Sigma}^{-1}\boldsymbol{g} & \boldsymbol{\mu}^{\mathrm{T}}\boldsymbol{\Sigma}^{-1}\boldsymbol{1} \\ \boldsymbol{\mu}^{\mathrm{T}}\boldsymbol{\Sigma}^{-1}\boldsymbol{g} & \boldsymbol{g}^{\mathrm{T}}\boldsymbol{\Sigma}^{-1}\boldsymbol{g} & \boldsymbol{g}^{\mathrm{T}}\boldsymbol{\Sigma}^{-1}\boldsymbol{1} \\ \boldsymbol{\mu}^{\mathrm{T}}\boldsymbol{\Sigma}^{-1}\boldsymbol{1} & \boldsymbol{g}^{\mathrm{T}}\boldsymbol{\Sigma}^{-1}\boldsymbol{1} & \boldsymbol{1}^{\mathrm{T}}\boldsymbol{\Sigma}^{-1}\boldsymbol{1} \end{bmatrix} = \begin{bmatrix} a & b & c \\ b & d & e \\ c & e & f \end{bmatrix} \tag{5.11}$$

因此式（5.10）也可以写成以下形式：

$$C \begin{bmatrix} \lambda_1 \\ \lambda_2 \\ \lambda_3 \end{bmatrix} = \begin{bmatrix} \varepsilon_2 \\ \varepsilon_3 \\ 1 \end{bmatrix} \tag{5.12}$$

$\boldsymbol{\Sigma}$ 是正定的，因此其逆矩阵 $\boldsymbol{\Sigma}^{-1}$ 也是正定的，根据正定矩阵的定义可以知道 $a = \boldsymbol{\mu}^{\mathrm{T}}\boldsymbol{\Sigma}^{-1}\boldsymbol{\mu} > 0$，$d = \boldsymbol{g}^{\mathrm{T}}\boldsymbol{\Sigma}^{-1}\boldsymbol{g} > 0$，$f = \boldsymbol{1}^{\mathrm{T}}\boldsymbol{\Sigma}^{-1}\boldsymbol{1} > 0$。

为了求解式（5.12），我们首先证明矩阵 C 的关键性质。

引理 5.1：矩阵 C 是正定的。

证明：根据假设 5.1，$\boldsymbol{\Sigma}$ 是正定的，因此其逆矩阵 $\boldsymbol{\Sigma}^{-1}$ 也是正定的，存在一个随机向量 $v \in \mathrm{R}^n$ 使 v 的协方差矩阵是 $\boldsymbol{\Sigma}^{-1}$（Merton，1972）。由于 C 可以表示为 $C = \begin{bmatrix} \boldsymbol{\mu} & \boldsymbol{g} & \boldsymbol{1} \end{bmatrix}^{\mathrm{T}} \boldsymbol{\Sigma}^{-1} \begin{bmatrix} \boldsymbol{\mu} & \boldsymbol{g} & \boldsymbol{1} \end{bmatrix}$，$C$ 就是随机向量 $\begin{bmatrix} \boldsymbol{\mu} & \boldsymbol{g} & \boldsymbol{1} \end{bmatrix}^{\mathrm{T}} v$ 的协方差矩阵。对于任意非零向量 $y \in \mathrm{R}^3$：

$$y^{\mathrm{T}} C y = y^{\mathrm{T}} \begin{bmatrix} \boldsymbol{\mu} & \boldsymbol{g} & \boldsymbol{1} \end{bmatrix}^{\mathrm{T}} \boldsymbol{\Sigma}^{-1} \begin{bmatrix} \boldsymbol{\mu} & \boldsymbol{g} & \boldsymbol{1} \end{bmatrix} y = \begin{bmatrix} \begin{bmatrix} \boldsymbol{\mu} & \boldsymbol{g} & \boldsymbol{1} \end{bmatrix} y \end{bmatrix}^{\mathrm{T}} \boldsymbol{\Sigma}^{-1} \begin{bmatrix} \begin{bmatrix} \boldsymbol{\mu} & \boldsymbol{g} & \boldsymbol{1} \end{bmatrix} y \end{bmatrix}$$

为方便起见，我们定义 $w = \begin{bmatrix} \boldsymbol{\mu} & \boldsymbol{g} & \boldsymbol{1} \end{bmatrix} y$，因此 $y^{\mathrm{T}} C y = w^{\mathrm{T}} \boldsymbol{\Sigma}^{-1} w$。

根据假设 5.2，向量 $\boldsymbol{\mu}$、$\boldsymbol{g}$ 和 $\boldsymbol{1}$ 是线性无关的，即 $\begin{bmatrix} \boldsymbol{\mu} & \boldsymbol{g} & \boldsymbol{1} \end{bmatrix}$ 具有完整的列秩，又已知 $y \neq 0 \in \mathrm{R}^3$，可以得到 $w \neq 0 \in \mathrm{R}^n$。由于 $\boldsymbol{\Sigma}^{-1}$ 是正定的，对于任意 $w \neq 0 \in \mathrm{R}^n$ 都有 $w^{\mathrm{T}} \boldsymbol{\Sigma}^{-1} w > 0$，因此 $y^{\mathrm{T}} C y > 0$。也就是说，对于任意非零向量 $y \in \mathrm{R}^3$，都有 $y^{\mathrm{T}} C y > 0$，因此矩阵 C 是正定的。证毕。

对于正定矩阵 C，根据正定矩阵的性质可知 C 的行列式 $|C| > 0$，并且

$$C^{-1} = \frac{1}{|C|} \begin{bmatrix} df - ee & ce - bf & be - cd \\ ce - bf & af - cc & bc - ae \\ be - cd & bc - ae & ad - bb \end{bmatrix}$$

我们对式（5.12）左右两边同时左乘 C^{-1}，得到：

$$\begin{aligned} \begin{bmatrix} \lambda_1 \\ \lambda_2 \\ \lambda_3 \end{bmatrix} &= C^{-1} \begin{bmatrix} \varepsilon_2 \\ \varepsilon_3 \\ 1 \end{bmatrix} = \frac{1}{|C|} \begin{bmatrix} df - ee & ce - bf & be - cd \\ ce - bf & af - cc & bc - ae \\ be - cd & bc - ae & ad - bb \end{bmatrix} \begin{bmatrix} \varepsilon_2 \\ \varepsilon_3 \\ 1 \end{bmatrix} \\ &= \frac{1}{|C|} \begin{bmatrix} \varepsilon_2(df - ee) + \varepsilon_3(ce - bf) + (be - cd) \\ \varepsilon_2(ce - bf) + \varepsilon_3(af - cc) + (bc - ae) \\ \varepsilon_2(be - cd) + \varepsilon_3(bc - ae) + (ad - bb) \end{bmatrix}_{3 \times 1} \end{aligned} \tag{5.13}$$

将式（5.13）中 λ_1、λ_2 和 λ_3 的取值代入式（5.7）中，就可以得到 x 的表达式：

$$
\begin{aligned}
x &= \lambda_1 \Sigma^{-1} \mu + \lambda_2 \Sigma^{-1} g + \lambda_3 \Sigma^{-1} \mathbf{1} \\
&= \frac{1}{|C|} \Big[\varepsilon_2 (df - ee) + \varepsilon_3 (ce - bf) + (be - cd) \Big] \Sigma^{-1} \mu \} \\
&\quad + \Big[\varepsilon_2 (ce - bf) + \varepsilon_3 (af - cc) + (bc - ae) \Big] \Sigma^{-1} g \\
&\quad + \Big[\varepsilon_2 (be - cd) + \varepsilon_3 (bc - ae) + (ad - bb) \Big] \Sigma^{-1} \mathbf{1} \}
\end{aligned}
\tag{5.14}
$$

我们将复杂的式（5.14）精简为以下形式：

$$
x = x^0 + \varepsilon_2 d^2 + \varepsilon_3 d^3 \tag{5.15}
$$

其中：

$$
x^0 = \frac{1}{|C|} \Big[(be - cd) \Sigma^{-1} \mu + (bc - ae) \Sigma^{-1} g + (ad - bb) \Sigma^{-1} \mathbf{1} \Big] \tag{5.16}
$$

$$
d^2 = \frac{1}{|C|} \Big[(df - ee) \Sigma^{-1} \mu + (ce - bf) \Sigma^{-1} g + (be - cd) \Sigma^{-1} \mathbf{1} \Big] \tag{5.17}
$$

$$
d^3 = \frac{1}{|C|} \Big[(ce - bf) \Sigma^{-1} \mu + (af - cc) \Sigma^{-1} g + (bc - ae) \Sigma^{-1} \mathbf{1} \Big] \tag{5.18}
$$

当 $\varepsilon_2 = 0$ 并且 $\varepsilon_3 = 0$ 时，$x = x^0$，这一决策向量表示式（5.4）的投资组合期望收益和公司治理都取值为 0 时，实现方差最小化的投资组合权重配置方案。

三、解集的性质

根据以上结论，对于 $(\varepsilon_2, \varepsilon_3)$ 的全部可能取值，式（5.4）的最优解的集合可以表示为

$$
\{ x \in \mathbf{R}^n \mid x = x^0 + \varepsilon_2 d^2 + \varepsilon_3 d^3, \ \varepsilon_2, \varepsilon_2 \in \mathbf{R} \} \tag{5.19}
$$

式（5.19）所示的集合是一个 $\mathbf{R}^n$ 中的二维仿射子空间，它由 d^2 和 d^3 张成并平移 x^0 后得到。下面我们研究向量 x^0、d^2 和 d^3 的性质，以证明这一点。

引理 5.2：向量 x^0、d^2 和 d^3 是线性无关的。

证明：设 $h_0, h_2, h_3 \in \mathbf{R}$，根据式（5.16）~式（5.18），我们可以得到：

$$
\begin{aligned}
h_0 x^0 + h_2 d^2 + h_3 d^3 &= \frac{h_0}{|C|} \Big[(be - cd) \Sigma^{-1} \mu + (bc - ae) \Sigma^{-1} g + (ad - bb) \Sigma^{-1} \mathbf{1} \Big] \\
&\quad + \frac{h_2}{|C|} \Big[(df - ee) \Sigma^{-1} \mu + (ce - bf) \Sigma^{-1} g + (be - cd) \Sigma^{-1} \mathbf{1} \Big] \\
&\quad + \frac{h_3}{|C|} \Big[(ce - bf) \Sigma^{-1} \mu + (af - cc) \Sigma^{-1} g + (bc - ae) \Sigma^{-1} \mathbf{1} \Big]
\end{aligned}
\tag{5.20}
$$

重新调整式（5.20）中各项要素的书写顺序，我们可以得到：

$$h_0 \boldsymbol{x}^0 + h_2 \boldsymbol{d}^2 + h_3 \boldsymbol{d}^3 = \frac{1}{|\boldsymbol{C}|}\left\{\left[(df-ee)h_2 + (ce-bf)h_3 + (be-cd)h_0\right]\boldsymbol{\Sigma}^{-1}\boldsymbol{\mu}\right.$$

$$+\left[(ce-bf)h_2 + (af-cc)h_3 + (bc-ae)h_0\right]\boldsymbol{\Sigma}^{-1}\boldsymbol{g} \quad （5.21）$$

$$\left.+\left[(be-cd)h_2 + (bc-ae)h_3 + (ad-bb)h_0\right]\boldsymbol{\Sigma}^{-1}\boldsymbol{1}\right\}$$

根据假设 5.1 和假设 5.2，$\boldsymbol{\Sigma}^{-1}\boldsymbol{\mu}$、$\boldsymbol{\Sigma}^{-1}\boldsymbol{g}$ 和 $\boldsymbol{\Sigma}^{-1}\boldsymbol{1}$ 是线性无关的，因此 $h_0 \boldsymbol{x}^0 + h_2 \boldsymbol{d}^2 + h_3 \boldsymbol{d}^3 = \boldsymbol{0}$ 的充要条件是式（5.22）同时成立：

$$(df-ee)h_2 + (ce-bf)h_3 + (be-cd)h_0 = 0$$

$$(ce-bf)h_2 + (af-cc)h_3 + (bc-ae)h_0 = 0 \quad （5.22）$$

$$(be-cd)h_2 + (bc-ae)h_3 + (ad-bb)h_0 = 0$$

式（5.22）可以写成矩阵的形式：

$$\begin{bmatrix} df-ee & ce-bf & be-cd \\ ce-bf & af-cc & bc-ae \\ be-cd & bc-ae & ad-bb \end{bmatrix}\begin{bmatrix} h_2 \\ h_3 \\ h_0 \end{bmatrix} = \begin{bmatrix} 0 \\ 0 \\ 0 \end{bmatrix} \quad （5.23）$$

在式（5.23）等号两边同时乘以 $\frac{1}{|\boldsymbol{C}|}$ 仍然成立，于是可以将 $h_0 \boldsymbol{x}^0 + h_2 \boldsymbol{d}^2 + h_3 \boldsymbol{d}^3 = \boldsymbol{0}$ 的充要条件改写为 $\boldsymbol{C}^{-1}\begin{bmatrix} h_2 & h_3 & h_0 \end{bmatrix}^{\mathrm{T}} = \boldsymbol{0}$。根据引理 5.1，矩阵 $\boldsymbol{C}$ 是正定的，因而 $\boldsymbol{C}^{-1}$ 是满秩的，使 $\boldsymbol{C}^{-1}\begin{bmatrix} h_2 & h_3 & h_0 \end{bmatrix}^{\mathrm{T}} = \boldsymbol{0}$ 成立的唯一解是 $h_0 = h_2 = h_3 = 0$。

综上，对于 $h_0, h_2, h_3 \in \mathrm{R}$，只有当 $h_0 = h_2 = h_3 = 0$ 时才有 $h_0 \boldsymbol{x}^0 + h_2 \boldsymbol{d}^2 + h_3 \boldsymbol{d}^3 = \boldsymbol{0}$，因此 $\boldsymbol{x}^0$、$\boldsymbol{d}^2$ 和 $\boldsymbol{d}^3$ 是线性无关的。证毕。

正如前文所说，$\left\{\boldsymbol{x} \in \mathrm{R}^n \mid \boldsymbol{x} = \boldsymbol{x}^0 + \varepsilon_2 \boldsymbol{d}^2 + \varepsilon_3 \boldsymbol{d}^3, \varepsilon_2, \varepsilon_2 \in \mathrm{R}\right\}$ 是最小方差曲面上准则向量对应的决策向量的集合，并且这个集合是 R^n 中的仿射集，是一个平移了 $\boldsymbol{x}^0$ 的二维超平面。由此，我们可以对基于均值-方差两目标投资组合选择模型得到的两基金分离定理进行扩展，在均值-方差-公司治理的三目标投资组合选择模型的基础上提出三基金定理。

定理 5.1：设 $\boldsymbol{x}^1$、$\boldsymbol{x}^2$ 和 $\boldsymbol{x}^3$ 是 $\left\{\boldsymbol{x} \in \mathrm{R}^n \mid \boldsymbol{x} = \boldsymbol{x}^0 + \varepsilon_2 \boldsymbol{d}^2 + \varepsilon_3 \boldsymbol{d}^3, \varepsilon_2, \varepsilon_2 \in \mathrm{R}\right\}$ 所示的最小方差曲面对应决策向量的集合中任意三个仿射无关[①]的点，那么最小方差曲面上任意一个点所代表的投资组合都能够由 $\boldsymbol{x}^1$、$\boldsymbol{x}^2$ 和 $\boldsymbol{x}^3$ 的线性组合得到，并且 $\boldsymbol{x}^1$、$\boldsymbol{x}^2$ 和 $\boldsymbol{x}^3$ 的权重之和等于1。

---

① 仿射无关（affinely independent）的含义是，对于点 $\boldsymbol{x}^0, \boldsymbol{x}^1, \cdots, \boldsymbol{x}^m$，如果 $\boldsymbol{x}^1 - \boldsymbol{x}^0, \boldsymbol{x}^2 - \boldsymbol{x}^0, \cdots, \boldsymbol{x}^m - \boldsymbol{x}^0$ 是线性无关的，那么就称 $\boldsymbol{x}^0, \boldsymbol{x}^1, \cdots, \boldsymbol{x}^m$ 是仿射无关的。

四、最小方差曲面的解析表达式及性质

在均值–方差–公司治理的三维准则空间中，对所有的 $(\varepsilon_2, \varepsilon_3)$ 组合，将本节第二部分得到的最小方差曲面对应的决策向量的表达式 $\boldsymbol{x} = \boldsymbol{x}^0 + \varepsilon_2 \boldsymbol{d}^2 + \varepsilon_3 \boldsymbol{d}^3$ 代入 $z_1 = \boldsymbol{x}^\mathrm{T} \boldsymbol{\Sigma} \boldsymbol{x}$ 中，就可以得到式（4.26）在均值–方差–公司治理的三维准则空间的最小方差曲面的表达式：

$$z_1 = \left(\boldsymbol{x}^0 + \varepsilon_2 \boldsymbol{d}^2 + \varepsilon_3 \boldsymbol{d}^3\right)^\mathrm{T} \boldsymbol{\Sigma} \left(\boldsymbol{x}^0 + \varepsilon_2 \boldsymbol{d}^2 + \varepsilon_3 \boldsymbol{d}^3\right)$$
$$= \boldsymbol{x}^{0\mathrm{T}} \boldsymbol{\Sigma} \boldsymbol{x}^0 + \varepsilon_2^2 \boldsymbol{d}^{2\mathrm{T}} \boldsymbol{\Sigma} \boldsymbol{d}^2 + \varepsilon_3^2 \boldsymbol{d}^{3\mathrm{T}} \boldsymbol{\Sigma} \boldsymbol{d}^3 + 2\varepsilon_2 \boldsymbol{d}^{2\mathrm{T}} \boldsymbol{\Sigma} \boldsymbol{x}^0 + 2\varepsilon_3 \boldsymbol{d}^{3\mathrm{T}} \boldsymbol{\Sigma} \boldsymbol{x}^0 + 2\varepsilon_2 \varepsilon_3 \boldsymbol{d}^{2\mathrm{T}} \boldsymbol{\Sigma} \boldsymbol{d}^3$$

$$（5.24）$$

由于 $(\varepsilon_2, \varepsilon_3)$ 表示的是 (z_2, z_3) 的取值，因此式（5.24）可以写成以下形式：

$$z_1 = \boldsymbol{d}^{2\mathrm{T}} \boldsymbol{\Sigma} \boldsymbol{d}^2 z_2^2 + 2\boldsymbol{d}^{2\mathrm{T}} \boldsymbol{\Sigma} \boldsymbol{d}^3 z_2 z_3 + \boldsymbol{d}^{3\mathrm{T}} \boldsymbol{\Sigma} \boldsymbol{d}^3 z_3^2 + 2\boldsymbol{d}^{2\mathrm{T}} \boldsymbol{\Sigma} \boldsymbol{x}^0 z_2 + 2\boldsymbol{d}^{3\mathrm{T}} \boldsymbol{\Sigma} \boldsymbol{x}^0 z_3 + \boldsymbol{x}^{0\mathrm{T}} \boldsymbol{\Sigma} \boldsymbol{x}^0 \quad （5.25）$$

其中，式（5.25）中二次项、一次项以及常数项的 6 个系数[①]分别为

$$\boldsymbol{d}^{2\mathrm{T}} \boldsymbol{\Sigma} \boldsymbol{d}^2 = \frac{1}{|\boldsymbol{C}|^2}\left(ad^2 f^2 - 2ade^2 f + ae^4 - b^2 df^2 + b^2 e^2 f + 2bcdef - 2bce^3 - c^2 d^2 f + c^2 de^2\right)$$

$$\boldsymbol{d}^{2\mathrm{T}} \boldsymbol{\Sigma} \boldsymbol{d}^3 = \frac{1}{|\boldsymbol{C}|^2}\left(-abdf^2 + abe^2 f + acdef - ace^3 + b^3 f^2 + bc^2 df - 3b^2 cef + 2bc^2 e^2 - c^3 de\right)$$

$$\boldsymbol{d}^{3\mathrm{T}} \boldsymbol{\Sigma} \boldsymbol{d}^3 = \frac{1}{|\boldsymbol{C}|^2}\left(a^2 df^2 - a^2 e^2 f - ab^2 f^2 + 2abcef - 2ac^2 df + ac^2 e^2 + b^2 c^2 f - 2bc^3 e + c^4 d\right)$$

$$\boldsymbol{d}^{2\mathrm{T}} \boldsymbol{\Sigma} \boldsymbol{x}^0 = \frac{1}{|\boldsymbol{C}|^2}\left(abdef - abe^3 - acd^2 f + acde^2 - b^3 ef + b^2 cdf + 2b^2 ce^2 - 3bc^2 de + c^3 d^2\right)$$

$$\boldsymbol{d}^{3\mathrm{T}} \boldsymbol{\Sigma} \boldsymbol{x}^0 = \frac{1}{|\boldsymbol{C}|^2}\left(-a^2 def + a^2 e^3 + ab^2 ef + abcdf - 3abce^2 + ac^2 de - b^3 cf + 2b^2 c^2 e - bc^3 d\right)$$

$$\boldsymbol{x}^{0\mathrm{T}} \boldsymbol{\Sigma} \boldsymbol{x}^0 = \frac{1}{|\boldsymbol{C}|^2}\left(a^2 d^2 f - a^2 de^2 - 2ab^2 df + ab^2 e^2 + 2abcde - ac^2 d^2 - 2b^3 ce + b^4 f + b^2 c^2 d\right)$$

显然，式（5.25）给出的三目标投资组合选择模型的最小方差曲面在准则空间中的表达式，是一个椭圆抛物面[②]的形式。因此我们提出定理 5.2 并给出证明。

――――――――――

① 此处 6 个系数的具体计算过程请见本章附录的第一部分。

② 在 (z_1, z_2, z_3) 空间中，椭圆抛物面的标准形式可以写成：

$$z_1 = a_2 z_2^2 + a_3 z_3^2$$

其中，对于一个确定的抛物面，a_2 和 a_3 是固定的非负系数。如果所有 $a_2 > 0$ 且 $a_3 > 0$，我们称它是一个非退化的抛物面，否则称它是一个退化的抛物面。抛物面的一般形式可以通过旋转和（或）平移以上标准抛物面形式的坐标系得到。对于给定的 z_1 设 $z_1 = \zeta > 0$，我们可以得到 (z_2, z_3) 空间中的椭圆曲线 $\dfrac{a_2}{\zeta} z_2^2 + \dfrac{a_3}{\zeta} z_3^2 = 1$。

定理 5.2：三目标投资组合选择问题式（4.26）的最小方差曲面式（5.25）是一个非退化的椭圆抛物面。

证明：对于最小方差曲面式（5.25），我们可以用矩阵和向量将其改写成如下所示的形式：

$$z_1 = \begin{bmatrix} z_2 & z_3 & \mathbf{1} \end{bmatrix} \mathbf{P} \mathbf{1} \begin{bmatrix} z_2 \\ z_3 \\ \mathbf{1} \end{bmatrix} \qquad (5.26)$$

其中，矩阵 $\mathbf{P}$ 是

$$\mathbf{P} = \begin{bmatrix} \mathbf{d}^{2^{\mathrm{T}}} \Sigma \mathbf{d}^2 & \mathbf{d}^{2^{\mathrm{T}}} \Sigma \mathbf{d}^3 & \mathbf{d}^{2^{\mathrm{T}}} \Sigma \mathbf{x}^0 \\ \mathbf{d}^{2^{\mathrm{T}}} \Sigma \mathbf{d}^3 & \mathbf{d}^{3^{\mathrm{T}}} \Sigma \mathbf{d}^3 & \mathbf{d}^{3^{\mathrm{T}}} \Sigma \mathbf{x}^0 \\ \mathbf{d}^{2^{\mathrm{T}}} \Sigma \mathbf{x}^0 & \mathbf{d}^{3^{\mathrm{T}}} \Sigma \mathbf{x}^0 & \mathbf{x}^{0^{\mathrm{T}}} \Sigma \mathbf{x}^0 \end{bmatrix} \qquad (5.27)$$

由于 Σ 是协方差矩阵，我们假设随机向量 $r \in \mathbf{R}^n$ 的协方差矩阵是 Σ。构造一个新的随机向量 $\begin{bmatrix} \mathbf{d}^2 & \mathbf{d}^3 & \mathbf{x}^0 \end{bmatrix} r$，显然有 $\mathbf{P} = \begin{bmatrix} \mathbf{d}^2 & \mathbf{d}^3 & \mathbf{x}^0 \end{bmatrix}^{\mathrm{T}} \Sigma \begin{bmatrix} \mathbf{d}^2 & \mathbf{d}^3 & \mathbf{x}^0 \end{bmatrix}$，因此 $\mathbf{P}$ 是向量 $\begin{bmatrix} \mathbf{d}^2 & \mathbf{d}^3 & \mathbf{x}^0 \end{bmatrix}^{\mathrm{T}} r$ 的协方差矩阵。对于任意非零向量 $y \in \mathbf{R}^3$：

$$y^{\mathrm{T}} \mathbf{P} y = y^{\mathrm{T}} \begin{bmatrix} \mathbf{d}^2 & \mathbf{d}^3 & \mathbf{x}^0 \end{bmatrix}^{\mathrm{T}} \Sigma \begin{bmatrix} \mathbf{d}^2 & \mathbf{d}^3 & \mathbf{x}^0 \end{bmatrix} y$$

我们设 $w = \begin{bmatrix} \mathbf{d}^2 & \mathbf{d}^3 & \mathbf{x}^0 \end{bmatrix}^{\mathrm{T}} y$，那么 $y^{\mathrm{T}} \mathbf{P} y = w^{\mathrm{T}} \Sigma w$。根据引理 5.2 可知 $w \neq \mathbf{0}$，并且 Σ 是正定矩阵，因此 $w^{\mathrm{T}} \Sigma w > 0$，也就是 $y^{\mathrm{T}} \mathbf{P} y > 0$，我们于是得到 $\mathbf{P}$ 是正定矩阵的结论。

对于正定矩阵 $\mathbf{P}$，它的全部三个特征值 v_1, v_2, v_3 都大于 0。由于 $\mathbf{P}$ 是实对称矩阵，这里存在一个正规矩阵 $\mathbf{N}$，使得 $\mathbf{P} = \mathbf{N}^{\mathrm{T}} \begin{bmatrix} v_1 & 0 & 0 \\ 0 & v_2 & 0 \\ 0 & 0 & v_3 \end{bmatrix} \mathbf{N}$。因此，最小方差曲面（5.25）也可以写为以下形式：

$$z_1 = \begin{bmatrix} z_1 & z_2 & z_3 \end{bmatrix} \mathbf{N}^{\mathrm{T}} \begin{bmatrix} v_1 & 0 & 0 \\ 0 & v_2 & 0 \\ 0 & 0 & v_3 \end{bmatrix} \mathbf{N} \begin{bmatrix} z_1 \\ z_2 \\ z_3 \end{bmatrix} \qquad (5.28)$$

设 $u = \mathbf{N} \begin{bmatrix} z_2 \\ z_3 \\ 1 \end{bmatrix}$，因此式（5.28）就可以写成 $z_1 = u^{\mathrm{T}} \begin{bmatrix} v_1 & 0 & 0 \\ 0 & v_2 & 0 \\ 0 & 0 & v_3 \end{bmatrix} u = v_1 u_1^2 + v_2 u_2^2 + v_3 u_3^2$。已知 $v_1, v_2, v_3 > 0$，更改坐标系之后，可以发现抛物面是一个非退化的抛物面（图 5.1）。

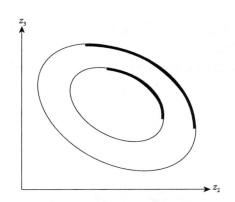

图 5.1　最小方差曲面上的无差异曲线和非劣集

在图 5.1 中，我们用椭圆曲线上加粗的部分表示同一条椭圆曲线中的非劣准则向量的集合。对于加粗部分的曲线，在具有相同方差和期望收益的情况下不能找到拥有更高公司治理水平的点，并且在具有相同方差和公司治理情况下不能找到拥有更高期望收益的点，因此它们是非劣的。这些非劣准则向量呈现在最小方差曲面上，也就是非劣集 N。在第三节，我们会推导出均值–方差–公司治理三目标投资组合选择模型的非劣集的表达式并证明其性质。

第三节　均值–方差–公司治理模型的非劣曲面

用 ε-约束法求解投资组合选择问题，是指给定任意水平的期望收益及其他目标函数，化多目标决策问题为单目标决策问题，求出使方差最小的决策向量以及对应的准则向量。通过充分变换期望收益及其他目标函数的取值，求得准则向量组成了最小方差边界（或最小方差曲面）。

但需要注意的是，一个均值–方差投资组合选择问题的有效边界是"在给定风险水平下具有最高的预期收益，或者在给定预期收益水平下具有最小风险"的非劣准则向量的集合，因此有效边界不等同于最小方差边界。同样地，三目标投资组合选择模型的非劣曲面不等同于其最小方差曲面。在本节，我们将采用加权求和法计算式（4.26）的有效集和非劣集，证明这一节中加权求和法求解与第二节的 ε-约束法求解的统一性，并且给出三目标投资组合选择模型的有效集和非劣集的性质。

一、加权求和法的适用性讨论

对于一个多目标决策模型：

$$\max z_1 = f_1(\boldsymbol{x})$$
$$\max z_2 = f_2(\boldsymbol{x})$$
$$\vdots$$
$$\max z_k = f_k(\boldsymbol{x})$$
$$\text{s.t. } \boldsymbol{x} \in S$$

（5.29）

我们可以使用化多为少法将式（5.29）转化为一个单目标决策问题进而求最优解，其中，加权求和法是一种常用的方法。我们用一个正的权重向量 $(\lambda_1, \lambda_2, \cdots, \lambda_k)$[①]表示决策者对各个目标函数 $f_1(\boldsymbol{x}), f_2(\boldsymbol{x}), \cdots, f_k(\boldsymbol{x})$ 的重视程度[②]，把各个目标函数的加权和作为新的目标函数：

$$\max \left\{ \lambda_1 f_1(\boldsymbol{x}) + \lambda_2 f_2(\boldsymbol{x}) + \cdots + \lambda_k f_k(\boldsymbol{x}) \right\}$$
$$\text{s.t. } \boldsymbol{x} \in S$$

（5.30）

式（5.30）的最大解是式（5.29）的有效解，但是反过来需要满足一定的条件。如果式（5.29）的所有目标函数都是凸函数，并且可行域 S 是一个凸集，那么式（5.30）可以通过取值所有的非负权重向量 $(\lambda_1, \lambda_2, \cdots, \lambda_k)$ 来得到式（5.29）的弱有效集（Ehrgott，2005）。对于式（4.26）来说，以上条件成立，有效集和弱有效集是一致的，后续将予以证明。

在式（5.29）形成的准则空间 Z 中，一个准则向量 $\boldsymbol{z} = [z_1, z_2, \cdots z_k]^{\mathrm{T}} \in Z$ 只有两种可能，要么是弱非劣的，要么是弱劣的。相关定义请见本章第一节。对于式（4.26）的弱有效集和有效集，我们提出如下定理。

定理5.3：式（4.26）的弱有效集和有效集是一致的。

证明：定理5.3想要证明的内容等价于式（4.26）的每一个弱非劣点同样是它的非劣点。因为准则空间中的可行域 Z 是连续的，因此 Z 的任何内点都不是弱非劣点，也就是说，所有的弱非劣点都在最小方差曲面上。根据定理5.2，最小方差曲面是非退化的抛物面。如果存在一些属于弱非劣点但不属于非劣点的准则向量，这表明最小方差曲面在沿准则空间坐标轴的方向上存在线性片段。但是对于非退化抛物面上任意两个不同的点，不存在既经过这两点又属于抛物面的线性片

① 在具体的多目标优化计算过程中，可以将权重进行标准化处理，使权重总和等于1。

② 事实上，我们不需要决策者在事前给出任何形式的偏好结构，而是将权重向量 $(\lambda_1, \lambda_2, \cdots, \lambda_k)$ 视为给定的参数直接纳入计算，求出包含参数 $\lambda_1, \lambda_2, \cdots, \lambda_k$ 的解析解。通过不断变动目标函数的权重值，可以得到所求多目标问题的若干非劣准则向量。

段①，因此这种可能性被消除。因此，唯一的选择是式（4.26）的每个弱非劣点也是非劣点，因此式（4.26）的弱有效集和有效集是一致的。证毕。

二、三目标投资组合选择模型的非劣曲面

为了进一步计算式（4.26）的有效集和非劣集，我们使用加权求和法构造以下模型：

$$\min\left\{\frac{1}{2}x^{\mathrm{T}}\boldsymbol{\Sigma}x - \lambda_2\boldsymbol{\mu}^{\mathrm{T}}x - \lambda_3\boldsymbol{g}^{\mathrm{T}}x\right\},\ \lambda_2,\lambda_3 \geqslant 0 \qquad (5.31)$$
$$\text{s.t. } \mathbf{1}^{\mathrm{T}}x = 1$$

其中，λ_2 和 λ_3 是基于投资者对投资组合期望收益和总体公司治理水平的个人偏好而确定的非负参数，投资者对期望收益和公司治理（相对于风险）的关注程度越高，则参数 λ_2 和 λ_3 的数值越高。我们仍然通过构建 Lagrangian 函数的方式，求出给定参数 λ_2 和 λ_3 时式（5.31）的最优解：

$$L(x,\eta) = \frac{1}{2}x^{\mathrm{T}}\boldsymbol{\Sigma}x - \lambda_2\boldsymbol{\mu}^{\mathrm{T}}x - \lambda_3\boldsymbol{g}^{\mathrm{T}}x + \eta\left(1 - \mathbf{1}^{\mathrm{T}}x\right) \qquad (5.32)$$

其中，η 是关于约束条件 $\mathbf{1}^{\mathrm{T}}x = 1$ 的 Lagrangian 乘数。由 $\boldsymbol{\Sigma}$ 是正定矩阵可知 $x^{\mathrm{T}}\boldsymbol{\Sigma}x$ 是严格凸的，因此函数 $L(x,\eta)$ 也是严格凸的，$L(x,\eta)$ 的极小值就是其最小值。当且仅当决策向量 x 满足以下条件时，它是式（5.31）取最小值的解：

$$\frac{\partial L}{\partial x} = \boldsymbol{\Sigma}x - \lambda_2\boldsymbol{\mu} - \lambda_3\boldsymbol{g} - \eta\mathbf{1} = 0$$
$$\frac{\partial L}{\partial \eta} = 1 - \mathbf{1}^{\mathrm{T}}x = 0 \qquad (5.33)$$

$\boldsymbol{\Sigma}$ 是正定的，因而是可逆的。我们将式（5.33）的第一行变形为 $\boldsymbol{\Sigma}x = \lambda_2\boldsymbol{\mu} + \lambda_3\boldsymbol{g} + \eta\mathbf{1}$，并在等号两边同时左乘 $\boldsymbol{\Sigma}$ 的逆矩阵 $\boldsymbol{\Sigma}^{-1}$，得到：

$$x = \lambda_2\boldsymbol{\Sigma}^{-1}\boldsymbol{\mu} + \lambda_3\boldsymbol{\Sigma}^{-1}\boldsymbol{g} + \eta\boldsymbol{\Sigma}^{-1}\mathbf{1} \qquad (5.34)$$

随后把式（5.34）代入式（5.33）的第二个方程中，可以得到：

$$\eta = \frac{1}{\mathbf{1}^{\mathrm{T}}\boldsymbol{\Sigma}^{-1}\mathbf{1}}\left(1 - \lambda_2\mathbf{1}^{\mathrm{T}}\boldsymbol{\Sigma}^{-1}\boldsymbol{\mu} - \lambda_3\mathbf{1}^{\mathrm{T}}\boldsymbol{\Sigma}^{-1}\boldsymbol{g}\right) = \frac{1}{f}\left(1 - \lambda_2 c - \lambda_3 e\right) \qquad (5.35)$$

其中，c,e,f 的定义仍然遵从本章第二节，可参见式（5.11）。由于 $f > 0$，式（5.35）具有良定性（well-defined）。将式（5.35）代入式（5.34），可以得到：

$$x = \lambda_2\boldsymbol{\Sigma}^{-1}\boldsymbol{\mu} + \lambda_3\boldsymbol{\Sigma}^{-1}\boldsymbol{g} + \frac{1}{f}\left(1 - \lambda_2 c - \lambda_3 e\right)\boldsymbol{\Sigma}^{-1}\mathbf{1} \qquad (5.36)$$

---

① 这一部分的证明请见附录关于抛物面性质的进一步讨论。

或者也可以将式（5.36）写为

$$x = x^{mv} + \lambda_2 \Delta^2 + \lambda_3 \Delta^3 \tag{5.37}$$

其中：

$$x^{mv} = \frac{1}{f} \Sigma^{-1} \mathbf{1}$$

$$\Delta^2 = \Sigma^{-1} \mu - \frac{c}{f} \Sigma^{-1} \mathbf{1} \tag{5.38}$$

$$\Delta^3 = \Sigma^{-1} g - \frac{e}{f} \Sigma^{-1} \mathbf{1}$$

需要注意的是，这里得到了最小方差投资组合 x^{mv} 的表达式，它在 Merton（1972）的具有资金约束的均值-方差式（5.1）和我们的具有资金约束的均值-方差-公司治理三目标投资组合选择式（4.26）中是一致的。根据以上结果，我们可以得到式（4.26）的有效集为

$$\left\{ x \in \mathrm{R}^n \mid x = x^{mv} + \lambda_2 \Delta^2 + \lambda_3 \Delta^3, \ \lambda_2, \lambda_3 \geqslant 0 \right\} \tag{5.39}$$

引理 5.3：向量 Δ^2 和 Δ^3 是线性无关的。

证明：对于 $h_2, h_3 \in \mathrm{R}$，我们构建：

$$\begin{aligned} h_2 \Delta^2 + h_3 \Delta^3 &= h_2 \left(\Sigma^{-1} \mu - \frac{c}{f} \Sigma^{-1} \mathbf{1} \right) + h_3 \left(\Sigma^{-1} g - \frac{e}{f} \Sigma^{-1} \mathbf{1} \right) \\ &= h_2 \Sigma^{-1} \mu + h_3 \Sigma^{-1} g - \frac{ch_2 + eh_3}{f} \Sigma^{-1} \mathbf{1} \end{aligned} \tag{5.40}$$

根据假设 5.1 和假设 5.2，$\Sigma^{-1} \mu$、$\Sigma^{-1} g$ 和 $\Sigma^{-1} \mathbf{1}$ 是线性无关的。根据式（5.11）的定义，$f = \mathbf{1}^{\mathrm{T}} \Sigma^{-1} \mathbf{1} > 0$。因此，当且仅当 $h_2 = h_3 = 0$ 并且 $-\frac{ch_2 + eh_3}{f} = 0$ 时，式（5.40）等号右侧的表达式才会等于 0。可知 $h_2 = h_3 = 0$ 是 $h_2 \Delta^2 + h_3 \Delta^3 = \mathbf{0}$ 的唯一解，于是向量 Δ^2 和 Δ^3 是线性无关的。证毕。

由以上分析可知，式（4.26）的有效集是由 Δ^2 和 Δ^3 产生并移动了 x^{mv} 的二维平移锥。我们在第四章提到，Merton（1972）推导出了式（5.1）的有效集：

$$\left\{ x \in \mathrm{R}^n \mid x = x^{mv} + \gamma \left(\Sigma^{-1} \mu - \frac{c}{f} \Sigma^{-1} \mathbf{1} \right), \gamma \geqslant 0 \right\} \tag{5.41}$$

显然式（5.39）中第一个基 Δ^2 与式（5.41）的基是一致的，这意味着在式（5.1）中的任意有效的投资组合在式（4.26）中同样是有效的（令 $\lambda_3 = 0$ 即可）。这使得我们能够提出以下定理。

定理 5.4：两目标投资组合模型式（5.1）的有效集是三目标投资组合模型式（4.26）的有效集的子集。

　　因此，通过增加一个线性的目标函数（如我们在本章开始时举例的投资组合公司治理），投资者的有效集就变成此前有效集的超集（superset）。这意味着投资者不仅可以继续保持已有的投资组合，还可以在三维空间中进行更加灵活的选择。

　　通过将 $x = x^{mv} + \lambda_2 \Delta^2 + \lambda_3 \Delta^3$ 代入式（4.26），我们可以得到式（4.26）的非劣集，它是 λ_2 和 λ_3 的函数：

$$z_1 = \left(x^{mv} + \lambda_2 \Delta^2 + \lambda_3 \Delta^3 \right)^{\mathrm{T}} \Sigma \left(x^{mv} + \lambda_2 \Delta^2 + \lambda_3 \Delta^3 \right)$$
$$z_2 = \mu^{\mathrm{T}} \left(x^{mv} + \lambda_2 \Delta^2 + \lambda_3 \Delta^3 \right) \qquad (5.42)$$
$$z_3 = g^{\mathrm{T}} \left(x^{mv} + \lambda_2 \Delta^2 + \lambda_3 \Delta^3 \right)$$

　　正如 Merton（1972）证明了两目标模型式（5.1）的非劣集是抛物线形状的最小方差边界的一部分，三目标模型式（4.26）的非劣集是非退化抛物面形状的最小方差曲面式（5.25）上的一部分。

三、统一 ε-约束法与加权求和法

　　到目前为止，我们在本章第二节使用了 ε-约束法求解均值-方差-公司治理三目标投资组合选择模型的最小方差曲面，在第三节为了方法的简洁性，使用加权求和法求解三目标投资组合选择模型的非劣曲面，因此需要说明一下这两种方法对式（4.26）如何保持一致。

　　首先简单回顾一下。对于均值-方差-公司治理三目标投资组合选择模型式（4.26）：

$$\min z_1 = x^{\mathrm{T}} \Sigma x$$
$$\max z_2 = \mu^{\mathrm{T}} x$$
$$\max z_3 = g^{\mathrm{T}} x$$
$$\text{s.t. } \mathbf{1}^{\mathrm{T}} x = 1$$

我们使用 ε-约束法构建了式（5.4）：

$$\min z_1 = \frac{1}{2} x^{\mathrm{T}} \Sigma x$$
$$\text{s.t. } \mu^{\mathrm{T}} x = \varepsilon_2$$
$$g^{\mathrm{T}} x = \varepsilon_3$$
$$\mathbf{1}^{\mathrm{T}} x = 1$$

并得到最小方差曲面的决策向量式（5.15）和准则向量式（5.25）：

$$x = x^0 + \varepsilon_2 d^2 + \varepsilon_3 d^3$$
$$z_1 = d^{2^{\mathrm{T}}} \Sigma d^2 z_2^2 + 2 d^{2^{\mathrm{T}}} \Sigma d^3 z_2 z_3 + d^{3^{\mathrm{T}}} \Sigma d^3 z_3^2 + 2 d^{2^{\mathrm{T}}} \Sigma x^0 z_2 + 2 d^{3^{\mathrm{T}}} \Sigma x^0 z_3 + x^{0^{\mathrm{T}}} \Sigma x^0$$

我们使用加权求和法构建了式（5.31）：

$$\min\left\{\frac{1}{2}\boldsymbol{x}^{\mathrm{T}}\boldsymbol{\Sigma}\boldsymbol{x} - \lambda_2\boldsymbol{\mu}^{\mathrm{T}}\boldsymbol{x} - \lambda_3\boldsymbol{g}^{\mathrm{T}}\boldsymbol{x}\right\}, \quad \lambda_2, \lambda_3 \geqslant 0$$

$$\text{s.t. } \boldsymbol{1}^{\mathrm{T}}\boldsymbol{x} = 1$$

并得到非劣曲面的决策向量式（5.37）和准则向量式（5.42）：

$$\boldsymbol{x} = \boldsymbol{x}^{mv} + \lambda_2\boldsymbol{\Delta}^2 + \lambda_3\boldsymbol{\Delta}^3$$

$$z_1 = \left(\boldsymbol{x}^{mv} + \lambda_2\boldsymbol{\Delta}^2 + \lambda_3\boldsymbol{\Delta}^3\right)^{\mathrm{T}}\boldsymbol{\Sigma}\left(\boldsymbol{x}^{mv} + \lambda_2\boldsymbol{\Delta}^2 + \lambda_3\boldsymbol{\Delta}^3\right)$$

$$z_2 = \boldsymbol{\mu}^{\mathrm{T}}\left(\boldsymbol{x}^{mv} + \lambda_2\boldsymbol{\Delta}^2 + \lambda_3\boldsymbol{\Delta}^3\right)$$

$$z_3 = \boldsymbol{g}^{\mathrm{T}}\left(\boldsymbol{x}^{mv} + \lambda_2\boldsymbol{\Delta}^2 + \lambda_3\boldsymbol{\Delta}^3\right)$$

接下来说明 ε-约束法与加权求和法是如何统一起来的。非劣曲面对应的决策向量集合是最小方差曲面对应的决策向量集合的子集，因此非劣曲面的决策向量式（5.37）代入式（5.4）中仍然成立。根据式（4.26）有 $z_2 = \boldsymbol{\mu}^{\mathrm{T}}\boldsymbol{x}$ 和 $z_3 = \boldsymbol{g}^{\mathrm{T}}\boldsymbol{x}$，我们令 $z_2 = \varepsilon_2, z_3 = \varepsilon_3$，并将 $\boldsymbol{x} = \boldsymbol{x}^{mv} + \lambda_2\boldsymbol{\Delta}^2 + \lambda_3\boldsymbol{\Delta}^3$ 代入，得到：

$$\boldsymbol{\mu}^{\mathrm{T}}\boldsymbol{x}^{mv} + \lambda_2\boldsymbol{\mu}^{\mathrm{T}}\boldsymbol{\Delta}^2 + \lambda_3\boldsymbol{\mu}^{\mathrm{T}}\boldsymbol{\Delta}^3 = \varepsilon_2$$

$$\boldsymbol{g}^{\mathrm{T}}\boldsymbol{x}^{mv} + \lambda_2\boldsymbol{g}^{\mathrm{T}}\boldsymbol{\Delta}^2 + \lambda_3\boldsymbol{g}^{\mathrm{T}}\boldsymbol{\Delta}^3 = \varepsilon_3 \tag{5.43}$$

将式（5.43）写成矩阵的形式：

$$\begin{bmatrix} \boldsymbol{\mu}^{\mathrm{T}}\boldsymbol{\Delta}^2 & \boldsymbol{\mu}^{\mathrm{T}}\boldsymbol{\Delta}^3 \\ \boldsymbol{g}^{\mathrm{T}}\boldsymbol{\Delta}^2 & \boldsymbol{g}^{\mathrm{T}}\boldsymbol{\Delta}^3 \end{bmatrix}_{2\times2} \begin{bmatrix} \lambda_2 \\ \lambda_3 \end{bmatrix}_{2\times1} = \begin{bmatrix} \varepsilon_2\boldsymbol{\mu}^{\mathrm{T}}\boldsymbol{x}^{mv} \\ \varepsilon_3\boldsymbol{g}^{\mathrm{T}}\boldsymbol{x}^{mv} \end{bmatrix}_{2\times1} \tag{5.44}$$

为了简便起见，我们记 $\boldsymbol{B} = \begin{bmatrix} \boldsymbol{\mu}^{\mathrm{T}}\boldsymbol{\Delta}^2 & \boldsymbol{\mu}^{\mathrm{T}}\boldsymbol{\Delta}^3 \\ \boldsymbol{g}^{\mathrm{T}}\boldsymbol{\Delta}^2 & \boldsymbol{g}^{\mathrm{T}}\boldsymbol{\Delta}^3 \end{bmatrix}_{2\times2}$，因此：

$$|\boldsymbol{B}| = \left(\boldsymbol{\mu}^{\mathrm{T}}\boldsymbol{\Delta}^2\right)\left(\boldsymbol{g}^{\mathrm{T}}\boldsymbol{\Delta}^3\right) - \left(\boldsymbol{\mu}^{\mathrm{T}}\boldsymbol{\Delta}^3\right)\left(\boldsymbol{g}^{\mathrm{T}}\boldsymbol{\Delta}^2\right)$$

$$= \left[\boldsymbol{\mu}^{\mathrm{T}}\left(\boldsymbol{\Sigma}^{-1}\boldsymbol{\mu} - \frac{c}{f}\boldsymbol{\Sigma}^{-1}\boldsymbol{1}\right)\right]\left[\boldsymbol{g}^{\mathrm{T}}\left(\boldsymbol{\Sigma}^{-1}\boldsymbol{g} - \frac{e}{f}\boldsymbol{\Sigma}^{-1}\boldsymbol{1}\right)\right] - \left[\boldsymbol{\mu}^{\mathrm{T}}\left(\boldsymbol{\Sigma}^{-1}\boldsymbol{g} - \frac{e}{f}\boldsymbol{\Sigma}^{-1}\boldsymbol{1}\right)\right]\left(\boldsymbol{g}^{\mathrm{T}}\left(\boldsymbol{\Sigma}^{-1}\boldsymbol{\mu} - \frac{c}{f}\boldsymbol{\Sigma}^{-1}\boldsymbol{1}\right)\right)$$

$$= \left(\boldsymbol{\mu}^{\mathrm{T}}\boldsymbol{\Sigma}^{-1}\boldsymbol{\mu} - \frac{c}{f}\boldsymbol{\mu}^{\mathrm{T}}\boldsymbol{\Sigma}^{-1}\boldsymbol{1}\right)\left(\boldsymbol{g}^{\mathrm{T}}\boldsymbol{\Sigma}^{-1}\boldsymbol{g} - \frac{e}{f}\boldsymbol{g}^{\mathrm{T}}\boldsymbol{\Sigma}^{-1}\boldsymbol{1}\right) - \left(\boldsymbol{\mu}^{\mathrm{T}}\boldsymbol{\Sigma}^{-1}\boldsymbol{g} - \frac{e}{f}\boldsymbol{\mu}^{\mathrm{T}}\boldsymbol{\Sigma}^{-1}\boldsymbol{1}\right)\left(\boldsymbol{\mu}^{\mathrm{T}}\boldsymbol{\Sigma}^{-1}\boldsymbol{g} - \frac{c}{f}\boldsymbol{g}^{\mathrm{T}}\boldsymbol{\Sigma}^{-1}\boldsymbol{1}\right)$$

$$= \left(a - \frac{c}{f}c\right)\left(d - \frac{e}{f}e\right) - \left(b - \frac{e}{f}c\right)\left(b - \frac{c}{f}e\right)$$

$$= \left(ad - \frac{ccd}{f} - \frac{aee}{f} + \frac{ccee}{ff}\right) - \left(bb - \frac{2bce}{f} + \frac{ccee}{ff}\right)$$

$$= \frac{1}{f}\left(adf + 2bce - aee - bbf - ccd\right)$$

$$= \frac{1}{f}|\boldsymbol{C}|$$

在本章第二节中，引理 5.1 证明了矩阵 $\boldsymbol{C}$ 是正定的，根据正定矩阵的性质可

知 C 的行列式 $|C| > 0$，又因为 $f = \mathbf{1}^{\mathrm{T}} \Sigma^{-1} \mathbf{1} > 0$，因此 $|\boldsymbol{B}| > 0$。$\boldsymbol{B}$ 的逆矩阵为

$$\boldsymbol{B}^{-1} = \frac{f}{|C|} \begin{bmatrix} \boldsymbol{g}^{\mathrm{T}} \boldsymbol{\Delta}^3 & -\boldsymbol{g}^{\mathrm{T}} \boldsymbol{\Delta}^2 \\ -\boldsymbol{\mu}^{\mathrm{T}} \boldsymbol{\Delta}^3 & \boldsymbol{\mu}^{\mathrm{T}} \boldsymbol{\Delta}^2 \end{bmatrix}$$

根据前面关于 $\boldsymbol{\Delta}^2$ 和 $\boldsymbol{\Delta}^3$ 的表达式：

$$\boldsymbol{g}^{\mathrm{T}} \boldsymbol{\Delta}^2 = \boldsymbol{g}^{\mathrm{T}} \left(\Sigma^{-1} \boldsymbol{\mu} - \frac{c}{f} \Sigma^{-1} \mathbf{1} \right) = \boldsymbol{g}^{\mathrm{T}} \Sigma^{-1} \boldsymbol{\mu} - \frac{c}{f} \boldsymbol{g}^{\mathrm{T}} \Sigma^{-1} \mathbf{1} = b - \frac{c}{f} e$$

$$\boldsymbol{\mu}^{\mathrm{T}} \boldsymbol{\Delta}^3 = \boldsymbol{\mu}^{\mathrm{T}} \left(\Sigma^{-1} \boldsymbol{g} - \frac{e}{f} \Sigma^{-1} \mathbf{1} \right) = \boldsymbol{\mu}^{\mathrm{T}} \Sigma^{-1} \boldsymbol{g} - \frac{e}{f} \boldsymbol{\mu}^{\mathrm{T}} \Sigma^{-1} \mathbf{1} = b - \frac{e}{f} c$$

因此有 $\boldsymbol{g}^{\mathrm{T}} \boldsymbol{\Delta}^2 = \boldsymbol{\mu}^{\mathrm{T}} \boldsymbol{\Delta}^3$，所以我们也可以将 $\boldsymbol{B}^{-1}$ 写为

$$\boldsymbol{B}^{-1} = \frac{f}{|C|} \begin{bmatrix} \boldsymbol{g}^{\mathrm{T}} \boldsymbol{\Delta}^3 & -\boldsymbol{\mu}^{\mathrm{T}} \boldsymbol{\Delta}^3 \\ -\boldsymbol{g}^{\mathrm{T}} \boldsymbol{\Delta}^2 & \boldsymbol{\mu}^{\mathrm{T}} \boldsymbol{\Delta}^2 \end{bmatrix}$$

在式（5.44）的等号左右两边同时左乘 $\boldsymbol{B}^{-1}$，可以得到：

$$\begin{aligned} \begin{bmatrix} \lambda_2 \\ \lambda_3 \end{bmatrix} &= \frac{f}{|C|} \begin{bmatrix} \boldsymbol{g}^{\mathrm{T}} \boldsymbol{\Delta}^3 & -\boldsymbol{\mu}^{\mathrm{T}} \boldsymbol{\Delta}^3 \\ -\boldsymbol{g}^{\mathrm{T}} \boldsymbol{\Delta}^2 & \boldsymbol{\mu}^{\mathrm{T}} \boldsymbol{\Delta}^2 \end{bmatrix}_{2\times2} \begin{bmatrix} \varepsilon_2 - \boldsymbol{\mu}^{\mathrm{T}} \boldsymbol{x}^{mv} \\ \varepsilon_3 - \boldsymbol{g}^{\mathrm{T}} \boldsymbol{x}^{mv} \end{bmatrix}_{2\times1} \\ &= \frac{f}{|C|} \begin{bmatrix} \boldsymbol{g}^{\mathrm{T}} \boldsymbol{\Delta}^3 \left(\varepsilon_2 - \boldsymbol{\mu}^{\mathrm{T}} \boldsymbol{x}^{mv} \right) - \boldsymbol{\mu}^{\mathrm{T}} \boldsymbol{\Delta}^3 \left(\varepsilon_3 - \boldsymbol{g}^{\mathrm{T}} \boldsymbol{x}^{mv} \right) \\ -\boldsymbol{g}^{\mathrm{T}} \boldsymbol{\Delta}^2 \left(\varepsilon_2 - \boldsymbol{\mu}^{\mathrm{T}} \boldsymbol{x}^{mv} \right) + \boldsymbol{\mu}^{\mathrm{T}} \boldsymbol{\Delta}^2 \left(\varepsilon_3 - \boldsymbol{g}^{\mathrm{T}} \boldsymbol{x}^{mv} \right) \end{bmatrix}_{2\times1} \end{aligned} \quad （5.45）$$

式（5.45）建立了成对的 $(\varepsilon_2, \varepsilon_3)$ 与 (λ_2, λ_3) 之间一一对应的关系，因此对于式（4.26），ε-约束法与加权求和法是统一的。

四、非劣曲面与非劣边界的投影关系

当我们在均值-方差模型中增加新的目标函数［如式（4.26）］，准则空间就从二维的均值-方差空间扩展到高维空间，非劣边界也就随之扩展成为非劣曲面。传统的投资组合选择可以看成多目标投资组合选择在均值-方差空间中的投影，因此这就提出了非劣曲面的投影与非劣边界的关系问题。针对这一问题，我们提出下面的定理。

定理 5.5：式（5.1）的非劣边界是式（4.26）的非劣曲面在均值-方差空间中的投影的"最小化方差-最大化期望收益"边界[①]。

证明：投影意味着我们需要忽略公司治理目标，回到式（5.1）所处的方差-期望收益空间中。根据定理 5.4，式（5.1）的有效集是式（4.26）的有效集的子

---

① 我们可能有这样的直觉，这一结论对于更一般的情形同样适用。然而 Steuer（1986）提出了反例，尽管一般的趋势是有效集会随着目标数量的增加而扩大。

集，因此式（4.26）非劣曲面上的一部分点投影为方差-期望收益空间中的非劣边界，另一部分点投影为劣于非劣边界的点①。

第四节 多目标公司治理支持实体经济发展

本节论述多目标公司治理支持实体经济发展的理论基础、可行路径和具体方法。第一部分从公司治理以及多目标决策与投资组合选择两方面论述多目标公司治理支持实体经济发展的理论基础。第二部分提出建立公司治理主题基金、引导社会资本流向具有良好公司治理实践的企业是多目标公司治理支持实体经济发展的一条可行路径，并且分析了我国现有公司治理主题基金的现状。第三部分是对第五章内容的总结，为构建公司治理主题基金提出了一种可行的建模方法和优化结果。

一、多目标公司治理支持实体经济发展的理论基础

正如第四章第三节所示，我国出台了一系列政策指引和规范性文件，要求上市公司提高公司治理水平以推动实体经济发展。公司通过建立健全股东大会、董事会、监事会、经理层为主体的内部治理结构，科学界定各个治理主体之间的权利和责任，充分协调公司所有者、经营者和员工等各方之间的利益关系，不断提高决策活动和管理活动的科学性与有效性，为经济高质量发展提供有力支撑。现有研究已经发现，良好的公司治理有助于提高公司的财务绩效、信息披露质量和投资者保护水平，为通过"提高上市公司治理水平"来实现"进一步提高上市公司质量"提供了理论和经验证据。

关于公司治理与财务绩效。席宁和严继超（2010）采用南开大学"利益相关者治理指数"，发现利益相关者参与程度和利益相关者协调程度都与公司的资产收益率存在显著的正相关关系。叶陈刚等（2016）选择股权集中度、境外上市、董事会规模、高管持股比例等十个指标，采用主成分分析法构造公司治理指数，发现公司治理对国有企业和民营企业的财务绩效均有显著的正相关关系。陆瑶等（2020）采用机器学习算法，研究了 CEO 和董事长的性别、年龄、年末持股比例、职能经验、海外经验、工作背景等多维度个人特征对公司业绩的预测能力，发

---

① 根据式（5.19）和引理 5.2，最小方差曲面对应的投资组合权重向量 $x = x^0 + \varepsilon_2 d^2 + \varepsilon_3 d^3$ 是二维的，决策空间的可行域 $\{x \in R^n \mid 1^T x = 1\}$ 也是二维的。由此可以推断，三维准则空间中的可行域与抛物面相同，即准则空间中的可行域是抛物面的"壳"而不是"实心的"。这一结果可以推广到 $n = k$ 的情况。

现高管持股比例和年龄对公司业绩的预测能力较强且呈现出非线性的关联特征。

关于公司治理与信息披露。丁方飞和范丽（2009）实证检验我国 2006~2007 年在深交所交易的公司数据，发现机构投资者持有上市公司股份的行为、规模和机构数均与公司信息披露质量显著正相关，说明应当进一步加强对机构投资者的引导和教育，推动机构投资者积极参与公司治理。唐跃军和左晶晶（2012）发现控股股东控制权比例和控股股东现金流权比例可以提高信息披露的可靠性和及时性，但不能提升信息披露的相关性；U 形关系存在于其他大股东制衡度与信息披露指数、信息披露可靠性和及时性之间。傅传锐和洪运超（2018）发现，不管是整体公司治理水平还是股权、董事会、监事会、管理层等分维度治理水平，都能够显著提升企业智力资本自愿信息披露。

关于公司治理与投资者保护。毕立华和罗党论（2021）发现无实际控制人的上市公司会通过资金占用与关联交易等方式来损害中小投资者利益，而股权制衡、管理层持股及法律环境和外部审计等可以抑制无实际控制人的上市公司对中小投资者的利益侵害。

此外，现实生活中遇到的决策问题通常错综复杂，不能够以单一标准衡量，因此决策者往往需要同时考虑多个目标。然而，多个目标之间存在相互制约甚至相互矛盾的可能，并且没有统一的度量标准，使决策者难以轻易做出决定。多目标决策理论为这类问题提供了可行的解决方案，在经济、管理、系统工程等领域得到了广泛的应用。

传统的均值-方差模型在构建投资组合时只考虑了股票的预期收益和收益波动，然而投资者的效用函数不仅受到证券投资收益和风险的影响，根据投资者的个性化需求，构建投资组合时往往还需要兼顾其他目标。例如，偏好稳定现金流的投资者对投资组合每期能够提供的债券利息或现金股利有额外要求，短期投资者希望投资组合能够保持较高的流动性以备不时之需，社会责任感较强的投资者希望支持社会责任表现较好的企业等。简单的均值-方差两目标模型难以满足投资者更加复杂多样的投资需求。

此外，投资者选择的各个目标函数之间也可能存在矛盾。例如，有研究发现企业履行社会责任可能对短期绩效表现和当期公司价值产生负面影响，因此投资者将短期投资收益或公司短期财务绩效与企业社会责任表现同时作为投资组合选择的目标函数时，可能很难找到一个使两者同时实现最大化的资产配置方案。又如，股票流动性强且定期发放较大数额现金股利的大多是业务稳定的大型公司，其股票投资收益率低于高成长性但流动性较差、不发放现金股利的小型公司，此时就需要投资者在资本利得收益、流动性、股利收益之间进行权衡和取舍，而全凭直觉和经验的决策不一定能带来好的结果。此时，多目标决策的投资组合理论就为投资者提供了一种可行的工具。

二、多目标公司治理支持实体经济发展的可行路径

提高公司治理水平有助于提高上市公司质量，并且进一步推动实体经济健康发展。2020 年，《国务院关于进一步提高上市公司质量的意见》明确指出，"提高上市公司质量是推动资本市场健康发展的内在要求，是新时代加快完善社会主义市场经济体制的重要内容"，要求从提高上市公司治理水平、推动上市公司做优做强、健全上市公司退出机制、提高上市公司及相关主体违法违规成本等方面加强资本市场基础制度建设，大力提高上市公司质量①。

加大专业机构投资者对上市公司和非上市公司的治理水平的关注，特别是增加机构投资者持股，让机构投资者积极参与公司治理，对于提高上市公司治理水平有积极意义。"十四五"规划中也提到要"完善资本市场基础制度，健全多层次资本市场体系，大力发展机构投资者，提高直接融资特别是股权融资比重"②，肯定了专业机构投资者在完善资本市场中的重要作用。因此，可以通过建立公司治理主题的证券投资基金，包括被动跟随治理指数和主动选择高水平公司治理的公司等方式，充分发挥资本市场资源配置功能，引导社会资本流向具有良好公司治理实践的上市公司和非上市公司，一方面为基金持有人选择优质的投资标的，另一方面以正向的资本市场反馈激励公司主动提高自身公司治理水平，推动我国公司整体质量的提升。

在 CSMAR 数据库基金市场系列的公募基金-基金概况表单中，以基金全称中带有"治理"字样进行检索，并手动排除"环境治理"等非公司治理主题基金。截至 2022 年 8 月 1 日，我国公司治理主题的公募基金共有 6 只，其中 3 只主动管理基金，3 只被动管理基金，其基本信息如表 5.1 所示。

表 5.1　我国公司治理主题公募基金的基本信息

基金代码	基金名称	成立日期	基金类型与投资风格	投资目标	业绩比较基准
011530	泓德优质治理灵活配置混合型证券投资基金	2021-03-23	混合型基金，平衡型	在严格控制风险的前提下，重点挖掘优质治理型公司的投资机会，力求实现基金资产的长期稳健增值	中证 800 指数收益率×70%+中证港股通综合指数收益率×10%+中国债券综合全价指数收益率×20%
013480	华宝国证治理指数型发起式证券投资基金	2021-12-14	股票型基金，指数型	紧密跟踪标的指数，追求跟踪偏离度和跟踪误差的最小化	国证治理指数收益率×95%+人民币银行活期存款利率（税后）×5%

① 国务院关于进一步提高上市公司质量的意见[EB/OL]. https://www.gov.cn/zhengce/zhengceku/2020-10/09/content_5549924.htm，2020-10-09.

② 中华人民共和国国民经济和社会发展第十四个五年规划和 2035 年远景目标纲要[EB/OL]. https://www.gov.cn/xinwen/2021-03/13/content_5592681.htm，2021-03-13.

续表

基金代码	基金名称	成立日期	基金类型与投资风格	投资目标	业绩比较基准
160611	鹏华优质治理混合型证券投资基金（LOF）[1]	2007-04-25	混合型基金，积极成长型	投资于具有相对完善的公司治理结构和良好成长性的优质上市公司，为基金份额持有人谋求长期、稳定的资本增值	沪深 300 指数收益率× 75% + 中证综合债指数收益率×25%
260111	景顺长城公司治理混合型证券投资基金	2008-10-22	混合型基金，稳健成长型	重点投资于具有良好公司治理的上市公司的股票，以及因治理结构改善而使公司内部管理得到明显提升的上市公司的股票，在控制风险的前提下，谋求基金资产的长期稳定增值	80%沪深 300 指数 + 20%中证全债指数
510010	上证 180 公司治理交易型开放式指数证券投资基金	2009-09-25	股票型基金，指数型	紧密跟踪标的指数，追求跟踪偏离度与跟踪误差最小化	标的指数×95%+银行活期存款税后收益率× 5%。本基金标的指数变更的，业绩比较基准随之变更并公告
519686	交银施罗德上证 180 公司治理交易型开放式指数证券投资基金联接基金	2009-09-29	股票型基金，指数型	紧密跟踪标的指数，追求跟踪偏离度与跟踪误差最小化	上证 180 公司治理指数 ×95%+银行活期存款税后收益率×5%

注：1）LOF：listed open-ended fund，上市型开放式基金

　　可以看到，我国目前正常运作的公司治理主题基金数量较少，并且其中只有一半是主动型基金。对于 3 只指数型基金，通过查阅它们的标的指数，即国证治理指数（399322）和上证 180 公司治理指数（000021），如表 5.2 所示，可以发现它们共同的特点是选择市值高、流动性强并且公司治理表现优秀的上市公司股票作为样本股。这种做法的优点是选出的样本股大多是各交易所的行业龙头，有优秀的盈利能力和稳定的市场表现，公司治理总体质量高且受到更严格的监管关注，可以减少极端负面事件的出现，确保基金的收益；缺点是将中小型上市公司排除在外，在构建投资组合时可能无法很好地利用不同股票的特质进行非系统性风险的对冲，不能享受充分多样化对风险控制方面的好处，也不能分享到中小型上市公司在未来发展成熟、市值提升所带来的高额投资收益。

表 5.2　国证治理指数和上证 180 公司治理指数

指数名称	指数代码	样本空间	选样方法
国证治理指数	399322	国证治理指数以巨潮大中盘指数样本为样本空间	①根据国证公司治理评分指标体系，计算样本空间内证券的治理评分；②按照样本空间内证券的国证公司治理评分从高到低排名，并结合主营业务收入和净利润规模，选取排名在前 50 名的证券构成国证治理指数样本

续表

指数名称	指数代码	样本空间	选样方法
上证180公司治理指数	000021	上证180指数样本和上证公司治理指数样本	①根据上证180指数选样方法对样本空间内证券进行综合排名；②在上证180指数与上证公司治理指数样本交集中，选择综合排名前100名的交集证券作为上证180公司治理指数样本。如果该交集证券数量不足100只，则在上证公司治理指数样本中选择综合排名最高的非交集证券补足

资料来源：国证指数网 http://www.cnindex.com.cn/，中证指数有限公司 https://www.csindex.com.cn/#/

三、多目标公司治理支持实体经济发展的具体方法

第四章的第三节从制度背景、投资者的公司治理偏好等方面明确阐述了将公司治理因素纳入投资组合中的必要性，并且结合经典投资组合理论和多目标决策理论，将上市公司的公司治理得分以一个新的目标函数的形式加入均值-方差模型中，建立了均值-方差-公司治理的三目标投资组合选择模型：

$$\min z_1 = \boldsymbol{x}^\mathrm{T} \boldsymbol{\Sigma} \boldsymbol{x}$$
$$\max z_2 = \boldsymbol{\mu}^\mathrm{T} \boldsymbol{x}$$
$$\max z_3 = \boldsymbol{g}^\mathrm{T} \boldsymbol{x} \tag{5.46}$$
$$\mathrm{s.t.}\ \boldsymbol{1}^\mathrm{T} \boldsymbol{x} = 1$$

其中，$\boldsymbol{x} = [x_1, x_2, \cdots, x_n]^\mathrm{T}$ 是 n 维实数空间 R^n 中的投资组合权重向量；$\boldsymbol{\mu} = [\mu_1, \mu_2, \cdots, \mu_n]^\mathrm{T}$ 表示各只股票的期望收益向量；$\boldsymbol{\Sigma}$ 是股票收益率的 $n \times n$ 协方差矩阵；$\boldsymbol{g} = [g_1, g_2, \cdots, g_n]^\mathrm{T}$ 表示资产池中各股票对应的上市公司的公司治理评分；z_1 表示投资组合的方差，z_2 表示期望收益，z_3 表示总体上的公司治理水平。

第五章第二节采用 ε-约束法推导均值-方差-公司治理的三目标投资组合选择模型的最小方差曲面的解析表达式，并证明了该最小方差曲面是一个非退化的椭圆抛物面：

$$z_1 = \boldsymbol{d}^{2\mathrm{T}} \boldsymbol{\Sigma} \boldsymbol{d}^2 z_2^2 + 2\boldsymbol{d}^{2\mathrm{T}} \boldsymbol{\Sigma} \boldsymbol{d}^3 z_2 z_3 + \boldsymbol{d}^{3\mathrm{T}} \boldsymbol{\Sigma} \boldsymbol{d}^3 z_3^2$$
$$+ 2\boldsymbol{d}^{2\mathrm{T}} \boldsymbol{\Sigma} \boldsymbol{x}^0 z_2 + 2\boldsymbol{d}^{3\mathrm{T}} \boldsymbol{\Sigma} \boldsymbol{x}^0 z_3 + \boldsymbol{x}^{0\mathrm{T}} \boldsymbol{\Sigma} \boldsymbol{x}^0 \tag{5.47}$$

其中，二次项、一次项及常数项6个系数的表达式请参见第五章附录。最小方差曲面上准则向量对应的决策向量的集合可以表示为 $\{\boldsymbol{x} \in \mathrm{R}^n \mid \boldsymbol{x} = \boldsymbol{x}^0 + \varepsilon_2 \boldsymbol{d}^2 + \varepsilon_3 \boldsymbol{d}^3, \varepsilon_2, \varepsilon_2 \in \mathrm{R}\}$。进一步地，第五章第三节采用加权求和法给出了均值-方差-公司治理的三目标投资组合选择模型的非劣集和有效集的解

析表达式:

$$z_1 = \left(\boldsymbol{x}^{mv} + \lambda_2 \boldsymbol{\varDelta}^2 + \lambda_3 \boldsymbol{\varDelta}^3 \right)^{\mathrm{T}} \boldsymbol{\varSigma} \left(\boldsymbol{x}^{mv} + \lambda_2 \boldsymbol{\varDelta}^2 + \lambda_3 \boldsymbol{\varDelta}^3 \right)$$

$$z_2 = \boldsymbol{\mu}^{\mathrm{T}} \left(\boldsymbol{x}^{mv} + \lambda_2 \boldsymbol{\varDelta}^2 + \lambda_3 \boldsymbol{\varDelta}^3 \right)$$

$$z_3 = \boldsymbol{g}^{\mathrm{T}} \left(\boldsymbol{x}^{mv} + \lambda_2 \boldsymbol{\varDelta}^2 + \lambda_3 \boldsymbol{\varDelta}^3 \right) \tag{5.48}$$

$$\left\{ \boldsymbol{x} \in \mathrm{R}^n \mid \boldsymbol{x} = \boldsymbol{x}^{mv} + \lambda_2 \boldsymbol{\varDelta}^2 + \lambda_3 \boldsymbol{\varDelta}^3, \quad \lambda_2, \lambda_3 \geqslant 0 \right\}$$

其中:

$$\boldsymbol{x}^{mv} = \frac{1}{f} \boldsymbol{\varSigma}^{-1} \mathbf{1}$$

$$\boldsymbol{\varDelta}^2 = \boldsymbol{\varSigma}^{-1} \boldsymbol{\mu} - \frac{c}{f} \boldsymbol{\varSigma}^{-1} \mathbf{1} \tag{5.49}$$

$$\boldsymbol{\varDelta}^3 = \boldsymbol{\varSigma}^{-1} \boldsymbol{g} - \frac{e}{f} \boldsymbol{\varSigma}^{-1} \mathbf{1}$$

并且:

$$\begin{bmatrix} a & b & c \\ b & d & e \\ c & e & f \end{bmatrix} = \begin{bmatrix} \boldsymbol{\mu}^{\mathrm{T}} \boldsymbol{\varSigma}^{-1} \boldsymbol{\mu} & \boldsymbol{\mu}^{\mathrm{T}} \boldsymbol{\varSigma}^{-1} \boldsymbol{g} & \boldsymbol{\mu}^{\mathrm{T}} \boldsymbol{\varSigma}^{-1} \mathbf{1} \\ \boldsymbol{\mu}^{\mathrm{T}} \boldsymbol{\varSigma}^{-1} \boldsymbol{g} & \boldsymbol{g}^{\mathrm{T}} \boldsymbol{\varSigma}^{-1} \boldsymbol{g} & \boldsymbol{g}^{\mathrm{T}} \boldsymbol{\varSigma}^{-1} \mathbf{1} \\ \boldsymbol{\mu}^{\mathrm{T}} \boldsymbol{\varSigma}^{-1} \mathbf{1} & \boldsymbol{g}^{\mathrm{T}} \boldsymbol{\varSigma}^{-1} \mathbf{1} & \mathbf{1}^{\mathrm{T}} \boldsymbol{\varSigma}^{-1} \mathbf{1} \end{bmatrix}$$

通过以上模型和解析表达式,投资者可以直接控制股票的投资风险和公司治理风险并观察到模型优化的结果,也可以结合个人经验,通过设置约束条件等方式对相关风险因素进行调整和控制。因此,本章提出的模型为公司治理主题基金提供了一种可行的投资组合构造方法和理论模型。

附　　录

一、最小方差曲面系数的计算

最小方差曲面式(5.25)的 6 个系数的计算在方法上并不困难,我们只需要将 $\boldsymbol{x}^0, \boldsymbol{d}^2, \boldsymbol{d}^3$ 的表达式(5.16)~式(5.18)代入,并使用式(5.11)中定义的符号 $a, b, \cdots, f$ 进行表达。

$$\boldsymbol{d^2}^{\mathrm{T}}\boldsymbol{\Sigma}\boldsymbol{d^2} = \frac{1}{|\boldsymbol{C}|^2}\Big[(df-ee)\boldsymbol{\mu}^{\mathrm{T}}\boldsymbol{\Sigma}^{-1}+(ce-bf)\boldsymbol{g}^{\mathrm{T}}\boldsymbol{\Sigma}^{-1}+(be-cd)\mathbf{1}^{\mathrm{T}}\boldsymbol{\Sigma}^{-1}\Big]$$

$$\boldsymbol{\Sigma}\Big[(df-ee)\boldsymbol{\Sigma}^{-1}\boldsymbol{\mu}+(ce-bf)\boldsymbol{\Sigma}^{-1}\boldsymbol{g}+(be-cd)\boldsymbol{\Sigma}^{-1}\mathbf{1}\Big]$$

$$=\frac{1}{|\boldsymbol{C}|^2}\Big[(ce-bf)^2 a+(ce-bf)^2 d+(be-cd)^2 f$$

$$+2(df-ee)(ce-bf)b+2(df-ee)(be-cd)c+2(ce-bf)(be-cd)e\Big]$$

$$=\frac{1}{|\boldsymbol{C}|^2}\Big[(addff-2adeef+aeeee)+(ccdee-2bcdef+bbdff)$$

$$+(bbeef-2bcdef+ccddf)+(2bcdef-2bceee-2bbdff+2bbeef)$$

$$+(2bcdef-2bceee-2ccddf+2ccdee)+(2bceee-2bbeef-2ccdee+2bcdef)\Big]$$

$$=\frac{1}{|\boldsymbol{C}|^2}\big[addff-2adeef+aeeee-bbdff+bbeef+2bcdef-2bceee-ccddf+ccdee\big]$$

$$=\frac{1}{|\boldsymbol{C}|^2}\big(ad^2f^2-2ade^2f+ae^4-b^2df^2+b^2e^2f+2bcdef-2bce^3-c^2d^2f+c^2de^2\big)$$

$$\boldsymbol{d^2}^{\mathrm{T}}\boldsymbol{\Sigma}\boldsymbol{d^3} = \frac{1}{|\boldsymbol{C}|^2}\Big[(df-ee)\boldsymbol{\mu}^{\mathrm{T}}\boldsymbol{\Sigma}^{-1}+(ce-bf)\boldsymbol{g}^{\mathrm{T}}\boldsymbol{\Sigma}^{-1}+(be-cd)\mathbf{1}^{\mathrm{T}}\boldsymbol{\Sigma}^{-1}\Big]$$

$$\boldsymbol{\Sigma}\Big[(ce-bf)\boldsymbol{\Sigma}^{-1}\boldsymbol{\mu}+(af-cc)\boldsymbol{\Sigma}^{-1}\boldsymbol{g}+(bc-ae)\boldsymbol{\Sigma}^{-1}\mathbf{1}\Big]$$

$$=\frac{1}{|\boldsymbol{C}|^2}\Big[(df-ee)(ce-bf)a+(ce-bf)(af-cc)d+(be-cd)(bc-ae)f$$

$$+(df-ee)(af-cc)b+(ce-bf)(ce-bf)b$$

$$+(df-ee)(bc-ae)c+(be-cd)(ce-bf)c$$

$$+(ce-bf)(bc-ae)e+(be-cd)(af-cc)e\Big]$$

$$=\frac{1}{|\boldsymbol{C}|^2}\Big[(acdef-aceee-abdff+abeef)+(acdef-abdff-cccde+bccdf)$$

$$+(bbcef-bccdf-abeef+acdef)$$

$$+(abdff-abeef-bccdf+bccee)+(bccee-2bbcef+bbbff)$$

$$+(bccdf-bccee-acdef+aceee)+(bccee-cccde-bbcef+bccdf)$$

$$+(bccee-bbcef-aceee+abeef)+(abeef-acdef-bccee+cccde)\Big]$$

$$=\frac{1}{|\boldsymbol{C}|^2}\big[-abdff+abeef+acdef-aceee+bbbff+bccdf-3bbcef+2bccee-cccde\big]$$

$$=\frac{1}{|\boldsymbol{C}|^2}\big(-abdf^2+abe^2f+acdef-ace^3+b^3f^2+bc^2df-3b^2cef+2bc^2e^2-c^3de\big)$$

$$\boldsymbol{d^{3^{\mathrm{T}}}\Sigma d^{3}} = \frac{1}{\left|\boldsymbol{C}\right|^{2}}\Big[(ce-bf)\boldsymbol{\mu^{\mathrm{T}}\Sigma^{-1}} + (af-cc)\boldsymbol{g^{\mathrm{T}}\Sigma^{-1}} + (be-ae)\mathbf{1}^{\mathrm{T}}\boldsymbol{\Sigma^{-1}}\Big]$$

$$\boldsymbol{\Sigma}\Big[(ce-bf)\boldsymbol{\Sigma^{-1}\mu} + (af-cc)\boldsymbol{\Sigma^{-1}g} + (bc-ae)\boldsymbol{\Sigma^{-1}}\mathbf{1}\Big]$$

$$= \frac{1}{\left|\boldsymbol{C}\right|^{2}}\Big[(ce-bf)^{2}a + (af-cc)^{2}d + (bc-ae)^{2}f$$

$$+2(ce-bf)(af-cc)b + 2(ce-bf)(bc-ae)c + 2(af-cc)(bc-ae)e\Big]$$

$$= \frac{1}{\left|\boldsymbol{C}\right|^{2}}\Big[(accee-2abcef+abbff) + (aadff-2accdf+ccccd)$$

$$+(bbccf-2abcef+aaeef) + (2abcef-2abbff-2bccce+2bbccf)$$

$$+(2bccce-2bbccf-2accee+2abcef) + (2abcef-2bccce-2aaeef+2accee)\Big]$$

$$= \frac{1}{\left|\boldsymbol{C}\right|^{2}}\Big[aadff-aaeef-abbff+2abcef-2accdf+accee+bbccf-2bccce+ccccd\Big]$$

$$= \frac{1}{\left|\boldsymbol{C}\right|^{2}}\Big(a^{2}df^{2}-a^{2}e^{2}f-ab^{2}f^{2}+2abcef-2ac^{2}df+ac^{2}e^{2}+b^{2}c^{2}f-2bc^{3}e+c^{4}d\Big)$$

$$\boldsymbol{d^{2^{\mathrm{T}}}\Sigma x^{0}} = \frac{1}{\left|\boldsymbol{C}\right|^{2}}\Big[(df-ee)\boldsymbol{\mu^{\mathrm{T}}\Sigma^{-1}} + (ce-bf)\boldsymbol{g^{\mathrm{T}}\Sigma^{-1}} + (be-cd)\mathbf{1}^{\mathrm{T}}\boldsymbol{\Sigma^{-1}}\Big]$$

$$\boldsymbol{\Sigma}\Big[(be-cd)\boldsymbol{\Sigma^{-1}\mu} + (bc-ae)\boldsymbol{\Sigma^{-1}g} + (ad-bb)\boldsymbol{\Sigma^{-1}}\mathbf{1}\Big]$$

$$= \frac{1}{\left|\boldsymbol{C}\right|^{2}}\Big[(df-ee)(be-cd)a + (ce-bf)(bc-ae)d + (be-cd)(ad-bb)f$$

$$+(df-ee)(bc-ae)b + (ce-bf)(be-cd)b + (df-ee)(ad-bb)c + (be-cd)(be-cd)c$$

$$+(ce-bf)(ad-bb)e + (be-cd)(bc-ae)e\Big]$$

$$= \frac{1}{\left|\boldsymbol{C}\right|^{2}}\Big[(abdef-abeee-acddf+acdee) + (bccde-bbcdf-acdee+abdef)$$

$$+(abdef-acddf-bbbef+bbcdf)$$

$$+(bbcdf-bbcee-abdef+abeee) + (bbcee-bbbef-bccde+bbcdf)$$

$$+(acddf-acdee-bbcdf+bbcee) + (bbcee-2bccde+cccdd)$$

$$+(acdee-abdef-bbcee+bbbef) + (bbcee-bccde-abeee+acdee)\Big]$$

$$= \frac{1}{\left|\boldsymbol{C}\right|^{2}}\Big[abdef-abeee-acddf+acdee-bbbef+bbcdf+2bbcee-3bccde+cccdd\Big]$$

$$= \frac{1}{\left|\boldsymbol{C}\right|^{2}}\Big(abdef-abe^{3}-acd^{2}f+acde^{2}-b^{3}ef+b^{2}cdf+2b^{2}ce^{2}-3bc^{2}de+c^{3}d^{2}\Big)$$

$$d^{3^\mathrm{T}} \Sigma x^0 = \frac{1}{|C|^2} \Big[(ce-bf)\boldsymbol{\mu}^\mathrm{T}\boldsymbol{\Sigma}^{-1} + (af-cc)\boldsymbol{g}^\mathrm{T}\boldsymbol{\Sigma}^{-1} + (bc-ae)\mathbf{1}^\mathrm{T}\boldsymbol{\Sigma}^{-1} \Big]$$

$$\boldsymbol{\Sigma}\Big[(be-cd)\boldsymbol{\Sigma}^{-1}\boldsymbol{\mu} + (bc-ae)\boldsymbol{\Sigma}^{-1}\boldsymbol{g} + (ad-bb)\boldsymbol{\Sigma}^{-1}\mathbf{1} \Big]$$

$$= \frac{1}{|C|^2} \Big[(ce-bf)(be-cd)a + (af-cc)(bc-ae)d + (bc-ae)(ad-bb)f$$

$$+ (ce-bf)(bc-ae)b + (af-cc)(be-cd)b + (ce-bf)(ad-bb)c + (bc-ae)(be-cd)c$$

$$+ (af-cc)(ad-bb)e + (bc-ae)(bc-ae)e \Big]$$

$$= \frac{1}{|C|^2} \Big[(abcee - abbef - accde + abcdf) + (abcdf - bcccd - aadef + accde)$$

$$+ (abcdf - aadef - bbbcf + abbef)$$

$$+ (bbcce - bbbcf - abcee + abbef) + (abbef - bbcce - abcdf + bcccd)$$

$$+ (accde - abcdf - bbcce + bbbcf) + (bbcce - abcee - bcccd + accde)$$

$$+ (aadef - accde - abbef + bbcce) + (bbcce - 2abcee + aaeee) \Big]$$

$$= \frac{1}{|C|^2} \Big[-aadef + aaeee + abbef + abcdf - 3abcee + accde - bbbcf + 2bbcce - bcccd \Big]$$

$$= \frac{1}{|C|^2} \Big(-a^2def + a^2e^3 + ab^2ef + abcdf - 3abce^2 + ac^2de - b^3cf + 2b^2c^2e - bc^3d \Big)$$

$$x^{0^\mathrm{T}} \Sigma x^0 = \frac{1}{|C|^2} \Big[(be-cd)\boldsymbol{\mu}^\mathrm{T}\boldsymbol{\Sigma}^{-1} + (bc-ae)\boldsymbol{g}^\mathrm{T}\boldsymbol{\Sigma}^{-1} + (ad-bb)\mathbf{1}^\mathrm{T}\boldsymbol{\Sigma}^{-1} \Big]$$

$$\boldsymbol{\Sigma}\Big[(be-cd)\boldsymbol{\Sigma}^{-1}\boldsymbol{\mu} + (bc-ae)\boldsymbol{\Sigma}^{-1}\boldsymbol{g} + (ad-bb)\boldsymbol{\Sigma}^{-1}\mathbf{1} \Big]$$

$$= \frac{1}{|C|^2} \Big[(be-cd)^2 a + (bc-ae)^2 d + (ad-bb)^2 f$$

$$+ 2(be-cd)(bc-ae)b + 2(be-cd)(ad-bb)c + 2(bc-ae)(ad-bb)e \Big]$$

$$= \frac{1}{|C|^2} \Big[(abbee - 2abcde + accdd) + (bbccd - 2abcde + aadee)$$

$$+ (aaddf - 2abbdf + bbbbf) + (2bbbce - 2bbccd - 2abbee + 2abcde)$$

$$+ (2abcde - 2accdd - 2bbbce + 2bbccd) + (2abcde - 2aadee - 2bbbce + 2abbee) \Big]$$

$$= \frac{1}{|C|^2} \Big[aaddf - aadee - 2abbdf + abbee + 2abcde - accdd - 2bbbce + bbbbf + bbccd \Big]$$

$$= \frac{1}{|C|^2} \Big(a^2d^2f - a^2de^2 - 2ab^2df + ab^2e^2 + 2abcde - ac^2d^2 - 2b^3ce + b^4f + b^2c^2d \Big)$$

二、关于抛物面性质的进一步讨论

为了便于证明最小方差曲面是准则空间中的非退化抛物面，这里进一步讨论抛物面的性质。

引理5.4：抛物面具有以下性质：退化抛物面（degenerate paraboloid）至少有一个圆柱方向（cylinder direction）①，可以从属于抛物面的任何给定点沿该方向无限滑动，并且路径仍然属于抛物面；非退化抛物面（non-degenerate paraboloid）没有任何圆柱方向，而且对于属于非退化抛物面的任意两个不同的点，不存在通过这两个点并且属于抛物面的线段。

证明：我们的证明基于一个存在于 $(x_1, x_2, \cdots, x_n, y)$ 空间中的简单抛物面形式 $y = a_1 x_1^2 + a_2 x_2^2 + \cdots + a_n x_n^2$，这是因为抛物面的一般形式可以通过更改简单形式的坐标系得到。

对于一个退化抛物面，我们不妨假设 $a_1 = 0$，那么圆柱方向就是 $[1, 0, \cdots, 0, 0]^{\mathrm{T}}_{(n+1) \times 1}$。从这一退化抛物面的任意一点 $(\hat{x}_1, \hat{x}_2, \cdots, \hat{x}_n, \hat{y})$，也就是 $\hat{y} = 0\hat{x}_1^2 + a_2 \hat{x}_2^2 + \cdots + a_n \hat{x}_n^2$ 出发，沿圆柱方向的滑动可以表示为

$$
\begin{bmatrix} \hat{x}_1 \\ \hat{x}_2 \\ \vdots \\ \hat{x}_n \\ \hat{y} \end{bmatrix}_{(n+1) \times 1} + t \begin{bmatrix} 1 \\ 0 \\ \vdots \\ 0 \\ 0 \end{bmatrix}_{(n+1) \times 1} = \begin{bmatrix} \hat{x}_1 + t \\ \hat{x}_2 \\ \vdots \\ \hat{x}_n \\ \hat{y} \end{bmatrix}_{(n+1) \times 1}, \forall t \in \mathrm{R}
$$

该路径仍然属于抛物面，因为 $\hat{y} = 0(\hat{x}_1 + t)^2 + a_2 \hat{x}_2^2 + \cdots + a_n \hat{x}_n^2$ 仍然成立。

对于 $\forall a_i > 0$ 的非退化抛物面 $y = a_1 x_1^2 + a_2 x_2^2 + \cdots + a_n x_n^2$，我们取抛物面上任意两个不同的点 $(\hat{x}_1, \hat{x}_2, \cdots, \hat{x}_n, \hat{y})$ 和 $(\bar{x}_1, \bar{x}_2, \cdots, \bar{x}_n, \bar{y})$。需要注意的是，对于 $i = 1, 2, \cdots, n$，至少有一个 i 使得 $\hat{x}_i \neq \bar{x}_i$，否则 $\hat{x}_i = \bar{x}_i (i = 1, 2, \cdots, n)$ 将导致 $\hat{y} = \bar{y}$，这意味着点 $(\hat{x}_1, \hat{x}_2, \cdots, \hat{x}_n, \hat{y})$ 和点 $(\bar{x}_1, \bar{x}_2, \cdots, \bar{x}_n, \bar{y})$ 是同一个点。

我们不妨假设 $\hat{x}_1 \neq \bar{x}_1$。我们将表达式 $y = a_1 x_1^2 + a_2 x_2^2 + \cdots + a_n x_n^2$ 改写成一个新的函数 $F(x_1, x_2, \cdots, x_n, y) = a_1 x_1^2 + a_2 x_2^2 + \cdots + a_n x_n^2 - y$，用求偏导数的方式计算法线。点 $(\hat{x}_1, \hat{x}_2, \cdots, \hat{x}_n, \hat{y})$ 处的法线的第一个和最后一个元素分别是 $2a_1 \hat{x}_1$ 和 -1，而点

---

① 我们称它为"圆柱方向"，这是因为退化抛物面的另一个名称是抛物面沿一个方向滑动形成的抛物面圆柱。例如，在 (x_1, x_2, y) 空间中，当 $a_1 = 0$ 且 $a_2 = 1$ 时，抛物面的简单形式就写为 $y = 0x_1^2 + x_2^2$，它是通过绘制 (x_2, y) 空间中的抛物面 $y = x_2^2$ 并将其沿着坐标轴 x_1 的方向滑动形成的。Markowitz 和 Todd（2000）将其称为"零方差方向"，因为对于某一 $v_i = 0$，　variance $= v_1 y_1^2 + v_2 y_2^2 + \cdots + v_n y_n^2$ 沿着这一方向变动不会改变方差。

$(\bar{x}_1, \bar{x}_2, \cdots, \bar{x}_n, \bar{y})$ 处的法线的第一个和最后一个元素分别是 $2a_1\bar{x}_1$ 和 -1。由于 $\hat{x}_1 \neq \bar{x}_1$，这两点处的法线最后一个元素相同而第一个元素不同，因此这两条法线不平行。这说明在非退化的抛物面上，不存在使不同两点处的法线平行的线性片段。

证毕。

第六章　基于企业绿色创新的
多目标投资组合选择

　　本章是本书基于企业绿色创新的多目标投资组合选择支持实体经济研究的理论基础部分，在这一章中，我们主要从企业创新、环境表现与股票收益以及经典的投资组合和多目标投资组合领域回顾相关理论及文献，并对相关内容进行简要评述，为本书的实证建模奠定基础。下面，我们将简要介绍本章的三节。

　　首先，第一节的核心内容聚焦因子定价，从股票的创新因子和绿色因子两方面相关领域进行文献的回顾，本章的文献回顾为绿色创新影响股票收益奠定理论基础，主要路径包括错误定价异象和资产定价方面，为本书的第九章因果推断的实证检验提供理论依据。

　　其次，第二节是本书建模和求解模型的核心理论基础，即投资组合选择理论。一方面阐述投资组合理论发展过程中存在的问题，另一方面从多目标投资组合选择模型构建方面探讨解决的方向，从而为包含绿色创新的多目标投资组合模型构建奠定理论基础。

　　最后，我们简要对第一节和第二节的理论梳理进行总结，探讨了现有文献存在的不足。

第一节　企业创新、环境表现与股票收益

　　关于因子定价的研究最早源于 20 世纪 30 年代，《证券分析》中首次指出了价值溢价这一概念。后续的学者们基于这一概念，在 20 世纪六七十年代陆续提出了 CAPM 和套利定价理论。由于本书的核心内容之一在于探讨如何将绿色创新纳入投资组合当中，为投资者提供以风险-收益-绿色创新为框架的新的投资组合，

在此之前，我们首先要分析企业绿色创新这一因子对股票价格的影响是否存在理论依据，从而为我们的研究提供理论基础。因此，在本节我们主要回顾因子定价的相关理论，阐述绿色创新影响股票收益的可行路径。

一、资产定价理论的起源和发展

关于资产定价领域的相关文献起源于投资组合理论，具有代表性的是 Markowitz（1952）所提出的均值-方差模型，这也是现代金融学的开端，这一模型为投资者提供了构建风险资产组合的方法。后来，一些学者基于 Markowitz（1952）的发现，分别从市场投资组合、投资组合有效边界与资产价格之间的均衡关系进行了研究（Sharpe，1964；Lintner，1965a），从而最终提出了 CAPM，这一模型在公司金融领域具有奠基性的地位和作用，也成为学界和业界广泛应用的理论工具。具体来说，CAPM 对股票的风险与预期收益之间的关系进行了清晰的刻画，从公式来看：$E(r_i) = r_f + \beta\left[E(r_M) - r_f\right]$，其中，$E(r_i)$ 是股票 i 的预期回报率，$E(r_M)$ 是市场投资组合的预期回报率，r_f 是无风险回报率，β 代表了股票的系统性风险。根据上述公式，我们可以得知一只股票的预期回报率由系数 β 决定。正是因为有了 CAPM 的提出，投资者才能够从风险的角度去关注因子异象，实现了资产定价领域的突破性进展。然而，虽然 CAPM 在学界和业界被广泛应用，具有重要的理论价值，但是其假设十分严格，通常也因此受到大量的质疑与挑战。例如，不同国家和地区的学者纷纷验证 CAPM 在其所属资本市场的有效性，正是因为假设的严格性，部分国家和地区的实证结果并不显著有效。其中，比较具有代表性的是，Fama 和 Macbeth（1973）提出了截面回归的经典模型，对系统性风险系数的稳定性进行检验。

值得注意的是，在 20 世纪 70 年代，学者们发现在一定规律下的权重组合所形成的股票指数能够跑赢市场大盘，这形成了对 CAPM 的重大挑战。相关文献中具有代表性的是，Fama 和 French（1992，1993，1996）在三篇代表性文献中指出了公司的市场价值以及账面市值比（book-to-market equity）能够对股票的预期收益率起到决定性的作用。在此基础上，Fama 和 French（2015）基于所处资本市场环境的日益更新和变化实现了 Fama-French 三因子模型到五因子模型的突破和扩展，并且以实证检验的方式验证了经验数据的结果，表明除 β 系数以外还存在其他定价因子。公司金融领域著名学者 Ross（1976）也提出了著名的套利定价理论，这一理论为学者们广泛研究包含宏观层面、公司基本面及社会责任等多维度的多因素定价模型奠定了重要的理论基础。通过诸多学者对资产定价模型的关注和扩展，资产定价的核心内容也从股票系统性风险扩展到了资产其他维度的特质。在此基础上，关于资产定价的国内外研究主要从实证视角出发，在 Fama 和 French（1992，1993，1996）提出的多因子研究范式下通过统计方法检验定价因子的存在。

随着以多因子为核心的资产定价模型的不断完善和发展，该模型不仅成为学者们关注资产定价领域的重要方向，也同时从理论上指导了实际的资本市场定价，此外，它也是投资者在选择股票过程中所应用的重要分析工具。基于多因子模型的分析框架，诸多学者分别从现金流、投资者情绪及无形资产占比等溢价因子的维度利用实证分析的研究方法探讨了其存在性。Mclean 和 Pontiff（2016）关注了在现代CAPM发展过程中为学界所关注过的97个异象因子，并且得出这些异象因子会因为时间的推移以及学术研究结果的揭示而消失的研究结论。类似的研究还有 Harvey 等（2016），他们分析了已有研究中发现的316个资产定价的异象因子，发现多因子定价模型存在的问题是因子的选择过程往往缺乏一定的标准，有些因子表现是数据挖掘的结果，而不是资产本身的特质，缺乏经济意义和统计显著性。在此基础上，Fama 和 French（2018）再次实现了多因子资产定价模型的突破，提出了最大夏普比率指标，从而为比较多因子模型提供了一个度量标准。

由此，我们认为在探讨资产定价时不仅要关注异象因子的挖掘，而且要从理论模型的视角进行突破，使定价因子不仅具有统计上的显著性，更重要的是要具有一定的经济意义，这样才能与实践紧密结合。值得注意的是，目前学术界相对具有经济意义且被学界和业界广泛接纳的一些定价因子主要有市场因子、规模因子、价值因子、动量因子、盈利因子和投资因子。除此以外，部分研究也关注到上市公司的流动性和特质波动率对股票收益的影响。

在解释因子异象方面，除了从风险承担的视角进行研究之外，近些年的研究也表明行为金融可以解释股票的因子异象，并且受到了广泛的关注和认可。具体来说，行为金融的投资者有限关注假说和模糊厌恶假说通过投资者的心理认知与局限，阐明了市场的定价如何发生扭曲，进而为多因子 CAPM 的扩展和创新提供了新的方向和路径。在已有研究方面，Hirshleifer 和 Teoh（2003）的观点是投资者有限关注假说的存在导致资产价格难以及时有效地反映信息，进而使最终呈现出的资产价格具有滞后性。由此，我们可以认为这种因子带来的股票超额收益本质上是由于投资者忽视了相关的溢价信息，而这些信息没有在当期的资产价格当中有所呈现。Kahneman 和 Tversky（1978）在研究中表明投资者具有模糊厌恶的行为特征。例如，一些学者发现公司的创新效率对股票价格具有模糊的影响，但是信息复杂性的存在导致资产价格不能被正确有效地进行定价，进而使得这种复杂信息在后续的资产价格中被反映出来。此外，一些学者也基于传统的市场因子和规模因子，提出了管理因子、表现因子、FIN 因子、PEAD 因子，并在这些新的因子的基础上构建了相应的因子模型，为资产定价领域的突破奠定了进一步的理论基础。

由此，我们认为由于行为金融领域投资者有限关注、复杂信息模糊厌恶等理论和现实的双重存在，投资者难以仅根据资产的历史收益率有效地揭示资产的特质，进而导致仅依赖历史收益构建的投资组合参数存在明显的误差，最终使投资组合的分散化表现较差，具体体现在将较大权重分布于历史收益表现好的个别股票，从而失去了投资组合分散风险的意义。尽管经典的 Markowitz 均值-方差模型为投资者提供了一个重要的投资实践框架，已有研究也充分证明了这一框架的有效性（Markowitz，2014），但是，随着学界和业界对资产定价的进一步关注，我们应该考虑如何更多地将资产本身的特质纳入投资组合的分析框架，使投资组合的样本期内外表现有所提升，这仍然是投资组合和资产定价研究领域的重要研究话题。

二、企业创新与股票收益

根据经典的有效市场假说我们可以知道，在有效市场当中，股票价格是可以充分地、全面地、迅速地反映与其相关的信息的（Fama，1970）。此外，这一假说也阐明了，根据包含有效信息的程度，我们可以将市场有效性划分为弱有效市场（所有历史信息均反映在股票价格当中）、半强有效市场（所有公开信息均反映在股票价格当中）和强有效市场（所有信息均反映在股票价格当中）。然而，著名的 Grossman-Stiglitz 悖论指出信息成本使竞争均衡与市场有效性不相容，因此市场信息不能够完全地体现在市场价格中。也就是说，如果市场价格能够完全体现所有市场参与者的私有信息，同时信息搜索是具有成本的，在这种情况下市场中的参与者是没有动力去进行信息的搜集和整理的，最终导致市场有效的均衡状态难以实现。由此，我们可以认为，强式有效市场假说是基于一个过于理想的假设才能存在的状态，因此，现实中的各种资本市场异象也对此进行了挑战（Fama and French，1992，2015）。

同时，大量学者开始关注关于行为金融学的研究，这些研究为我们解释资本市场中存在的市场异象提供了一种新的可能性。具有代表性的是，Kahneman（1973）认为投资者注意力是一种稀缺性的企业资源，在企业进行经济金融决策的时候可以利用这种注意力。此外，Hirshleifer 和 Teoh（2003）认为企业在进行并购决策以及信息披露时，也应该考虑经济人决策过程中客观存在的认知局限及注意力分散性。Hirshleifer 等（2009）指出投资者应该将更多的注意力从宏观和行业层面向企业特质层面转移，从而减少个股信息层面的时滞效应。

在各类的股票个体信息中，创新能力决定了企业未来长期的经营状况和产品质量，对企业价值有重大影响。然而，创新能力相关的信息往往具有复杂性和专业性，普通的投资者在识别这方面的信息时往往有困难（Hirshleifer et al.，2018）。此外，从资产价值模糊的视角来看，与开拓市场和政策补贴等直观的价格信息不同，创新能力与企业价值之间存在一定的模糊性，投资者难以有效地衡量企业的创新投入对企业的价值产生的实际的影响。因此，基于此前我们回顾的投资者有限关注和模糊厌恶相关理论，可以认为投资者在决策的过程中，可能会低估企业的创新能力对股票价格所产生的正面影响，从而导致企业与创新能力有关的信息难以及时有效地反映在当期的股票价格中。

具体来说，我们发现一些文献探讨和分析了企业的创新能力被资本市场低估的实证证据。例如，Penman 和 Zhang（2002）在实证分析基础上指出，当前 R&D（research and development，科学研究与试验发展）投资费用的变化会带来股票未来的异常收益率。

近年来，在企业创新活动与股票价格的研究中，学者们关注的研究方向从 R&D 支出、专利产出等绝对指标转向以创新效率为代表的相对指标，创新效率往往能够从"能力"的维度考察企业的创新价值。一方面，投资者通过创新效率的计算，可以更清晰高效地观测到企业将经费、人力等创新投入转化为专利、销售收入等创新产出的过程。具体来说，已有研究主要包括如下方面：Hirshleifer 等（2013）将创新效率作为研究对象，发现了公司创新绩效与其股票价格的未来收益率的相关关系，证明了创新效率长期溢价的存在性；Hirshleifer 等（2018）进一步考虑专利引用量、专利产出等衡量创新产出的指标，构建了衡量公司创造性的指标，并发现了这一指标对公司未来经营绩效和股票收益率的正向影响，证明了创新价值低估现象的存在；Lee 等（2019）以美国股票市场为研究对象，使用专利数据构建了企业间的技术关联度指标，发现了其他因子无法解释的股票溢价。在国内研究中，近年来也有部分研究发现了企业创新与股票收益之间的关系。刘柏和王馨竹（2019）以 Fama-Macbeth 模型为基础，发现研发投入正向显著地影响股票的超额收益，行业竞争水平能够正向调节研发支出与超额收益的关系；方先明和那晋领（2020）发现创业板上市公司的绿色专利申请和授予能够带来超额收益。

通过对以上文献的回顾和梳理，我们可以发现在投资者有限关注和复杂信息模糊厌恶的假说下，公司的创新效率往往与其价值存在正相关关系。然而，市场往往难以准确地对公司的创新效率进行定价，而仅依赖于历史收益率所构建的均值-方差组合会导致严重的估计误差，无法确保良好的样本期外表现。基于此，如何将创新效率这一维度纳入传统的投资组合分析框架，改善投资组合的样本期外表现，最终缓解因忽视创新效率而导致的投资组合样本期外绩效表现下降问题是当前亟待解决的问题。

第二节　投资组合选择理论基础与研究前沿

　　Markowitz（1952）提出的均值-方差模型是现代金融学的开端，这一模型在量化投资中是基于投资组合的选择和资产定价的，具有奠基性的作用和地位。由于本书主要以 Markowitz 所提出的投资组合选择理论作为工具和实现方法，因此在本节我们主要回顾投资组合选择及多目标投资组合的相关理论，从而为后续章节中的建模求解和实证分析提供理论依据。

一、投资组合选择理论基础

（一）传统的均值-方差模型

　　Markowitz（1952）在其代表性文献"Portfolio Selection"中首次提出均值-方差模型，该模型实现了投资者最优风险资产组合的构建，为金融学中投资组合选择领域的发展奠定了重要的理论基础。Markowitz（1959）指出："Two objectives, however, are common to all investors for which the techniques of this monograph are designed：1. They want 'return' to be high… 2. They want this return to be dependable, stable, not subject to uncertainty。"（所有投资者都有两个共同的目标，本书的技术就是为此设计的：①他们希望回报率高……②他们希望这种回报是可靠的、稳定的，不受不确定性的影响。）基于此，Markowitz 将投资组合选择问题用模型描述为一个两目标的优化问题，即实现投资者的收益最大化和风险最小化，该模型表述如式（6.1）所示，其中 x 为权重向量，Σ 为收益协方差矩阵，μ 为期望收益向量，S 为权重向量的可行域：

$$\begin{cases} \min \ x^{\mathrm{T}}\Sigma x \\ \max \ \mu^{\mathrm{T}}x \\ \text{s.t. } x \in S \end{cases} \tag{6.1}$$

　　通过对均值-方差模型的分析，我们可以了解到这一模型通过量化模型的方式使投资者实现了平衡投资组合期望收益与风险关系，为后续传统的投资组合理论、多目标投资组合领域的研究发展奠定了理论基础。根据模型的表述，我们可以得知一个投资组合的风险往往受到资产的方差、协方差及权重的多方面影响。由此，当投资者以给定期望收益的最小化投资组合方差为目标时，应尽可能地在投资组合中加入相关系数低的资产，从而实现组合风险的分散化。此外，根据经典的投资组合理论我们可以知道，尽管增加相关系数低的资产可以降低组合的风险，但是这种风险是非系统性风险而不是系统性风险。

　　将均值-方差应用于投资组合选择问题中可以帮助投资者利用优化模型实现其资产配置的过程，然而，投资组合选择模型的经济意义应如何正确揭示一直是学术界频频探讨的重要研究话题。例如，学者们针对如何定义投资组合选择与投资者期望效用最大化之间的关系展开了一系列研究，其中具有代表性的有 Levy 和 Markowitz（1979），这些学者通过数理推导和证明，发现了现代投资组合理论与期望效用理论的一致性，即投资组合选择模型中的期望收益和协方差矩阵能够合理有效地描述投资者的需求，当投资者以期望效用最大化为投资准则时，选择投资组合有效边界上的最优投资组合能够实现这一目标。

　　（二）投资组合选择中的参数不确定性

　　通过对均值-方差的描述，我们可以得知这一模型在构建时需要输入相应的参数，基于收益服从正态分布和资产规模较小等假设，我们需要提供资产历史收益率的一阶矩和二阶矩。当输入参数的估计误差较小时，通过均值-方差模型获得的投资组合结果能够确保统计意义和经济意义的双重显著，从而使投资者实现投资组合的构建结果是最优投资组合权重。然而，当输入的参数估计误差较大时，得到的投资组合权重结果也难以确保是无偏的。由此，诸多学者针对投资组合的参数估计问题展开了一系列研究，其中具有代表性的是 Michaud（1989），他的观点是尽管 Markowitz 的均值-方差模型在现代金融的发展过程中具有奠基性的地位，但是在实践中应用此模型往往会带来较大的误差。此外，一些学者也指出由于估计误差的存在，投资者在具体的投资实践中难以对其直接应用（DeMiguel et al.，2009a），另外，估计误差会导致投资组合难以实现有效分散，以均值-方差模型求解得到的最优投资组合的表现甚至劣于 1/N 投资策略的表现（DeMiguel et al.，2009b）。

　　由此，诸多学者针对模型的估计误差问题展开了一系列研究，相关研究根据解决方案的不同可以划分为三类，主要包括方差修正、压缩估计和限制条件及利用贝叶斯投资组合理论。

　　第一类，学者们认为可以通过方差修正实现投资组合估计误差问题的解决。例如，Rockafellar 和 Uryasev（2002）提出了 CVaR 这一概念，并将其应用到收益尾部风险的测度中。在后续的研究中，下偏矩、MAD（median absolute deviation，绝对中位差）、VaR 和 CVaR 等指标被广泛应用于替代方差的指标，同时应用于投资组合选择的决策中，以期能够提升投资组合的样本期外表现。

　　第二类，已有研究也表明通过压缩估计和限制条件可以解决投资组合选择过程中的估计误差问题。Stein（1956）认为通过压缩调整估计量，将其应用于均值-方差投资组合选择模型中可以实现比无偏估计量更好的预测结果。因此，James-Setin 估计量自此之后被学者们在研究中广泛地应用于均值预测，其中比较有代表性的是 DeMiguel 等（2013）、Ledoit 和 Wolf（2003，2004）的研究，具体来说 James-Setin 估计量既可以用来做均值预测也可以用来做协方差矩阵预测的改进过程。Gupta 和 Eichhorn（1998）认为可以增加权重的限制条件，进而以这种方式减少极端异常值对求解出的投资组合权重产生的影响，他们的研究成果也表明对约束条件进行限制能够改善模型的表现。虽然约束条件的限制会使投资组合的有效边界向右下方移动，但是这些限制能够减少估计量的误差，最终实现投资组合样本期外的表现。类似的研究还有 Jagannathan 和 Ma（2003），他们认为增加约束条件的限制与压缩估计两种方式的一致性，同时 DeMiguel 等（2009a）也指出可以通过范数约束条件构建投资组合选择模型，由此证明了范数约束条件与压缩估计方法的结果一致性。基于以上研究，大量学者开始探讨约束条件应用于投资组合样本期外改善的可能性方法（Qi et al.，2019）。

第三类，贝叶斯投资组合选择理论也常常被学者们用以解决传统投资组合理论所面临的估计误差问题。关于贝叶斯投资组合选择理论，它的基本假设是投资者的先验信息中并不包含和投资组合有效集相关的各类参数信息，而是基于这些先验信息进行不断的调整和学习的过程。其中具有代表性的研究如下：Black 和 Litterman（1991）基于贝叶斯统计的视角，指出可以将投资者观点纳入投资组合选择模型；Meucci 等（2010）提出了"熵池法"的投资组合选择方法，不同于线性信息的调整，而是将非线性信息考虑到贝叶斯的调整过程中，从而提高投资组合的样本期外的表现。

基于以上分析我们可以得知，目前学者们针对如何减少投资组合参数估计误差展开了一系列研究，然而这些方法在统计上具有可行性的同时却忽略了对信息的利用效率。因此，如何通过投资组合模型的创新实现财务信息与投资组合的结合，成为该研究领域亟待解决的研究问题之一。

（三）投资组合选择中的估计误差与系统误差权衡

由于以均值-方差模型为代表的优化模型在样本期外表现出较差的绩效，部分研究将关注点转向较少依赖历史矩估计量的简单分散化模型或风险加权模型（Tu and Zhou，2011）。Zhao 等（2019）指出，增加权重约束的方法能够降低估计误差的影响，但约束条件也可能排除理论上的最优配置结果。

由此，近年来部分研究着眼于系统误差与估计误差的平衡，有选择地约束影响投资组合的误差信息。代表性研究为 Zhao 等（2019）将协方差矩阵拆解为矩阵的特征向量和特征值，通过约束更可能带来噪声信息的特征向量，在样本期外实现了更优的投资组合绩效。

除采取更优的信息筛选方案以外，部分研究将着眼点放在了均值-方差模型与企业基本面分析的研究方向上。Markowitz 在近年的研究中也指出了投资组合选择与企业财务指标、战略选择和企业决策等要素相结合的重要研究方向。

综上所述，已有研究主要聚焦如何减少历史收益均值和历史收益协方差中存在的误差，这些调整具有统计上的可行性，避免了极端异常值的影响，但同时删减了部分参数中包含的有效信息。由于系统误差与估计误差的权衡问题存在于投资组合选择过程中，采用简单分散化或权重约束的方法能够降低投资组合的估计误差，也会排除掉理论上的最优解，现实投资的结果与理论上的均值-方差有效边界存在不容忽视的差距。基于此，部分研究开始将基本面分析的思路与投资组合选择相融合，通过将历史收益中无法反映的价值信息纳入投资组合选择来改善绩效。但目前此方面的研究仍然较少，有待于进一步的理论和实证分析。

二、多目标投资组合选择

多目标投资组合理论是传统投资组合选择理论的重要分支研究方向，学术界将其与企业社会责任、股票流动性和公司治理等多维度的因素紧密结合。Markowitz（1956，1991，1999）从理论推演的视角提出了包含多个目标的投资组合选择问题，其中具有代表性的是多目标投资组合模型构建、收益风险度量及多期动态优化等研究话题。

从 20 世纪 70 年代开始，有学者针对多目标投资组合的构建展开了尝试。类似的研究有 Stone（1973）以偏度作为第三个目标，实现了包含高阶距目标的投资组合模型构建。Steuer 和 Na（2003）对相关文献进行了梳理和综述，并且发现 2003 年以前有近百篇核心文献关注多目标投资组合选择问题，多目标投资组合选择逐渐受到学术界的关注。

值得注意的是，2003 年后，关于多目标投资组合选择的研究逐渐变得丰富起来，学者们不再简单地停留在模型的构建方面，而是逐渐深入具体的模型求解过程，并提出了各类求解方法，其中典型的求解方法包括单一线性规划法、目标规划法、多目标规划法、遗传算法、蚁群算法等多种方法。同时，学者们关注的多目标投资组合选择问题与公司实践的联系也更为紧密，逐渐开始探讨包含企业社会责任、交易流动性、公司治理等公司层面的要素，而不再停留在数理统计层面的指标。其中，具有代表性的文献主要包括 Lo 等（2003）、Ehrgott 等（2004）、Steuer 等（2007）、Wu（2009）。据 Zopounidis 等（2015）的梳理，2003~2014 年有 262 篇核心文献关注多目标投资组合选择。

此外，Hurson 和 Zopounidis（1997）认为投资组合的构建问题主要分为两个步骤，首先需要投资者通过证券估值从资产池中选择能够满足自身投资需求的证券，其次为确定选出的证券配置权重。

因此，我们按照多目标投资组合选择的步骤框架，提出了如图 6.1 所示的多目标投资组合选择的主要创新路径，并基于该图的创新路径回顾梳理相关研究。

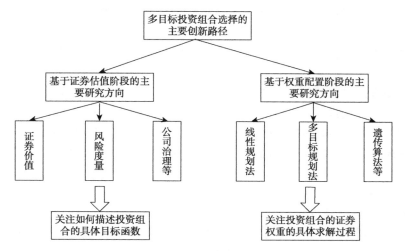

图 6.1　多目标投资组合选择的主要创新路径

（一）证券估值主要研究方向

在证券估值这一阶段关注的研究问题主要是基于投资者的投资目标构建相应的模型及其分析。首先，我们要对投资者的目标进行分析和量化，进而最大化投资者的效用函数。通过对投资目标的量化和比较，对资产池中的证券一个合理有效的评价，按照资产池中证券与投资者目标匹配程度进行排序，进而选择较高估值结果的证券构建投资组合。这一步骤不仅能够在一定程度上保证投资者效用函数的最大化，同时也能够减少模型的估计参数数量，从而使后续的求解过程更为简单，求解结果更有效。在这一步骤中，学术界和业界都形成了十分经典的研究方法，主要包括层次分析法、多属性效用理论（multi-attribute utility theory，MAUT）、关系层级理论（outranking relations）、偏好解析理论（preference disaggregation）和粗糙集理论。随着投资组合理论的广泛和深入研究，近年来模糊数学、灰色预测理论和神经网络理论也开始逐渐应用于证券估值。

另外，关于投资组合选择过程中证券估值步骤主要依赖于投资目标的选择，传统的投资组合目标主要包括证券收益，即证券价值和风险的衡量、多目标的投资组合选择，不仅依赖于证券价值和风险，还会考虑到企业社会责任表现、股票流动性、股息率等其他目标。具体来说，以上目标均有各自的衡量方式和研究成果。

一是证券价值的衡量，传统投资组合选择以历史收益的均值衡量证券收益，然而历史收益率并不能完整地表明证券价值。由此，学者们从多目标投资组合理论出发，对证券收益的衡量展开了研究。例如，Xidonas 等（2009）利用 Electre 方法提出了以公司财务表现为核心的证券估值过程。Ho 和 Oh（2010）利用 AHP 与 DEA 提出了针对互联网股票投资的分析方法。

二是对多目标投资组合风险的衡量，在传统投资组合选择过程中，方差被视作组合风险的衡量因素。然而，由于证券的收益往往不符合正态分布，因此收益序列通常呈现出"尖峰厚尾"的特征，同时，基于前景理论，投资者通常更加关注投资组合的损失风险。由此，学者们针对投资组合风险的刻画展开了一系列的研究。例如，Alexander 和 Baptista（2004）将 VaR 与 CVaR 作为约束条件对投资组合选择模型进行了求解。Huang 和 Jane（2009）在模糊数学和粗糙集理论基础上发展出 VPRS（variable precision rough set，变精度粗糙集）模型，用以分析投资组合选股问题。Zhao 等（2014）构建了均值-CVaR-偏度模型综合考虑收益和风险因素对投资组合进行研究。

三是以公司治理、企业社会责任、股票流动性等指标为代表的其他目标衡量研究。例如，Ehrgott 等（2006）定义了多目标投资者的效用函数，同时以期望效用最大化为组合目标对投资组合进行了选择。齐岳和林龙（2015）将企业社会责任表现作为投资组合选择模型的第三个目标函数，从而对投资组合模型进行求解。

（二）权重配置主要研究方向

关于多目标投资组合创新路径的另一个步骤主要是对组合权重的配置，目前关于组合权重的配置方法主要有线性规划法和多目标规划法。值得注意的是，线性规划法中的目标规划法常常被学界和业界广泛应用于投资组合的权重配置。除了目标规划法外，遗传算法、蚁群算法、人工鱼群算法、粒子群算法也被一些研究应用，用以求解投资组合的权重。

具体来说，目标规划法最早是由 Charnes（1955）提出的，他利用目标规划法分析研究了高管薪酬的问题。Alexander 和 Resnick（1985）利用线性规划法和目标规划法优化求解了多目标投资组合。Ogryczak（2000）利用多目标线性规划法对投资组合的非劣集进行了求解。Arenas-Parra 等（2001）构建了以股票流动性为第三个目标的多目标投资组合求解问题，并利用模糊目标规划法进行了求解。Ji 等（2005）采用随机线性目标规划法进行了多阶段投资组合问题的求解。

多目标规划法不同于目标规划法，前者不需要获取投资者偏好的先验信息。多目标规划法将非劣集上的全部点进行计算，并将其呈现给投资者以供决策。随着硬件设施和理论基础的发展，大规模计算效率逐渐提升，多目标规划法更加受到投资组合研究者的关注。Pendaraki 等（2005）结合 UTADIS 方法和多目标规划法构建投资组合，由此提出了一种共同基金的评价方法。齐岳等（2016）以收益、风险和企业社会责任为目标构建投资组合，并基于多目标规划法对组合权重进行计算，由此对社会责任基金进行研究。

此外，针对特定的投资组合选择问题，国内外学者引入了一系列算法对投资组合非劣集进行求解，其中最具有代表性的包括遗传算法、粒子群算法和蚁群算法。例如，Zhu 等（2011a）用粒子群算法对非线性约束投资组合非劣集进行求解，并与遗传算法结果进行对比，发现粒子群算法具有高效率。齐岳等（2015）利用遗传算法对传统投资组合模型，带上界约束条件的投资组合选择以及带市值约束条件的投资组合选择模型的非劣集进行精确求解。

综合来看，作为投资组合选择创新的重要方向，多目标投资组合选择在建模、求解和模型优化等方面已有众多的研究成果，关注到了股息率、收益率高阶矩、流动性、交易成本和社会责任等目标函数对投资组合选择的影响，推动了投资组合选择理论研究的进展和投资组合管理在实践中的优化。

多目标投资组合选择与效用函数关系在理论上的扩展为模型构建及求解奠定了重要的理论基础（Ehrgott et al., 2004；Steuer et al., 2007）。同时，求解方案的优化和持续改进也成为现实数据用于模型检验的重要桥梁（Hirschberger et al., 2013；齐岳等，2015）。这些都为绿色创新引入多目标投资组合选择模型奠定了坚实的基础。

第三节 研究展望

本章的主要内容是对企业绿色创新、资本市场的因子定价及投资组合领域的经典文献进行了系统的梳理，我们认为基于文献可以总结出后续章节的研究方向。

首先，在绿色创新的评价和应用方面，已有研究的关注点在于有关绿色创新的问卷调查和专利授予数量，而忽视了行业间的异质性会导致企业绿色创新表现存在差异，因此传统的衡量方式对将绿色创新引入多目标投资组合模型和资产定价产生误差。基于此，本书根据绿色创新和企业环境信息披露的数据，创新性地构建一个全新的绿色创新测度体系，进而衡量企业的绿色创新优势，为因子定价和投资组合管理领域的研究提供一个评价标准。

其次，关于企业绿色创新的驱动因素，已有研究主要从"弱波特假说"切入，核心观点是外部的环境规制会推动企业采用新技术降低环境成本。那么，企业绿色创新表现与证券价值之间的相关关系，仍然没有一个明确的结论。在探讨与股票收益的关系时，已有研究更倾向于分别从"绿色"和"创新"两个视角分别进行讨论。因此，我们认为基于我们所构建的企业绿色创新指数，通过Fama-Macbeth 截面回归的方法对绿色创新影响股票收益的程度和机制路径进行研究，有助于补充绿色创新在资产定价领域的研究空白。

再次，关于投资组合选择，已有研究主要关注历史协方差矩阵和期望收益中的极端异常值对优化结果的影响，采用稳健优化、压缩估计等方法降低噪声信息以提升投资组合的样本期外表现。但上述方法会导致投资组合选择出现较为严重的系统误差，简单分散化的结构排除了异常值的同时也删减了价值信息。由此，在讨论绿色创新与股票收益关系的基础上，我们探讨了绿色创新约束和绿色创新目标对均值-方差有效边界的影响，推动适应我国绿色转型情景的投资组合管理理论发展。

最后，关于多目标投资组合选择，已有研究的发展为多目标投资组合的构建和求解提供了重要的理论基础，但目前多目标投资组合在具体问题中的实践应用和绩效评价仍相对不足。由此，我们构建了包含绿色创新的三目标投资组合选择模型，对其非劣集和有效集进行求解，讨论解集性质，进一步提出了超越筛选-加权绿色创新指数的可行方案，推动了我国绿色转型宏观背景下多目标投资组合选择理论的发展。

第七章 绿色创新指数的构建及分布特征

    近年来，气候的剧烈变化和环境污染问题已经是人类可持续发展所需要面对的重要问题。此外，伴随着全球变暖和空气污染等气候问题的频发，可以预见的是环境问题已经成为人类发展过程中亟待解决的重要问题。2015 年，在第 21 届联合国气候变化大会上，全球 178 个缔约方共同签订了《巴黎协定》，将气候变化问题作为国际社会的共同挑战。2017 年，习近平主席在瑞士日内瓦万国宫出席"共商共筑人类命运共同体"高级别会议，并发表题为"共同构建人类命运共同体"的主旨演讲，强调要"坚持绿色低碳，建设一个清洁美丽的世界"①。

    企业不仅是经济发展的主体，同时也是能源使用和污染物排放的重要主体。环境保护目标的实现离不开企业在绿色创新和生产转型方面的努力与付出。正是受到外部环境规制的影响，企业具有动机进行绿色技术创新，掌握清洁技术及绿色产品创新的企业在未来的竞争中才能够走得更为长远。

    由此，我们认为应该合理有效地对企业的绿色创新进行评价，从而为投资者提供除收益风险之外的另一个重要指标，推动企业绿色价值和投资组合理论相关研究的进行。因此，本章的研究内容首先是针对企业的绿色创新表现提出一个绿色创新指数，在构建指数之前，对环境的绩效评价进行一个系统的梳理。其次参考国内外已有关于绿色技术的分类体系，为构建绿色创新评价指标体系提供依据。最后按照 A 股上市公司披露的数据，基于我们提出的绿色创新评价体系，计算企业的绿色创新指数，并进行相应的描述性统计，使读者能够了解到我国上市公司绿色创新表现的一个概况。

---

① 习近平：共同构建人类命运共同体[EB/OL]. https://www.gov.cn/xinwen/2021-01-01/content_5576082.htm，2021-01-01.

第一节　环境绩效评价的发展和局限性

一、国内外主要的环境绩效评价体系

当环境问题成为全球共识，企业对环境的影响逐渐开始受到以投资者、债权人和社会为主的利益相关者的广泛重视。学者们针对此也得到了一致的结论：Chen 等（2020）发现投资者在投资时希望被投资对象能够对公司的 ESG 表现进行管理。Hartzmark 和 Sussman（2019）认为当公司的 ESG 表现较好时，往往能够吸引更多的共同基金投资。因此，我们可以得知企业的环境、社会、治理层面的表现与评价逐渐受到学术界和业界的广泛关注，由此，各个国家和地区也提出了不同的评价体系。基于此，我们对国内外已有的企业环境表现评价体系进行梳理。

（一）国外环境评级指数

20 世纪 80 年代关于企业 ESG 评级的研究开始出现，评级的最初目的是关注公司财务绩效外的机制，从而为投资者提供财务数据外的筛选公司的标准。最早的 ESG 评级机构 Vigeo-Eiris 于 1983 年成立于法国，此外，1988 年在美国成立的 ESG 评级机构 Kinder、Lydenberg、Domini（三者合称为 KLD）所提供的 ESG 数据目前被广泛使用。

随着全球对环境保护和可持续发展意识的觉醒，投资者也逐渐开始将 ESG 投资理念落实到投资实践当中，这也催生了一系列针对 ESG 评级的需求。同时，全球各家 ESG 评级机构也经过了一系列的兼并和收购，形成了以 MSCI KLD、Sustainalytics、Vigeo-Eiris、Asset4（Refinitiv）、Bloomberg 和 RobecoSAM 为最主流和最具有代表性的 ESG 评级数据供应商的局面。本书通过对相关文献和评级机构数据的搜集与整理，对以上机构的评价维度和指标内容进行介绍。

1. MSCI KLD 环境评价体系

首先是 MSCI KLD 环境评价体系，起初 KLD 是独立的 ESG 评级机构，后来被从事指数构建和因子分析业务的 MSCI（摩根士丹利资本国际公司）收购，从而形成了现有的 MSCI ESG 评价体系。

表 7.1 展示了 MSCI KLD 环境评价体系的指标构成。从表 7.1 可以发现，MSCI KLD 环境评价体系主要关注气候变化、自然资本、污染&废弃物、环境机

会四个维度，其指标聚焦于影响企业环境风险和投资机会的环境表现指标。

表 7.1　MSCI KLD 环境评价体系的指标构成

指数供应商	准则层	指标层
MSCI KLD	气候变化	碳排放
		产品碳足迹
		融资环境影响
		气候变化脆弱性
	自然资本	水压力
		生物多样性和土地利用
		原材料来源
	污染&废弃物	有毒气体和废弃物
		包装材料和废弃物
		电子废弃物
	环境机会	清洁技术
		绿色建筑
		可再生能源

从数据来源来看，MSCI ESG 的数据主要来源于企业的环境信息披露、问卷调查和公开渠道搜索的环境表现数据。在对数据进行搜集后，根据专家意见和行业特征进行 1~10 分的评级，同时对公司发生的事件进行实时监测，为指数的构建和调整提供依据。

2. Sustainalytics 环境评价体系

Sustainalytics 所提供的 ESG 评级数据主要针对环境、社会、治理和其他方面的 20 个问题，针对这 20 个问题，又设计了 70 余个指标，最终形成包括 4 500 家公司的 ESG 评级数据。在 Sustainalytics 提供的数据中，主要提供的是 ESG 表现的分项数据，正因为数据的特殊性，其被广泛应用于公司金融及投资组合相关的研究中。

从表 7.2 中可以看出 Sustainalytics ESG 评级所关注的与环境相关问题的核心内容及简要描述。具体来说，Sustainalytics 与环境相关的核心问题主要指向上市公司的能源利用、废弃物处置、环境影响、碳足迹、土地利用和供应链环境影响等方面。从数据来源方面来看，Sustainalytics 通过问卷调查、企业访谈和公开渠道搜集等方式获取与企业环境表现相关的资料，在专家评价法和指标赋权法的基础上将各子系统整合为一个统一的环境评价指数。

表 7.2　Sustainalytics ESG 评级中与环境相关的核心问题

指数供应商	核心问题	简要描述
Sustainalytics	产品服务的环境社会影响	公司管理产品环境影响的程度，包括使用、回收和废弃阶段的影响
	废气、废水和废弃物	公司生产运营过程中除温室气体外的废弃物排放
	碳排放相关运营	公司对温室气体排放的管理和能源使用规定
	碳排放相关的产品服务	公司产品服务在使用过程中的碳足迹
	土地使用和生物多样性	公司生产运营对土地、生态和野生动物的影响
	土地供应链	公司供应链企业对土地、生态和野生动物的影响
	资源利用	公司将除能源以外的原材料转化为生产要素的效率与风险控制
	资源供应链	公司供应链企业的资源利用效率和风险控制

3. Bloomberg 环境评价体系

Bloomberg 于 1981 年成立，其核心业务是通过精准的数据分析和信息捕捉，为金融决策提供相应的依据。Bloomberg 环境评价体系的数据来源主要是上市公司企业社会责任报告、年度财务报告、公司官方网站和 Bloomberg 针对特定公司的调查问卷。Bloomberg 已经对超过 50 个国家的 20 000 多个公司进行了 ESG 评价，成为 ESG 评级数据最主要的提供商之一。

从表 7.3 可以看到 Bloomberg ESG 评价体系中与环境相关的主要维度及内容的简要描述。从指标构成来看，Bloomberg 主要关注碳排放、气候变化效应、污染和资源消耗等维度。

表 7.3　Bloomberg ESG 评级中与环境相关的主要维度

指数供应商	主要维度	简要描述
Bloomberg	碳排放	公司产品服务的碳排放数值
	气候变化效应	公司产品服务对气候变化的潜在影响
	污染	公司生产经营过程对周边环境的污染
	废弃物处置	公司废弃物处置的流程和结果
	可再生能源	公司使用能源的类型
	资源消耗	公司生产经营过程中的资源消耗数量

4. Thomson Reuters 环境评价体系

Thomson Reuters 成立于 2008 年，由加拿大的 Thomson 公司和英国的 Reuters 集团整合而成，公司的主要业务是基于舆情分析和信息搜集等技术为金融机构与企业决策提供信息依据。Thomson Reuters 在 2009 年收购了 Asset4（Refinitiv）数据库，并对 ESG 评级的板块业务进行了整合，因此其 ESG 评价业务的前身源于 Asset4（Refinitiv）数据库。

表 7.4 展示了 Thomson Reuters 环境评级体系的指标构成。从表 7.4 中可以看

出，Thomson Reuters 主要关注企业在资源消耗、碳排放和环境创新方案、环境争议事项方面的影响。Thomson Reuters 的重要特点是考虑了媒体争议的影响。

表 7.4　Thomson Reuters 环境评级体系的指标构成

指数供应商	指标体系	分数说明	指标数量	计分权重
Thomson Reuters	资源消耗	测度公司在减少能源、原材料和水资源等方面消耗的能力与表现，并关注公司上下游供应链企业的影响	19	11%
	碳排放	测度公司生产运营过程中温室气体的排放水平和承诺举措	22	12%
	环境创新方案	测度公司使用创新工艺或新技术降低生产经营环境成本的努力，并关注环境创新所创造出的市场机会	20	11%
	环境争议事项	媒体曝光关于公司破坏生态环境、消耗自然资源的争议事项		

注：关于环境争议部分的数据未被披露

（二）国内环境评级指数

由于我国环境信息披露制度起步较晚，目前针对我国上市公司的环境评级的研究仍处于初步发展阶段，相应的评级机构和数量都十分有限。其中比较具有代表性的评级指数有南开大学中国绿色治理指数和商道融绿。

1. 南开大学中国绿色治理指数

基于"天人合一"的绿色治理观，李维安等（2019b）率先系统性地提出了中国上市公司绿色治理指数，将公司治理的概念进一步扩展到绿色治理层面，对中国绿色治理及环境治理的研究具有奠基性的作用。如表 7.5 所示，南开大学中国绿色治理指数指标体系主要以公司经营管理行为为核心展开构建和评价。

表 7.5　南开大学中国绿色治理指数指标体系

指数	评价维度	指标要素
中国上市公司绿色治理指数	绿色治理架构	绿色理念与战略
		绿色组织与运行
	绿色治理机制	绿色运营
		绿色投融资
		绿色行政
		绿色考评
	绿色治理效能	绿色节能
		绿色减排
		绿色循环利用
	绿色治理责任	绿色公益
		绿色信息披露
		绿色包容

南开大学中国绿色治理指数的数据来源主要是上市公司发布的社会责任报告和网络检索等公开渠道。然而，由于我国上市公司信息披露仍处于起步阶段，这在一定程度上限制了绿色治理指数评价的数据来源。

2. 商道融绿

商道融绿是国内较早展开 ESG 评级的机构，它于 2015 年成立，主营业务是针对我国资本市场中的 ESG 投资和绿色金融研究，从而为金融机构提供决策信息。商道融绿 ESG 评级体系的数据来源主要是公司年报、企业社会责任报告、公司官方媒体、政府披露信息和媒体报道。

从表 7.6 中我们可以看到商道融绿 ESG 评级体系中关于环境的评级指标体系，评价维度主要包括上市公司在环境管理、环境信息披露和环境负面事件方面的表现。

表 7.6　　商道融绿环境评级指标体系

指数供应商	评价维度	指标构成
商道融绿	环境管理	环境管理体系、环境管理目标和绿色采购政策等
	环境信息披露	能源消耗、节能、水资源消耗和碳排放等
	环境负面事件	水、大气和固废污染等

除了南开大学中国绿色治理指数和商道融绿对企业环境的评价体系外，中央财经大学绿色金融研究院针对我国企业也展开了 ESG 评级，但由于数据不公开，本节不对此进行回顾。

二、环境评级指数的局限性

根据第一部分我们对国内外已有环境评价体系的梳理和回顾，发现国外已有的环境评级体系主要聚焦于上市公司对资源的利用、碳足迹、环境争议和废物处置等方面。评级机构的数据来源主要是上市公司 CSR 报告、年度财务报告、官网和问卷等。而国内环境信息披露制度的起步较国外相对较晚，因此国内关于上市公司的环境评级体系仍处于初步的发展阶段，如何充分有效地利用信息对上市公司的环境表现进行评价仍然是业界和学界关注的重要话题。

尽管国内外评级机构所提供的上市公司环境评级数据目前被学界和业界广泛用于研究与金融决策当中，推动了全球的 ESG 发展。但是各个评级体系在数据来源和指标设计方面均存在差异，这些数据能否真实地反映企业的 ESG 表现，仍然是值得商榷的问题，这也引起了相关研究的讨论。因此，我们在本节试图对已有评级体系存在的局限性进行思考和回顾，探讨现有评级体系可能存在的不足，从而针对研究和决策产生的负面影响，进一步提出绿色创新指数构建的必要性。

（一）环境评级体系的分歧

由于近年来研究才开始逐渐关注到上市公司的环境表现问题，因此相比于发展多年的财务表现评价指标体系，上市公司的环境表现评级体系仍然处于起步阶段。受到全球各个地域文化和制度环境的影响，评级机构在设计指标体系和具体内容时往往存在明显的差异，进而导致不同评级机构所提供的 ESG 评级数据也存在着较大的分歧。当数据的标准和定义不统一时，以此为依据做出的研究和投资决策能否真实有效，是目前学界和业界均值得思考的问题。因此，我们根据不同评级机构的指标体系及指标内容，进行了不同评级体系的指标比较，如表 7.7 所示。

表 7.7　国外主要环境指标体系指标分配概况

序号	评价维度	指标数量			
		Sustainalytics	Bloomberg	Thomson Reuters	MSCI KLD
总体状况					
1	风险评估	3	0	8	1
2	环境教育	1	3	10	3
3	披露、透明度和汇报	7	6	1	2
自然环境					
4	气候变化	5	5	4	3
5	生物多样性	2	1	2	3
6	排放、污染和废弃物	8	38	32	8
环境管理					
7	环境管理体系	3	4	3	2
8	能源、效率和水资源	7	34	24	3
9	产品、服务和供应链	21	8	27	4

从表 7.7 中我们可以看到，国外广泛使用的四种对企业环境表现评价的体系存在着明显的差异。例如，相比于其他三种评价体系，Bloomberg 提供的评价体系更加关注企业对所排放污染物如何处理。类似地，MSCI KLD 评价体系的设计也分配了较多指标在排放、污染和废弃物方面。在能源、效率和水资源方面，Bloomberg 的相关指标数量达到了 34 个，进而说明其除了关注企业对污染物的处理，也十分关注企业对能源的利用效率。同时，我们从表 7.7 中可以注意到

Sustainalytics 和 Thomson Reuters 的评级体系在指标设计时，分别有 21 和 27 个指标用来描述企业的产品、服务和供应链，因此可以认为这两家机构对企业环境的评价更为侧重于产品层面。Delmas 和 Blass（2010）认为现有的企业环境评价体系指标的具体设计缺乏透明性，导致选择不同评级机构所提供的数据进行资产筛选的结果存在明显差异。

（二）"漂绿"动机对环境评级的影响

根据现有的国内外环境评级机构提供的评价体系数据来源，我们可以得知大部分评级机构所利用的数据都是通过企业提供的社会责任报告、年度财务报告和官网等渠道获取的。然而，无论是社会责任报告、年报还是官网，其内容和数据都是由企业自身提供的，而这些内容和数据往往会受到企业自身"漂绿"（greenwashing）动机的影响。"漂绿"是由象征环保的"绿色"（green）和"漂白"（whitewash）合成的新词。对这一定义的提出，我们可以理解为企业为了维护自身形象而掩盖自身污染环境行为的一种操作。已有研究表明，企业为了让外部人相信自身在环境表现方面做得出色，具有明显的动机进行"漂绿"行为。

从"漂绿"的动机来看，现有研究存在两种假说，一种是利益相关者施压假说，另一种是维护声誉假说。关于利益相关者施压假说，已有研究表明企业为了应对利益相关者对企业施加的环境表现压力，从而具有动机进行"漂绿"行为。其中，具有代表性的是 Delmas 等（2010）的研究成果，他们注意到，为了迎合对环境表现在意的消费者的需求，企业存在夸大产品环境表现属性的动机，从而促进企业的销售表现。另一种维护声誉假说是声誉机制的影响，学者们针对企业为了维护自身声誉而进行"漂绿"行为展开了一系列研究。其中，具有代表性的研究成果如下所示：Berrone 等（2017）和 Marquis 等（2016）发现当市场环境的透明度较低，外部对企业信息披露的制度不够健全时，企业的"漂绿"动机更明显；Yu 等（2020）的观点是当企业的 ESG 表现欠佳时，会通过披露大量信息"迷惑"外部人。

三、构建绿色创新指数的意义

根据对国内外已有企业环境表现评级体系的整理，我们可以发现现有的环境评价指标体系尚存在一定程度上的局限性。

首先，受到文化和制度环境的影响，无论是投资者还是评级机构，其对企业环境表现的认知都存在明显的差异。例如，海洋法系和大陆法系法治环境的不同，就会导致投资者关注的企业环境表现方面有所不同，前者更注重投资者从企业环境表现中获取的资本价值，而后者更注重利益相关者，如企业生产产品对消费者、社区环境的影响。此外，不同评级机构对各个指标的权重赋予也具有明显的区别，从而导致不同评级机构对同一家企业出具的环境表现报告结论明显不同。由此，我们认为在对企业环境表现进行评价时，要充分对不同指标进行了解和认知，同时结合所处制度和文化环境的不同有所侧重。

其次，从国内外企业环境表现评级机构所提供的数据来源来看，大部分机构的数据来源都是企业自身提供的社会责任报告、年报或者是官网。而受到利益相关者施压假说和维护声誉假说的影响，企业完全具有动机提供与真实情形不符的资料，从而实现对自身环境表现的"漂绿"。因此，基于与真实情况不符的数据所得到的评级体系能否真正用于投资决策当中，仍然值得商榷和讨论。

因此，基于以上两方面，我们可以得知现有的企业环境评价体系仍然存在一定的局限性。正是因为已有评级体系的局限性，所以关于投资组合领域和公司金融与企业环境表现的研究并不健全。此外，已有的相关研究是将企业的环境表现作为整体进行研究，然而不同的细分维度往往会对企业的价值产生相反的作用。

考虑到已有研究针对企业绿色创新定义的研究已经较为充分，部分文献针对企业绿色创新与其价值之间的关系也展开了实证研究。基于此，本书创新性地构建绿色创新指数，将其与股票收益的关系作为研究对象，同时利用多目标投资组合理论将企业的绿色创新融入投资组合决策的过程中。之所以利用本书构建的绿色创新指数而非现有的评级机构所提供的环境表现数据，不仅考虑到评级数据的局限性，而且我们认为企业的绿色专利创新数据往往更为真实地反映企业在绿色创新方面的投入，从而缓解企业"漂绿"行为的负面影响。

第二节 绿色创新指数的构建

一、绿色技术的认定标准

通过本章第一节对国内外已有企业环境表现评价机构及体系的回顾，我们了解到企业的绿色创新主要体现在其绿色技术水平上，并且企业的绿色技术创新部分难以在社会责任报告、年报抑或官网中进行"漂绿"，绿色专利的情况往往能够真实地反映企业的绿色创新水平。因此，在本节中，我们将对 WIPO 公布的绿色技术划分体系进行整理和回顾。

从《联合国气候变化框架公约》中的环保技术清单中可以得知，WIPO 在清单中对绿色技术的范围进行了明确，同时基于 IPC（international patent classification，国际专利分类）标准对绿色技术清单对应的区间进行了明确，因此学界和业界人士可以根据环保技术专利号进行相应的检索。此外，欧洲专利局、美国专利及商标局也分别对绿色技术的标准进行了明确的界定。在国内，相关专利的界定主要参考文件有 2019 年国家发展改革委和科技部联合发布的《关于构建市场导向的绿色技术创新体系的指导意见》。

　　考虑到目前国内关于绿色技术标准的划分和界定仍然处于初步阶段，我们采用 WIPO 所提供的绿色专利清单作为对上市公司的绿色技术的认定标准。从表 7.8 中可以看出 WIPO 对绿色技术清单的分类指标，具体来说专利主题主要包括可替代能源类、交通运输类、能源储藏类、废弃物管理类、农林类、行政监管与设计类和核能类。

表 7.8　WIPO 绿色技术专利清单总结

序号	专利主题	细分技术种类
1	可替代能源类	生物能源、循环发电、燃料电池、废弃物能源化利用、氢能、风能、太阳能、地热能、海洋热能转化、废料热能、其他热能利用
2	交通运输类	一般车辆、除轨道车辆外的车辆、铁路运输、海洋运输、太阳能驱动航天设备
3	能源储藏类	电能储存、电能传导设备、电耗测度、热能存储、节能照明、建筑保温、机械能再利用
4	废弃物管理类	废弃物处置、废料处理、燃烧垃圾消耗、废料再利用、控污流程
5	农林类	林业技术、可替代浇灌技术、可替代杀虫剂、土壤优化
6	行政监管与设计类	通勤类（包括远程办公和公共交通等）、碳交易、静态结构设计
7	核能类	核能工程技术、核能驱动的燃气轮机发电

二、绿色创新指数评价

（一）指标体系构建

　　参考已有关于评价体系设计以及绿色技术创新等方面的研究成果，遵循可行性原则和有效性原则，我们按照 WIPO 的绿色专利清单、上市公司的专利数据及相关的信息披露数据创新性地设计了绿色创新评价体系。相比于已有的企业环境表现评价体系，我们提出的绿色创新评价体系主要考虑了行业之间存在的异质性，同时在考虑具体指标体系时，采纳学术界关于绿色创新的普遍定义，以企业的绿色技术创新和管理创新为核心评价企业的绿色创新水平。具体来说，我们提出的企业绿色创新评价体系指标评价要素主要包括绿色发明专利数量、绿色实用专利数量、绿色专利质量、绿色经营和绿色认证，其中具体指标主要由 29 个二级指标构成，从表 7.9 中可以看到绿色创新评价指标体系的构成。

表 7.9 绿色创新评价指标体系构成

指数	评价维度	评价要素	具体指标
绿色创新评价指数	绿色技术创新	绿色发明专利数量	可替代能源类发明专利数量
			废弃物管理类发明专利数量
			能源储藏类发明专利数量
			交通运输类发明专利数量
			行政监管与设计类发明专利数量
			农林类发明专利数量
			核能类发明专利数量
		绿色实用专利数量	可替代能源类实用专利数量
			废弃物管理类实用专利数量
			能源储藏类实用专利数量
			交通运输类实用专利数量
			行政监管与设计类实用专利数量
			农林类实用专利数量
			核能类实用专利数量
		绿色专利质量	可替代能源类专利引用
			废弃物管理类专利引用
			能源储藏类专利引用
			交通运输类专利引用
			行政监管与设计类专利引用
			农林类专利引用
			核能类专利引用
	绿色管理创新	绿色经营	环境有益的产品
			减少三废的措施
			循环经济
			节约能源
			绿色办公
		绿色认证	环境认证
			环境表彰
			能源认证

（二）绿色技术创新

企业环境表现的重要方面体现在其产品和服务的绿色化，在这个过程中，绿色技术的创新起着重要的作用。关于绿色创新的衡量方式，已有研究表明，以往学者通常通过问卷调查获得企业的专利信息（Chen et al.，2006；Huang and Li，2017）。但是，问卷调查的方法并不适用于跨行业间的企业绿色创新水平的比较，并且相对来说，问卷的设计及回答更具有主观性，可能与真实的绿色创新水平存在一定的差距。

在与企业创新有关的研究中，企业的专利水平往往用来衡量其创新成果。这是因为专利的产出能够表明企业创新投入的实际表现，相比于研发投入，专利水平是成果的体现。同时，专利的授权书也对每项专利的用途和特质进行了详细的描述，通常比问卷调查所获得的企业绿色创新相关的信息更为精确和直观。

进一步地，在与企业绿色创新有关的研究中，学者们通常使用绿色专利来衡量企业的绿色创新水平。其中，比较有代表性的研究主要有以下几个：Przychodzen 等（2019）以标普 500 的成分股作为研究对象，分析了企业的绿色创新和财务绩效表现之间的关系；齐绍洲等（2018）以企业绿色专利数量占总专利数量的比重来衡量企业的绿色创新水平，分析了排污交易试点对企业绿色创新的影响；王旭和王非（2019）以关键词中包含绿色信息的专利数量作为绿色创新的测度变量，分析了政府补贴、高管薪酬和声誉激励等因素对企业绿色创新的影响；王晓祺等（2020）同样也将绿色专利水平作为企业绿色创新水平的衡量指标，分析了新《环保法》对企业绿色创新绩效的影响。

此外，在衡量企业绿色创新水平的时候不仅要考虑专利的数量，而且专利质量也是重要的。已有研究主要以专利的引用率为基础来衡量企业创新的质量，这是因为引用信息通常揭示了专利的技术含量和在业内的影响力，引用量越高往往意味着专利质量越高。学者们关于专利引用这一研究话题展开了丰富的研究，其中较有代表性的研究包括 Hirshleifer 等（2013）、Berrone 等（2013）、Chu 等（2019）均以专利的引用数量作为企业创新水平的度量指标，用以研究企业层面、外部制度层面等因素与企业创新之间的关系。

通过对企业绿色发明专利数量和质量有关文献的回顾，我们认为以上市公司当年被授予的绿色专利信息作为其绿色技术创新的评价指标能够得到合理的评估结果。具体来说，针对企业的绿色专利数量，我们参考齐绍洲等（2018）和王晓祺等（2020）的研究，在国家知识产权局官网中以企业全称和曾用名，与 WIPO 发布的绿色专利清单细分领域的 IPC 分类号进行交叉检索，并使用 Python 对检索结果进行专利信息搜集汇总。同时，我们根据 Python 的汇总结果，将专利权人与上市公司名称、绿色专利信息与上市公司股票代码分别进行匹配，进而得到以企业被授予专利数量衡量的企业绿色技术创新水平。值得注意的是，在对企业绿色专利水平进行分类时，我们将绿色专利分为绿色发明专利和绿色实用专利。

此外，从专利质量的角度来看，我们参考已有文献所采用的方法，将绿色专利号在 Google Patent 中进行检索，利用 Python 搜集专利引用的日期和引用人信息。然后基于搜集到的引用信息，按照上市公司的股票代码和年度，形成上市公司绿色发明专利–使用专利–专利引用的面板数据。

值得注意的是，不同行业投入生产要素的结构差异明显，不同行业间的绿色技术创新水平（数量和质量两个维度）同样会具有明显的不同，因此不同行业间的上市公司绿色技术创新水平可能不具有可比性。由此，我们参考证监会提供的二级行业代码，计算不同二级行业的上市公司绿色专利数量和引用量的中位数，若样本公司的绿色专利数量和引用量大于中位数，则该指标为 1，否则为 0。例如，一家上市公司可替代能源类发明专利数量指标，如果该公司当年被授予的可替代能源类发明专利数量超过所在行业可替代能源类发明专利数量的中位数，则该项指标取值为 1，否则为 0。同理，其他相关绿色创新指标也按照此方法进行计算，最后对 29 个二级指标进行加总，得到该公司当年的绿色技术创新指数。

（三）绿色管理创新

此外，在衡量企业绿色创新水平的时候，不仅要考虑其技术层面的绿色创新表现，同时企业的绿色管理创新对于企业提升资源整合能力和绿色竞争力也至关重要（Li et al.，2018；Qi et al.，2010）。国内的学者对此问题也有类似的观点和看法，如张兆国等（2019，2020）也指出，环境管理体系的认证会正向促进企业环保投资。

具体来说，在考虑企业的绿色管理创新维度时，我们从绿色经营和绿色认证两个方面展开评价。在绿色经营维度，关注的重点主要是企业在废弃物处置、能源节约和排放减少方面的经营管理实践。具体的指标主要包括中国研究数据服务平台（CNRDS）整理的环境优势数据对绿色经营要素进行测度，对应的具体指标涵盖环境有益的产品、减少三废的举措、循环经济、节约能源和绿色办公五项指标。根据 CNRDS 的计算说明，上述数据主要来源于上市公司的企业社会责任报告、年报和官网，若上市公司披露了与上述行为有关的措施，则指标取值为 1，否则为 0。在绿色认证维度，我们所使用的衡量方式是在全国认证认可信息公共服务平台上以上市公司全称及曾用名为关键字进行检索，系统地整理上市公司通过环境管理体系和能源管理体系认证的面板数据。若上市公司在当前年度通过了对应认证，则指标取值为 1，否则为 0。此外，关于企业是否获得环境表彰方面的数据，以天眼查数据来源，通过手工进行检索得到。如果该公司在当前年度有产品获得了官方机构颁布的环境表彰，则指标取值为 1，否则为 0。然后，将绿色经营和绿色认证的相关指标按照股票代码与年度进行加总，得到上市公司绿色管理创新的评价结果。

最后，基于绿色技术创新和绿色管理创新总计 29 个二级指标的得分加总，得到每家上市公司的绿色创新指数。由于我们给出的指标主要是 0-1 虚拟变量得分，因此绿色创新取值范围为 0~29 的整数，该指数系统地衡量了企业与其同行业竞争者的绿色技术创新的竞争优势，以及推动企业进行绿色管理实践方面所具有的环境优势。

三、绿色创新评级样本与数据来源

具体在对我国上市公司的绿色技术创新水平进行衡量时，我们所选取的样本为沪深 A 股主板、中小板和创业板的上市公司。在时间设定方面，基于上市公司主要在 2009 年以后发布企业社会责任报告的现实考量，我们的评价时间维度为2009~2018 年。考虑到数据的完整性，在进行评价之前，我们首先对样本进行了筛选：①剔除 ST（special treatment，特别处理）、PT（particular transfer，特别转让）上市公司和次新股；②考虑到金融行业和房地产业的特殊性，我们剔除了金融业和房地产业的上市公司；③参考 Lee 等（2019）的做法，剔除滚动五年周期内没有研发投入和专利产出的上市公司；④将没有披露社会责任报告的企业在绿色经营维度的相关指标替换为 0。

在数据来源方面，和前文的叙述一致，企业的绿色专利及其引用数据来源于国家知识产权局和谷歌专利网站。同时，企业的绿色经营评级数据来源于CNRDS 数据库，绿色认证数据来源于全国认证认可信息公共服务平台，环境表彰数据来源于天眼查官网。通过对数据的搜集、筛选和整理，我们总计获得了40 321 条绿色专利明细数据和 35 348 条绿色专利引用数据。其中，绿色发明专利一共有 14 951 条，绿色实用专利一共有 25 370 条。将绿色专利信息转化为绿色技术创新评级后，共得到 26 165 条上市公司年度数据。

表 7.10 具体地描述了企业绿色专利信息的细分主题，主要包括可替代能源类、交通运输类、能源储藏类、废弃物管理类、农林类、行政监管与设计类和核能类。从表 7.10 中我们可以看出，我国上市公司的绿色技术专利创新集中的领域主要在可替代能源类、能源储藏类、废弃物管理类和交通运输类。

表 7.10　细分领域绿色专利信息

序号	专利主题	绿色发明专利数量	绿色实用专利数量
1	可替代能源类	5 349	6 082
2	交通运输类	1 098	3 008
3	能源储藏类	4 544	8 754
4	废弃物管理类	3 251	6 807

续表

序号	专利主题	绿色发明专利数量	绿色实用专利数量
5	农林类	582	103
6	行政监管与设计类	741	509
7	核能类	145	240

第三节　绿色创新指数的分布特征

在本节中，我们选取中国股市 3 336 家上市公司作为样本，并对样本公司的绿色创新水平进行评价。此外，我们基于行业、控股股东、地区、上市板块、是否重污染行业和是否高新技术企业对样本进行分组，探讨不同分组情况下企业的绿色创新表现情况。

一、绿色创新指数的时序和行业表现

从表 7.11 中我们可以看到企业绿色创新指数的描述性统计结果。从样本均值来看，在样本区间范围内，企业的绿色创新指数呈上升趋势。然而，描述性统计结果中的标准差和极差却说明我国上市公司绿色创新指数的表现存在明显的截面差异，进而说明我国上市公司之间的绿色创新水平存在明显的差异性。

表 7.11　绿色创新指数的时序表现

年份	样本量	均值	标准差	最小值	中位数	最大值	极差
2009	1 483	0.944 7	1.816 0	0.000 0	0.000 0	16.000 0	16.000 0
2010	1 822	1.016 5	1.972 3	0.000 0	0.000 0	18.000 0	18.000 0
2011	2 099	1.108 1	2.063 6	0.000 0	0.000 0	17.000 0	17.000 0
2012	2 250	1.217 3	2.197 5	0.000 0	0.000 0	17.000 0	17.000 0
2013	2 252	1.341 9	2.362 2	0.000 0	0.000 0	18.000 0	18.000 0
2014	2 375	1.512 4	2.573 6	0.000 0	0.000 0	19.000 0	19.000 0
2015	2 592	1.383 5	2.428 3	0.000 0	0.000 0	19.000 0	19.000 0
2016	2 809	1.447 5	2.630 8	0.000 0	0.000 0	23.000 0	23.000 0
2017	3 242	1.237 5	2.355 8	0.000 0	0.000 0	21.000 0	21.000 0
2018	3 336	1.390 3	2.493 5	0.000 0	0.000 0	21.000 0	21.000 0

此外，我们还对不同行业的绿色创新指数进行了比较。首先，我们的分组依据是证监会 2012 年发布的行业名单，按照行业的不同对样本的绿色创新指数进行描述性统计，如表 7.12 所示。从表 7.12 中可以看出，采矿业，水利、环境和公共设施管理业，建筑业的绿色创新表现较好，对应均值分别为 2.546 5、1.788 1 和 1.618 8，说明所处以上行业的上市公司受到外部环境和内部制度变更的影响正在加大自身绿色创新水平提升的力度。此外，相比于上述行业，一些行业的绿色创新水平较低，特别是教育，综合，文化、体育和娱乐业。由此，我国以提供服务为主的行业一方面受到主营业务本身的影响，缺乏绿色创新的原动力，另一方面说明消费者对服务层面的绿色需求也较少。

表 7.12　绿色创新指数的行业统计

行业	样本量	均值	标准差	最小值	中位数	最大值	极差
交通运输、仓储和邮政业	824	1.434 5	1.898 5	0.000 0	0.000 0	8.000 0	8.000 0
住宿和餐饮业	90	0.566 7	1.572 6	0.000 0	0.000 0	7.000 0	7.000 0
信息传输、软件和信息技术服务业	1 873	0.760 8	1.676 4	0.000 0	0.000 0	16.000 0	16.000 0
农、林、牧、渔业	353	0.674 2	1.507 1	0.000 0	0.000 0	10.000 0	10.000 0
制造业	15 615	1.382 9	2.469 5	0.000 0	0.000 0	23.000 0	23.000 0
卫生和社会工作	105	0.714 3	1.268 8	0.000 0	0.000 0	4.000 0	4.000 0
建筑业	682	1.618 8	2.287 3	0.000 0	0.000 0	12.000 0	12.000 0
批发和零售业	1 421	0.652 4	1.349 0	0.000 0	0.000 0	7.000 0	7.000 0
教育	63	0.142 9	0.503 4	0.000 0	0.000 0	3.000 0	3.000 0
文化、体育和娱乐业	396	0.477 3	1.098 7	0.000 0	0.000 0	6.000 0	6.000 0
水利、环境和公共设施管理业	354	1.788 1	2.670 3	0.000 0	0.000 0	13.000 0	13.000 0
电力、热力、燃气及水生产和供应业	952	1.609 2	2.274 7	0.000 0	0.000 0	12.000 0	12.000 0
科学研究和技术服务业	261	1.007 7	1.605 3	0.000 0	0.000 0	9.000 0	9.000 0
租赁和商务服务业	383	0.506 5	1.143 8	0.000 0	0.000 0	6.000 0	6.000 0
综合	210	0.447 6	1.205 9	0.000 0	0.000 0	7.000 0	7.000 0
采矿业	677	2.546 5	3.923 0	0.000 0	0.000 0	22.000 0	22.000 0

通过分析行业间绿色创新指数标准差的统计结果，我们可以看出采矿业，制造业，水利、环境和公共设施管理业的行业内部差异较大，对应的标准差分别为 3.923 0、2.469 5 和 2.670 3，而教育，文化、体育和娱乐业，租赁和商务服务业的行业内部差异较小，对应的标准差分别为 0.503 4、1.098 7 和 1.143 8。

二、其他分组标准下的绿色创新指数表现

另外，为了比较不同地区上市公司的绿色创新表现情况，我们根据上市公司的注册地信息，按照上市公司所处的省份将其进行分组比较。具体的描述性统计结果如表 7.13 所示。考虑到我国 A 股市场中包含的企业不包括港澳台，因此在表中的省份信息不包含港澳台地区的上市公司。

表 7.13　绿色创新指数的省区统计

省份	样本量	均值	标准差	最小值	中位数	最大值	极差
上海	1 753	1.437 5	2.507 9	0.000 0	0.000 0	21.000 0	21.000 0
云南	247	2.052 6	2.439 8	0.000 0	1.000 0	9.000 0	9.000 0
内蒙古	229	0.838 4	1.645 1	0.000 0	0.000 0	8.000 0	8.000 0
北京	2 063	2.029 6	3.197 9	0.000 0	0.000 0	22.000 0	22.000 0
吉林	347	0.631 1	1.286 6	0.000 0	0.000 0	8.000 0	8.000 0
四川	890	1.112 4	2.080 7	0.000 0	0.000 0	13.000 0	13.000 0
天津	340	1.773 5	2.325 7	0.000 0	1.000 0	10.000 0	10.000 0
宁夏	121	0.537 2	1.072 7	0.000 0	0.000 0	5.000 0	5.000 0
安徽	748	1.663 1	2.591 1	0.000 0	0.000 0	18.000 0	18.000 0
山东	1 460	1.383 6	2.386 7	0.000 0	0.000 0	18.000 0	18.000 0
山西	341	1.513 2	2.785 0	0.000 0	0.000 0	16.000 0	16.000 0
广东	3 588	1.442 3	2.766 8	0.000 0	0.000 0	23.000 0	23.000 0
广西	298	0.781 9	1.944 4	0.000 0	0.000 0	11.000 0	11.000 0
新疆	424	1.051 9	2.176 0	0.000 0	0.000 0	13.000 0	13.000 0
江苏	2 426	0.934 0	1.871 0	0.000 0	0.000 0	16.000 0	16.000 0
江西	343	1.026 2	1.779 3	0.000 0	0.000 0	8.000 0	8.000 0
河北	441	1.458 1	2.672 9	0.000 0	0.000 0	16.000 0	16.000 0
河南	645	1.933 3	2.544 1	0.000 0	1.000 0	14.000 0	14.000 0
浙江	2 661	0.942 5	1.806 4	0.000 0	0.000 0	11.000 0	11.000 0
海南	232	0.663 8	1.379 8	0.000 0	0.000 0	6.000 0	6.000 0
湖北	775	1.027 1	2.018 8	0.000 0	0.000 0	11.000 0	11.000 0
湖南	714	0.822 1	1.808 7	0.000 0	0.000 0	13.000 0	13.000 0
甘肃	260	0.607 7	1.537 2	0.000 0	0.000 0	8.000 0	8.000 0

续表

省份	样本量	均值	标准差	最小值	中位数	最大值	极差
福建	887	1.737 3	1.973 2	0.000 0	1.000 0	13.000 0	13.000 0
西藏	104	0.730 8	1.422 6	0.000 0	0.000 0	5.000 0	5.000 0
贵州	201	0.965 2	1.460 7	0.000 0	0.000 0	6.000 0	6.000 0
辽宁	598	1.115 4	2.149 8	0.000 0	0.000 0	16.000 0	16.000 0
重庆	326	1.254 6	2.575 5	0.000 0	0.000 0	17.000 0	17.000 0
陕西	377	0.978 8	1.772 9	0.000 0	0.000 0	10.000 0	10.000 0
青海	111	0.964 0	1.600 7	0.000 0	0.000 0	8.000 0	8.000 0
黑龙江	310	0.783 9	1.516 4	0.000 0	0.000 0	7.000 0	7.000 0

具体来看，表 7.13 的数据反映出云南、北京和河南的上市公司绿色创新指数排名比较靠前，对应的绿色创新指数均值分别为 2.052 6、2.029 6 和 1.933 3。相比于这些地区，宁夏、甘肃和吉林的上市公司绿色创新表现较差，对应的绿色创新指数均值分别为 0.537 2、0.607 7 和 0.631 1。

标准差的大小反映了各省份的上市公司的绿色创新指数偏离均值的程度，标准差越大说明同一省份的上市公司在绿色创新方面的表现差异越大。根据表 7.13，差异最大的三个地区是北京、山西和广东，差异最小的三个地区是宁夏、吉林和海南。

以往众多研究都发现控股股东的性质会对上市公司研发创新行为和创新绩效表现造成影响，因此本节以控股股东性质作为分类依据，对样本的绿色创新指数进行分组并做描述性统计，结果如表 7.14 所示。从整体来看，中央国有企业的平均表现最好，公众企业次之，民营企业最差。从组内标准差来看，公众企业差异最大，中央国有企业次之，其他企业最小，国有企业（包括中央和地方）的差异大于外资和民营企业。

表 7.14　按照控股股东的性质分类统计绿色创新指数表现

控股股东性质	样本量	均值	标准差	最小值	中位数	最大值	极差
中央国有企业	3 042	2.456 0	3.161 8	0.000 0	1.000 0	22.000 0	22.000 0
地方国有企业	5 778	1.594 8	2.621 4	0.000 0	0.000 0	21.000 0	21.000 0
外资企业	761	0.910 6	1.761 4	0.000 0	0.000 0	12.000 0	12.000 0
民营企业	13 517	0.871 7	1.799 8	0.000 0	0.000 0	23.000 0	23.000 0
集体企业	130	1.392 3	2.021 2	0.000 0	0.000 0	8.000 0	8.000 0
公众企业	725	2.175 2	3.498 8	0.000 0	0.000 0	19.000 0	19.000 0
其他企业	307	1.022 8	1.591 3	0.000 0	0.000 0	9.000 0	9.000 0

　　此外，本节还按照上市板块、是否为重污染企业和是否为高新技术企业，对样本进行分组和描述性统计，结果如表 7.15 所示。其中，是否为重污染企业的数据是根据 2010 年环境保护部①公布的《上市公司环境信息披露指南》获得，是否为高新技术企业的数据是由 CSMAR 数据库的高新技术认定获得。计划 A 展示了依据上市板块分组的统计结果，可以看到，就均值和标准差而言，都是主板>中小板>创业板。计划 B 展示了依据是否为重污染企业分组的统计结果，可以看到重污染企业的平均绿色创新得分更高，但从均值、标准差、最小值、中位数、最大值、极差指标来看，双方差距不大。计划 C 展示了依据是否为高新技术企业分组的统计结果，可以看到高新技术企业的平均绿色创新得分更高，但双方同样差距不大。

表 7.15　绿色创新指数的其他分组统计

分组	样本量	均值	标准差	最小值	中位数	最大值	极差
计划 A：按照上市板块划分							
主板	13 356	1.602 1	2.704 7	0.000 0	0.000 0	22.000 0	22.000 0
中小板	6 840	0.992 4	1.898 6	0.000 0	0.000 0	23.000 0	23.000 0
创业板	4 064	0.750 2	1.463 3	0.000 0	0.000 0	13.000 0	13.000 0
计划 B：按照是否为重污染企业划分							
重污染企业	7 072	1.443 3	2.526 5	0.000 0	0.000 0	22.000 0	22.000 0
非重污染企业	17 188	1.223 4	2.272 5	0.000 0	0.000 0	23.000 0	23.000 0
计划 C：按照是否为高新技术企业划分							
高新技术企业	13 920	1.423 4	2.423 4	0.000 0	0.000 0	23.000 0	23.000 0
非高新技术企业	10 340	1.104 4	2.238 1	0.000 0	0.000 0	22.000 0	22.000 0

---

① 2018 年批准成立生态环境部，不再保留环境保护部。

第八章　包含绿色创新的三目标投资组合选择模型构建

第七章总结了国内外主要环境绩效评价体系的指标构成，分析了现有环境评价体系的局限性，并且进一步在现有关于绿色创新研究成果的基础上，从绿色技术创新和绿色管理创新两个方面构建起一个绿色创新评价指标体系。本章我们将在第七章工作的基础上验证绿色创新对股票收益率的影响，以此作为将绿色创新作为第三个目标函数加入均值-方差模型中的事实依据，并给出明确的包含绿色创新的三目标投资组合选择模型。

本章共包含三节：第一节基于波特假说、有限关注假说和环境偏好假说提出关于绿色创新与股票收益的关系及其作用路径的研究假设；第二节首先说明样本选取、数据来源、变量定义和回归模型，汇报描述性统计、相关性检验及基准回归和中介效应的回归结果，并进一步给出内生性检验和稳健性检验的结果；第三节在回顾均值-方差模型和多目标投资组合选择模型相关理论的基础上，提出均值-方差-绿色创新三目标投资组合选择模型，并且讨论其与投资者效用函数的一致性。

第一节　绿色创新与股票收益

在文献回顾部分我们提到，许多学者注意到投资者在投资过程中会关注风险和收益以外的因素，如流动性、股利、ESG 表现等，因此将这些额外因素加入投资者的效用函数中（Bilbao-Terol et al.，2013；Steuer et al.，2007；Qi，2018）。同时，在投资组合中添加代表企业未来竞争优势但相关信息尚未被完全体现在股票价格中的其他因素，可以提高投资回报率。

　　本章研究的主要目的之一是，试图构建一个包含绿色创新的三目标投资组合选择模型并验证其有效性。据上文所述，这一模型是否具有适用性取决于两个方面，即投资者偏好和绿色创新能否为投资者带来超额收益。对于具有环境偏好的投资者来说，其效用函数中包含环境表现的因素，即使良好的绿色创新表现不能在投资方面带来显著的超额收益，投资者也会因为其环境效益而感到满意。但对于没有环境偏好的投资者来说，是否在投资组合构建过程中考虑绿色创新绩效，只取决于绿色创新与股票未来收益率的关系，如果绿色创新绩效中包含了能够代表企业发展潜力进而能够预测股票未来收益率的新信息，那么均值-方差-绿色创新模型才是一个可行的、可供考虑的方案。因此，本章前两节主要讨论的是绿色创新与股票收益之间的关系，分别通过理论分析和实证检验的方式给出构建均值-方差-绿色创新三目标投资组合选择模型的依据。

　　根据有效市场假说，在半强式和强式有效市场中，市场上所有公开信息都已经体现在了股票价格中，此时本章基于上市公司公开数据计算得到的绿色创新指数所包含的关于公司当前环境绩效和应对环境规制风险的能力等信息已经被市场完全接收，并不能为投资者带来超额收益。然而以往的众多研究发现，具有某些基本面特征的公司组成的投资组合可以至少在一段时期内跑赢市场，说明国内外金融市场的有效性尚未达到严格的半强式有效的程度。部分学者从系统风险和公司特质风险承担来解释这种因子异象，而行为金融学的研究为因子异象提供了新的解读。

　　在行为金融学的视角下，投资者不是传统经济学研究中假设的完全的经济理性人，他们会受到情绪和情感的影响，也会由于信息处理能力、判断能力和执行能力的局限性而做出非理性的投资行为。Kahneman（1973）认为，个体在给定时刻下无法及时处理可得的所有信息，而会选择性地接收最明显、重要程度最高的信息。这种现象被称为有限关注，是用以解释投资者认知局限和非理性决策的一种重要观点。基于有限关注的假说，学者们发现上市公司会计信息披露的语言表达是否简洁直白以及上市公司业务的复杂程度等因素都会影响投资者的价值判断，反映在股票市场上体现为短期和长期的错误定价，因此可以利用这类信息构建起对冲投资组合并获得超额收益。此外，越来越多的研究发现资本市场对于企业无形资产，特别是研发创新方面的信息感知度不足，造成对企业的错误定价。进一步地，学者们发现创新效率（Hirshleifer et al.，2013）、创新原创性（Hirshleifer et al.，2018）和技术关联度（Lee et al.，2019）等可以更加详细地描述公司创新的指标，能够预测公司未来盈利水平和股票未来收益率。

　　从目前来看，针对绿色创新与股票收益率关系的研究还比较少，但是在可持续发展理念和绿色生活观念日益深入人心，以及政府对绿色生产和环境保护的管制日益严格的情况下，这类研究将具有重要的理论和实践指导意义。具体而言，企业在未来会面临越来越大的绿色转型压力，如废水、废气和固体废弃物等生产副产物的污染处理，水电气等资源能源消耗和二氧化碳排放等问题将会不可避免地给企业带来沉重的成本负担，继而影响企业的持续经营能力和盈利能力，进一步反映到股票市场上就会体现为股票价格下行压力。在此情况下，根据波特假说，为了应对政府的环境管制和社会公众的绿色发展偏好，以及出于对利润最大化的追求，企业会积极地从事绿色创新活动，通过绿色技术创新和绿色管理创新控制相关成本并提高产出水平，推动企业长期竞争力和企业价值的提升，Huang和 Li（2017）的研究部分验证了这一点。但是绿色创新需要更长的投资周期和更加复杂的技术融合，根据有限关注假说，投资者在短时间内可能无法有效地处理与企业绿色创新活动有关的复杂信息，表现在资本市场层面上就是信息没有完全反映在股票价格上，导致绿色创新水平优异的公司股票价格在一段时间后才能达到应有的水平。由此，本章提出如下假设：

假设 8.1：上市公司的绿色创新水平能够正向影响未来的股票收益率。

绿色创新由两个关键词组成，即"绿色"和"创新"，因此本章分别从这两个方面提出企业绿色创新影响未来股票收益率的中介路径。

关于创新与股票收益，目前的实证研究发现，创新效率（Hirshleifer et al.，2013）、创新原创性（Hirshleifer et al.，2018）、技术关联度（Lee et al.，2019）和研发支出（刘柏和王馨竹，2019）可以增强企业的行业竞争力，正向影响企业未来的经营绩效并降低盈利的波动性，进而带来创新溢价。根据"强波特假说"，适当程度的环境规制会激励企业主动从事绿色创新活动，绿色创新水平的提高又会进一步提升企业在行业中的竞争优势。目前相关的实证研究还比较少，但是已经有部分成果支持了上述观点，如Chen等（2006）发现绿色创新能为企业带来长期的竞争优势，Chang（2011）发现绿色创新会提升企业的长期绩效。因此根据"强波特假说"，企业的绿色创新活动可以提高企业的未来财务绩效水平，进而推动股票价格提升。本章由此提出如下假设：

假设 8.2：上市公司绿色创新主要通过改善企业基本面，对未来的股票收益率产生正向影响。

关于绿色（即环境表现）与股票收益，现有研究发现投资者具有明显的绿色偏好，投资者（特别是机构投资者）在构建投资组合的过程中会主动将环境表现较差的企业剔除，并且愿意为了企业良好的环境表现而牺牲部分财务绩效。此外，研究发现企业环境表现很差或很好都会引发资本市场的额外关注。例如，沈红波等（2012）发现资本市场会对企业环境方面的负面事件做出负面反馈，方先明和那晋领（2020）发现企业积极的环境表现会得到专业投资者的关注并提高投资该企业的累计超额收益。

党的十八届五中全会将生态文明建设写入五年规划，党的十九大报告提出要建设"人与自然和谐共生的现代化"①。同时，随着《"十四五"节能减排综合工作方案》的公布，企业的环境表现和节能环保技术改造行动日益受到投资者与卖方分析师的关注。如前文所述，在这样的大背景下，企业具有在社会责任报告与其他对外披露资料中粉饰自身环境表现从而换取政策支持和资本市场正向反馈的动机，绿色创新作为需要企业进行长期投入才能形成的研发资源，相对而言不容易被企业内部人矫饰，因此是比较可靠的衡量企业环境绩效的指标。根据信号理论，当发出信号的行为带来更高的成本时，信号本身的可靠程度会得到提升。由此，提出如下假设：

假设 8.3：上市公司绿色创新主要通过提高市场关注，对未来的股票收益率产生正向影响。

第二节 实 证 分 析

在本章第一节，基于有限关注假说提出了绿色创新与股票收益的关系假设，并基于"强波特假说"和社会偏好假说，提出两条绿色创新影响股票未来收益的中介路径假设。本节将依据中国市场数据对以上三个假设进行检验：首先说明样本选取和数据来源，给出变量定义与回归模型，其次进行描述性统计检验、基准回归检验和中介效应检验，最后讨论内生性问题并检验模型的稳健性。其中，本章参考已有研究成果，选取盈利能力、投资规模和未预期盈余三个视角考察企业基本面，并选取机构投资者关注、分析师关注和媒体关注三个维度衡量市场关注程度。

一、样本选取和数据来源

本章以沪深 A 股主板、中小板和创业板的上市公司为研究样本。由于中国上市公司主要在 2009 年以后发布企业社会责任报告，因此本章选择 2009~2018 年上市公司财务数据和 2010 年 6 月~2019 年 6 月的股票市场数据展开研究。

根据现有研究和本章的研究目的，在进行实证检验之前首先对收集到的数据做出如下处理：①剔除绿色创新指数缺失的上市公司；②剔除关键公司财务变量缺失的上市公司；③剔除 ST、PT 上市公司和次新股；④考虑到金融行业和房地产业的生产要素结构与传统制造业的差异，剔除金融业和房地产业的上市公司；

---

① 中共中央政治局召开会议审议《生态文明体制改革总体方案》、《关于繁荣发展社会主义文艺的意见》[EB/OL]. http://cpc.people.com.cn/pinglun/n/2015/0912/c64094-27574855.html，2015-09-12.

⑤剔除滚动五年周期内没有研发投入和专利产出的上市公司；⑥剔除月交易天数不足 12 天的月收益率数据。经过上述筛选后，对年度层面的连续变量进行 1%双侧缩尾处理，以排除极端异常值的影响。最后，将第 i 家公司第 t 年的截面数据与第 $t+1$ 年 6 月到第 $t+2$ 年 6 月的股票收益率数据进行匹配，以避免前瞻性偏差的影响。

关于数据来源，按照数据内容可以分为以下三部分。

第一，绿色创新指数。该数据采用本书第七章构建的绿色创新指数评级的结果，其原始数据来自以下数据库：绿色专利明细及引用数据分别来自国家知识产权局和谷歌专利网站；绿色经营评级数据来自 CNRDS 数据库；绿色认证数据来自全国认证认可信息公共服务平台；环境表彰数据来自天眼查官方网站。经过数据的整合计算，共得到 26 165 条上市公司年度绿色创新指数数据。

第二，股票市场数据。个股月收益率、市场收益率和交易量等数据来自CSMAR 数据库。基于上述股票基础数据，本书自主编程计算了股票的收益短期效应、收益长期效应、非流动性和特质波动率等指标。

第三，公司横截面数据和关注度数据。公司年度的财务、公司治理、机构投资者和分析师数据来自 CSMAR 数据库和 Wind 数据库。在此基础上，本书自主编程计算了分析师跟踪数量的数据。网络新闻媒体关注的原始数据来自 CNRDS 数据库。

二、变量定义和回归模型

（一）被解释变量

借鉴Lee等（2019）和 Hirshleifer 等（2018）的做法，假定会计年度信息截至 t 年，以第 $t+1$ 年 6 月至第 $t+2$ 年 6 月的月收益率进行变量匹配，随后按照 Fama-Macbeth 截面回归方法进行相关的统计分析。选择上述时间区间的原因在于，我国大部分上市公司能够在会计年度结束后的 6 个月内对外公布年报。年报公布之后，所包含的财务指标等反映企业基本面情况的信息才成为资本市场的公开信息，因此上述匹配方法能够避免前瞻性偏差对统计分析结果的影响。考虑到行业、地理区域和板块差异可能对回归结果造成影响，本章按照以下公式计算调整后的个股月收益率变量：

$$R\_city = R_i - R_{city\_mean} \tag{8.1}$$

$$R\_sector = R_i - R_{sector\_mean} \tag{8.2}$$

$$R\_ind = R_i - R_{ind\_mean} \tag{8.3}$$

其中，$R_{\text{city\_mean}}$ 是上市公司 i 的注册地所在城市的所有上市公司当月股票收益率的平均值；$R_{\text{sector\_mean}}$ 是上市公司 i 所在板块的所有上市公司当月股票收益率的平均值；$R_{\text{ind\_mean}}$ 是上市公司 i 所在证监会二级行业分类（2012 版）的所有上市公司当月股票收益率的平均值。

（二）解释变量

解释变量是第七章构建的绿色创新指数，它可以衡量某一企业相对于同行业竞争者的绿色创新优势。如第七章所述，本书从绿色技术创新和绿色管理创新两个维度对企业的绿色创新水平进行测度。其中，绿色技术创新的原始数据主要基于 WIPO 的绿色专利清单、国家知识产权局官方网站的检索系统和谷歌学术的专利引用信息进行整理与计算。绿色管理创新的原始数据主要基于 CNRDS 数据库、天眼查官方网站和全国认证认可信息公共服务平台官方网站进行整理与计算。由于绿色创新指数一共包含了 29 个 0-1 打分项，其取值范围为 0 到 29。为了调整量级以更好地呈现实证结果，本书将原始的绿色创新指数除以 100 后进行实证分析。

（三）中介变量

如本章第一节所述，中介变量包括了基本面改善和市场关注两个方面。

基本面改善方面，参考 Lee 等（2019）、Hirshleifer 等（2018）的研究，本章以未来一期的盈利能力、投资规模和未预期盈余度量上市公司的基本面状况。其中，衡量盈利能力的指标是未来一期的总资产回报率 ROA 和净资产回报率 ROE。衡量投资规模的变量是未来一期的总资产增长率 AG。衡量未预期盈余 SUE 的计算公式如下：

$$SUE_i = \frac{EPS_{i,t} - EPS_{i,t-4}}{\sigma\left(EPS_{i,t} - EPS_{i,t-4}\right)} \tag{8.4}$$

其中，$EPS_{i,t}$ 是上市公司当前会计期间的每股净利润；$EPS_{i,t-4}$ 是上市公司过去四个季度的每股净利润；$\sigma\left(EPS_{i,t} - EPS_{i,t-4}\right)$ 是上市公司过去四个季度每股净利润的波动率。未预期盈余 SUE 的计算主要参考了 Lee 等（2019）的做法。

市场关注方面，本章从机构投资者、分析师和媒体三个视角对市场关注进行度量。具体而言，使用未来一期的机构投资者持股比率总和度量机构投资者关注水平。以上市公司次年会计截止日前的跟踪分析师数量衡量分析师关注水平，以上市公司次年会计截止日前的网络媒体新闻报道总数衡量媒体关注水平，为了调整量级以更好地呈现实证结果，市场关注的数据均除以 100。

（四）控制变量

根据 Hirshleifer 等（2018）、Fama 和 French（2015）的研究，本书在统计检验的过程中加入了总资产收益率 ROA，根据 Fama 和 French（2015）调整后的账面市值比 BEf_ME，流通市值 Size，衡量企业投资规模的总资产增长率 AG，研发费用 RD，收益短期效应 $R11$ 和收益长期效应 $R122$。其中，收益短期效应 $R11$ 使用前 1 个月的股票收益率进行度量。收益长期效应 $R122$ 使用前 1 个月起向前滚动 12 个月的累积收益率进行度量。本书删除滚动期间内存在 4 个月及以上收益率缺失的数据。综上，本节的变量定义如表 8.1 所示。

表 8.1　变量定义表

变量类型	变量名称	变量简称	变量说明
被解释变量	回报率	R	月收益率
	区域调整回报率	R_city	月收益率减去同期注册地所在城市的平均收益率
	板块调整回报率	R_sector	月收益率减去同期所在板块的平均收益率
	行业调整回报率	R_ind	月收益率减去同期所在行业的平均收益率
解释变量	绿色创新指数	GI	第六章提出的绿色创新指数除以 100
中介变量	未来一期总资产回报率	$f1$ROA	下一年度的总资产回报率
	未来一期净资产回报率	$f1$ROE	下一年度的净资产回报率
	未来一期总资产增长率	$f1$AG	下一年度的总资产增长率
	未来一期未预期盈余	$f1$SUE	下一年度的未预期盈余
	未来一期分析师关注度	$f1$follow	下一年度的分析师跟踪数量
	未来一期媒体关注度	$f1$news	下一年度的网络媒体总数
	未来一期机构投资者关注度	$f1$iholding	下一年度的机构投资者持股比率总和
控制变量	收益短期效应	$R11$	上个月的收益率
	收益长期效应	$R122$	前一个月往前滚动一年的累积收益率
	企业规模	Size	个股流通市值
	账面市值比	BEf_ME	参考 Fama 和 French（2015）调整后的账面市值比
	总资产增长率	AG	当前年度的总资产增长率
	总资产回报率	ROA	当前年度的总资产回报率
	研发费用	RD	当前年度的研发费用

（五）实证模型

在资产定价研究中，时序回归和截面回归方法被广泛地应用于多因子模型有效性和因子异象的实证检验中。对比两者的特点，时序回归方法假设对应的因子收益率已知，而截面回归方法直接考察收益率的因子影响，更有利于探究变量之间的中介和调节关系。因此，本章基于 Fama 和 Macbeth（1973）提出的两步截面回归方法①，对绿色创新与股票收益关系进行实证检验，并对得到的统计量进行 Newey-West 调整。

三、描述性统计检验

表 8.2 报告了年度变量的描述性统计结果。从表 8.2 中可以发现，GI 的标准差>均值>中位数，说明不同上市公司的绿色创新表现差异较大，且分布整体右偏。SUE 的均值和中位数都小于 0，说明整体上我国上市公司的盈利表现要低于市场预期。

表 8.2　年度变量描述性统计结果

变量	均值	标准差	最小值	中位数	最大值	极差
GI	0.015 2	0.024 1	0.000 0	0.000 0	0.130 0	0.130 0
Size	22.149 4	1.067 2	19.504 1	22.085 2	25.576 4	6.072 4
BEf_ME	0.652 5	0.504 8	0.036 9	0.516 1	3.760 0	3.723 2
ROA	0.039 6	0.060 4	−0.515 1	0.037 3	0.230 7	0.745 8
AG	0.171 2	0.315 4	−0.407 9	0.101 5	3.278 7	3.686 6
RD	0.036 6	0.041 5	0.000 0	0.030 3	0.280 5	0.280 5
SUE	−0.247 2	2.525 9	−24.681 3	−0.092 8	7.101 7	31.783 0
follow	0.080 4	0.095 7	0.000 0	0.040 0	0.460 0	0.460 0
news	2.865 4	4.497 8	0.050 0	1.550 0	43.440 0	43.390 0
iholding	0.388 3	0.236 0	0.000 0	0.394 3	0.896 2	0.896 2

表 8.3 报告了基准回归中主要变量之间的相关系数矩阵。根据表 8.3，主要变量之间均存在一定的相关性。观察解释变量与控制变量的关系，GI 与 Size 的相关系数较高且在 1%的显著性水平正相关，初步说明市值高的上市公司大体上具有更好的绿色创新表现；其他控制变量与解释变量的相关系数均小于 0.1，初步说明上市公司绿色创新表现与盈利能力、投资规模、研发支出等关联较小。观察解释变量与中介变量的关系，GI 与 follow、news、iholding 的相关系数都比较高且

---

① 该方法有效地排除了随机扰动项的截面相关性对标准误差的影响，在学术研究和业界都被广泛使用。

均在 1%的显著性水平正相关，初步说明绿色创新表现较好的企业更容易受到分析师、新闻媒体和机构投资者的关注。

表 8.3　年度变量相关系数矩阵

变量	GI	Size	BEƒ_ME	ROA	AG	RD	SUE	follow	news	iholding
GI	1									
Size	0.456***	1								
BEƒ_ME	0.097***	−0.259***	1							
ROA	0.029***	0.156***	−0.049***	1						
AG	−0.020**	0.084***	0.016**	0.201***	1					
RD	−0.044***	−0.107***	−0.088***	0.001	−0.005	1				
SUE	0.034***	0.121***	−0.043***	0.531***	0.224***	−0.094***	1			
follow	0.285***	0.475***	−0.047***	0.389***	0.166***	0.022***	0.117***	1		
news	0.378***	0.488***	−0.007	0.076***	0.043***	−0.030***	0.042***	0.361***	1	
iholding	0.262***	0.559***	−0.184***	0.119***	0.022***	−0.184***	0.104***	0.295***	0.233***	1

*、**和***分别表示在 10%、5%和 1%的显著性水平下显著

为排除多重共线性问题对回归结果的影响，本章对基准回归中的自变量和控制变量进行了方差膨胀因子 VIF 检验，结果如表 8.4 所示。由于 VIF 均远低于临界值 10，可以认为多重共线性问题对本章的实证结果的影响较小。

表 8.4　自变量与控制变量的 VIF 检验结果

变量	VIF	1/VIF
Size	1.560 0	0.641 9
GI	1.370 0	0.729 7
BEƒ_ME	1.170 0	0.851 5
ROA	1.070 0	0.934 2
AG	1.050 0	0.953 6
RD	1.030 0	0.971 8
R122	1.030 0	0.973 5
R11	1.010 0	0.992 6
均值 VIF	1.160 0	

四、实证研究结果

（一）基准回归结果

表 8.5 报告了绿色创新指数与股票收益的基准回归结果。其中，第（1）列报告了 GI 对 R 的回归结果，可以看到 GI 与 R 之间存在显著的正相关关系，表明上市公司的绿色创新表现越好，未来股票收益率越高。第（2）至第（4）列分别以区域调整回报率、板块调整回报率和行业调整回报率为因变量，检验绿色创新与股票收益之间的关系。可以看到，在控制了区域、板块和行业差异后，虽然 GI 的回归系数和 t 值均有所下降，但仍然都可以拒绝原假设。第（1）至第（4）列的结果都支持假设 8.1，即上市公司的绿色创新水平能够正向影响未来的股票收益率。控制变量中，第（1）至第（4）列的 $R11$ 的系数均在 1% 的显著性水平下小于0，表明沪深 A 股收益率存在显著的短期反转效应，$R122$ 则均不显著，表明收益长期效应不明显。此外，第（1）、（2）和（4）列的企业规模 Size 的回归系数均在 10% 的显著性水平下小于0，表明收益率存在一定的小市值溢价。第（1）、（2）列 RD 的系数在 5% 的显著性水平下大于0，第（3）、（4）列 RD 的系数在 10% 的显著性水平下大于 0，表明上市公司的研发支出能够正向影响股票的未来收益，这一结果与刘柏和王馨竹（2019）的结论相一致。

表 8.5 绿色创新指数与股票收益的回归结果

变量	（1）	（2）	（3）	（4）
	R	R_city	R_sector	R_ind
GI	0.045*** (2.670)	0.024* (1.832)	0.038** (2.138)	0.028** (1.997)
$R11$	−0.060*** (−5.982)	−0.052*** (−6.145)	−0.061*** (−6.142)	−0.059*** (−6.599)
$R122$	−0.001 (−0.296)	−0.002 (−0.661)	−0.001 (−0.324)	−0.002 (−0.607)
Size	−0.004* (−1.867)	−0.003* (−1.814)	−0.003 (−1.606)	−0.003* (−1.742)
BEf_ME	0.000 (0.073)	−0.000 (−0.030)	−0.000 (−0.004)	0.001 (0.618)
ROA	0.023 (1.364)	0.011 (0.823)	0.012 (0.671)	0.015 (1.073)
AG	−0.003 (−1.583)	−0.002 (−1.291)	−0.003 (−1.659)	−0.003* (−1.727)
RD	0.060** (2.111)	0.051** (2.244)	0.039* (1.800)	0.029* (1.920)
Constant	0.088* (1.742)	0.063 (1.642)	0.056 (1.415)	0.057 (1.554)

续表

变量	（1）	（2）	（3）	（4）
	R	R_city	R_sector	R_ind
样本量	141 802	141 802	141 802	141 802
R^2	0.087	0.068	0.067	0.053
Adj_R^2	0.082	0.063	0.062	0.048

*、**和***分别表示在 10%、5%和 1%的水平下显著

注：括号中为 t 值

（二）中介效应检验

1. 未来基本面的中介效应检验

表 8.6 报告了以未来一期 ROA 为中介变量的绿色创新指数和未来股票收益的关系检验。其中，第（1）列报告了以 $f1$ROA 作为因变量，GI 作为自变量的回归结果。GI 的系数不显著，表明上市公司的绿色创新水平并不能推动未来 ROA 的提升。第（2）到第（5）列分别是以 R、R_city、R_sector 和 R_ind 为因变量，以 GI 为自变量，以 $f1$ROA 为中介变量的回归结果。$f1$ROA 的回归系数均在 1%的显著性水平下大于 0，GI 的回归系数均在 5%及以下的显著性水平下大于 0，说明未来一期的 ROA 正向影响未来股票收益率，绿色创新也能够正向影响未来股票收益率，关于 GI 的结果与表 8.5 一致。但结合第（1）列的结果，说明企业的绿色创新水平不是通过改善未来总资产回报率的方式正向影响股票收益，中介效应不成立，研究结果不支持假设 8.2。

表 8.6　以 $f1$ ROA 为中介变量的绿色创新指数和股票收益回归结果

变量	（1）	（2）	（3）	（4）	（5）
	$f1$ROA	R	R_city	R_sector	R_ind
$f1$ROA		0.108*** （5.836）	0.080*** （4.993）	0.108*** （5.911）	0.101*** （6.167）
GI	0.017 （0.859）	0.051*** （2.886）	0.033** （1.992）	0.048*** （2.671）	0.037** （2.319）
$R11$		−0.068*** （−6.608）	−0.058*** （−6.686）	−0.069*** （−6.788）	−0.067*** （−7.388）
$R122$		−0.006* （−1.696）	−0.006* （−1.967）	−0.006* （−1.718）	−0.007** （−2.142）
Size	0.002*** （3.016）	−0.004* （−1.928）	−0.003* （−1.894）	−0.003* （−1.715）	−0.003* （−1.830）
BEf_ME	−0.003** （−2.202）	0.001 （0.217）	0.000 （0.165）	0.000 （0.129）	0.001 （0.802）
ROA	0.808*** （42.213）	−0.053** （−2.576）	−0.044*** （−2.648）	−0.066*** （−3.147）	−0.056*** （−3.043）

续表

变量	（1）	（2）	（3）	（4）	（5）
	$f1$ROA	R	R_city	R_sector	R_ind
AG	0.001 （0.426）	−0.003* （−1.725）	−0.002 （−1.493）	−0.003* （−1.763）	−0.003** （−2.002）
RD	0.014 （0.600）	0.047 （1.590）	0.040* （1.693）	0.027 （1.180）	0.022 （1.340）
Constant	−0.033** （−2.540）	0.094* （1.748）	0.069* （1.684）	0.063 （1.479）	0.062 （1.586）
样本量	124 244	120 195	120 195	120 195	120 195
R^2	0.426	0.098	0.077	0.077	0.062
Adj_R^2	0.424	0.092	0.071	0.071	0.056

*、**和***分别表示在 10%、5% 和 1% 的水平下显著
注：括号中为 t 值

表 8.7 报告了以未来一期 ROE 为中介变量的绿色创新指数和股票收益关系检验。其中，第（1）列报告了以 $f1$ROE 为因变量，GI 为自变量的回归结果。GI 的系数不显著，表明上市公司的绿色创新表现并不能推动 $f1$ROE 的提升。第（2）到第（5）列是分别以 R、R_city、R_sector 和 R_ind 为因变量，以 GI 为自变量，以 $f1$ROE 为中介变量的回归结果。$f1$ROE 对应的回归系数均在 1% 的显著性水平下大于 0，而 GI 的回归系数均在 10% 及以下的显著性水平下大于 0，表明 $f1$ROE 能够带来更高的股票收益率，同时绿色创新也能够正向影响未来股票收益率。但是综合第（1）列的结果，说明绿色创新不是通过改善未来一期净资产回报率的方式正向影响股票收益，中介效应不成立，研究结果不支持假设 8.2。

表 8.7　以 $f1$ ROE 为中介变量的绿色创新指数和股票收益回归结果

变量	（1）	（2）	（3）	（4）	（5）
	$f1$ROE	R	R_city	R_sector	R_ind
$f1$ROE		0.016*** （2.925）	0.011*** （2.656）	0.016*** （2.845）	0.015*** （3.055）
GI	0.071 （0.826）	0.048*** （2.636）	0.032* （1.893）	0.046** （2.481）	0.034** （2.247）
$R11$		−0.064*** （−6.238）	−0.055*** （−6.312）	−0.065*** （−6.449）	−0.064*** （−6.922）
$R122$		−0.003 （−0.818）	−0.004 （−1.154）	−0.003 （−0.847）	−0.004 （−1.191）
Size	−0.001 （−0.161）	−0.004* （−1.953）	−0.003* （−1.947）	−0.003* （−1.753）	−0.003* （−1.844）
BEf_ME	0.031* （1.717）	0.000 （0.104）	0.000 （0.082）	0.000 （0.025）	0.001 （0.687）

续表

变量	（1）	（2）	（3）	（4）	（5）
	f1ROE	R	R_city	R_sector	R_ind
ROE	1.091*** （3.438）	0.009 （1.256）	0.007 （1.198）	0.006 （0.876）	0.006 （0.963）
AG	0.032*** （3.388）	−0.004** （−2.166）	−0.003* （−1.938）	−0.004** （−2.250）	−0.004** （−2.359）
RD	0.008 （0.052）	0.052* （1.699）	0.044* （1.805）	0.030 （1.304）	0.025 （1.463）
Constant	−0.040 （−0.262）	0.096* （1.792）	0.072* （1.753）	0.066 （1.542）	0.064 （1.630）
样本量	124 244	120 195	120 195	120 195	120 195
R^2	0.125	0.092	0.072	0.071	0.057
Adj_R^2	0.121	0.086	0.066	0.065	0.051

*、**和***分别表示在 10%、5%和 1%的水平下显著

注：括号中为 t 值

　　表 8.6 和表 8.7 的回归结果表明，资本市场关注上市公司的未来盈利能力和绿色创新水平，但是绿色创新通过改善上市公司未来盈利能力来推动股票未来收益提升的中介效应并不成立。

　　表 8.8 报告了以 f1AG 为中介变量的绿色创新指数和股票收益关系检验。其中，第（1）列报告了以 f1AG 为因变量，GI 为自变量的回归结果。GI 的系数不显著，表明上市公司的绿色创新表现不能推动未来投资规模的增长。第（2）到第（5）列分别以 R、R_city、R_sector 和 R_ind 为因变量，以 GI 为自变量，以 f1AG 为中介变量的回归结果。可以看出，f1AG 的回归系数均在 1%的显著性水平下大于 0，而 GI 的回归系数均在 10%及以下的显著性水平下大于 0，表明未来一期总资产增长率和绿色创新都能够带来更高的股票收益率。但结合第（1）列的结果，说明企业的绿色创新水平不是通过改善下一期投资规模的方式正向影响股票收益，中介效应不成立，研究结果不支持假设 8.2。

表 8.8　以 f1 AG 为中介变量的绿色创新指数和股票收益回归结果

变量	（1）	（2）	（3）	（4）	（5）
	f1AG	R	R_city	R_sector	R_ind
f1AG		0.006*** （3.599）	0.005*** （3.419）	0.005*** （3.492）	0.006*** （3.673）
GI	−0.200 （−1.231）	0.050*** （2.768）	0.033* （1.921）	0.046** （2.498）	0.036** （2.236）
R11		−0.064*** （−6.211）	−0.055*** （−6.301）	−0.065*** （−6.388）	−0.064*** （−6.927）

续表

变量	（1）	（2）	（3）	（4）	（5）
	f1AG	R	$R\_$city	$R\_$sector	$R\_$ind
R122		−0.003 （−0.683）	−0.003 （−1.071）	−0.003 （−0.696）	−0.003 （−1.009）
Size	−0.014 （−1.379）	−0.004* （−1.807）	−0.003* （−1.783）	−0.003 （−1.566）	−0.003* （−1.679）
BEf_ME	−0.066*** （−9.000）	0.001 （0.285）	0.000 （0.234）	0.000 （0.185）	0.002 （0.961）
ROA	0.580*** （5.436）	0.026 （1.270）	0.015 （0.908）	0.014 （0.678）	0.018 （1.051）
AG	0.100*** （4.433）	−0.004** （−2.338）	−0.003** （−2.074）	−0.004** （−2.363）	−0.004*** （−2.699）
RD	1.106** （2.606）	0.049* （1.663）	0.041* （1.712）	0.029 （1.288）	0.023 （1.435）
Constant	0.456** （2.005）	0.088 （1.653）	0.065 （1.589）	0.057 （1.353）	0.056 （1.457）
样本量	124 244	120 195	120 195	120 195	120 195
R^2	0.048	0.094	0.074	0.074	0.059
Adj_R^2	0.044	0.088	0.068	0.068	0.052

*、**和***分别表示在10%、5%和1%的水平下显著
注：括号中为 t 值

　　表 8.9 报告了以下一年度的未预期盈余 f1SUE 为中介变量的绿色创新指数和股票收益关系检验。其中，第（1）列报告了以 f1SUE 为因变量，GI 为自变量的回归结果。GI 的系数不显著，表明上市公司的绿色创新水平不能提高下一年度的未预期盈余水平。第（2）到第（5）列分别以 R、$R\_$city、$R\_$sector 和 $R\_$ind 为因变量，以 GI 为自变量，以 f1SUE 为中介变量进行回归。f1SUE 的回归系数均在 1%的显著性水平下大于0，而GI 的回归系数分均在 10%及以下的显著性水平下大于 0，表明上市公司下一年的未预期盈余和当期绿色创新都能够带来超额收益。但是结合第（1）列结果，说明企业的绿色创新水平不是通过改善下一年度的未预期盈余的方式正向影响股票收益，中介效应不成立，研究结果不支持假设 8.2。

表8.9　以 f1 SUE 为中介变量的绿色创新指数和股票收益回归结果

变量	（1）	（2）	（3）	（4）	（5）
	f1SUE	R	$R\_$city	$R\_$sector	$R\_$ind
f1SUE		0.001*** （4.798）	0.001*** （4.560）	0.001*** （4.786）	0.001*** （4.619）
GI	1.365 （1.460）	0.049*** （2.756）	0.033* （1.924）	0.046** （2.474）	0.035** （2.255）

续表

变量	（1）	（2）	（3）	（4）	（5）
	f1SUE	R	R_city	R_sector	R_ind
R11		-0.066^{***} （-6.453）	-0.056^{***} （-6.518）	-0.067^{***} （-6.641）	-0.066^{***} （-7.188）
R122		-0.003 （-0.920）	-0.004 （-1.268）	-0.004 （-0.951）	-0.004 （-1.243）
Size	0.058^{**} （2.036）	-0.004^{*} （-1.856）	-0.003^{*} （-1.829）	-0.003 （-1.621）	-0.003^{*} （-1.737）
BEf_ME	-0.428^{***} （-3.530）	0.001 （0.239）	0.000 （0.190）	0.000 （0.165）	0.001 （0.842）
ROA	-1.424 （-1.491）	0.032 （1.475）	0.021 （1.219）	0.018 （0.786）	0.022 （1.227）
AG	-0.187 （-1.522）	-0.003^{*} （-1.739）	-0.002 （-1.448）	-0.003^{*} （-1.866）	-0.003^{**} （-2.017）
RD	0.324 （0.435）	0.051^{*} （1.778）	0.042^{*} （1.818）	0.032 （1.443）	0.027^{*} （1.773）
SUE	-0.055^{**} （-2.608）	0.000 （0.664）	-0.000 （-0.022）	0.000 （1.513）	0.000 （1.228）
Constant	-1.274^{*} （-1.946）	0.091^{*} （1.703）	0.067 （1.641）	0.060 （1.416）	0.059 （1.522）
样本量	124 244	120 195	120 195	120 195	120 195
R^2	0.015	0.097	0.076	0.076	0.061
Adj_R^2	0.010	0.090	0.069	0.069	0.054

*、**和***分别表示在10%、5%和1%的水平下显著

注：括号中为 t 值

根据表 8.6~表 8.9 的回归结果，上市公司的绿色创新表现不能显著地预测未来的盈利能力、投资规模和未预期盈余，因此本章的数据并不支持假设 8.2 和"强波特假说"，即绿色创新与股票收益之间的正向相关关系并不是通过未来基本面改善这一渠道实现的。

2. 未来市场关注的中介效应检验

表 8.10 报告了以 f1follow 为中介变量的绿色创新指数和股票收益关系检验。其中，第（1）列报告了以 f1follow 为因变量，GI 为自变量的回归结果。GI 的系数在 1%的显著性水平下拒绝原假设，表明上市公司的绿色创新表现与能够带来更高的未来分析师关注。第（2）到第（5）列分别以 R、R_city、R_sector 和 R_ind 为因变量，以 GI 为自变量，以 f1follow 为中介变量进行回归。f1follow 的回归系数均在5%及以下的显著性水平下均大于 0，而 GI 的回归系数除第（3）列以外都能在 10%的显著性水平下拒绝原假设，表明未来一期分析师关注度和绿色创新都能够带来更高的未来一期股票收益率。结合第（1）列的结果，表明未来一期

分析师关注度在绿色创新和未来股票收益中起到部分中介作用，假设 8.3 成立。

表 8.10 以 $f1\,follow$ 为中介变量的绿色创新指数和股票收益回归结果

变量	（1）	（2）	（3）	（4）	（5）
	$f1follow$	R	R_city	R_sector	R_ind
$f1follow$		0.031*** （2.970）	0.024*** （2.820）	0.023** （2.117）	0.031*** （3.267）
GI	0.376*** （8.343）	0.039** （2.170）	0.024 （1.425）	0.037** （2.059）	0.025* （1.743）
$R11$		−0.065*** （−6.442）	−0.056*** （−6.557）	−0.066*** （−6.555）	−0.065*** （−7.223）
$R122$		−0.004 （−1.130）	−0.004 （−1.531）	−0.004 （−1.083）	−0.005 （−1.639）
Size	0.040*** （15.661）	−0.005** （−2.448）	−0.004** （−2.435）	−0.004** （−2.292）	−0.004** （−2.576）
BEf_ME	0.009*** （3.609）	0.000 （0.056）	−0.000 （−0.005）	−0.000 （−0.007）	0.001 （0.550）
ROA	0.726*** （21.502）	0.009 （0.537）	0.001 （0.088）	0.003 （0.199）	0.000 （0.031）
AG	0.032*** （11.655）	−0.004** （−2.560）	−0.003** （−2.219）	−0.004** （−2.523）	−0.004*** （−3.111）
RD	0.256*** （9.440）	0.043 （1.480）	0.036 （1.568）	0.023 （1.075）	0.017 （1.123）
Constant	−0.861*** （−14.983）	0.116** （2.248）	0.087** （2.214）	0.079** （2.023）	0.084** （2.301）
样本量	124 244	120 195	120 195	120 195	120 195
R^2	0.407	0.097	0.076	0.077	0.062
Adj_R^2	0.405	0.091	0.070	0.071	0.056

*、**和***分别表示在 10%、5%和 1%的水平下显著
注：括号中为 t 值

表 8.11 报告了以 $f1news$ 为中介变量的绿色创新指数和股票收益关系检验。其中，第（1）列报告了以 $f1news$ 为因变量，GI 为自变量的回归结果。GI 的系数在 1%的显著性水平下拒绝原假设，表明上市公司的绿色创新表现与能够带来更高的未来媒体关注。第（2）到第（5）列分别以 R、R_city、R_sector 和 R_ind 为因变量，以 GI 为自变量，以 $f1news$ 为中介变量进行回归。$f1news$ 的回归系数除第（4）列以外均能够在 5%的显著性水平下大于 0，而 GI 的回归系数除第（3）列以外都能在 10%的显著性水平下大于 0，表明未来一期媒体关注度和绿色创新都能够带来更高的未来股票收益率。结合第（1）列的结果，表明未来一期媒体关注度在绿色创新和未来股票收益中起到部分中介作用，假设 8.3 成立。

表 8.11　以 $f1$ news 为中介变量的绿色创新指数和股票收益回归结果

变量	（1）	（2）	（3）	（4）	（5）
	$f1$news	R	R_city	R_sector	R_ind
$f1$news		0.016** (2.114)	0.014*** (2.631)	0.011 (1.470)	0.016*** (2.797)
GI	0.525*** (15.088)	0.043** (2.312)	0.027 (1.549)	0.042** (2.222)	0.029* (1.761)
$R11$		−0.064*** (−6.277)	−0.055*** (−6.358)	−0.065*** (−6.462)	−0.064*** (−6.950)
$R122$		−0.002 (−0.498)	−0.003 (−0.845)	−0.002 (−0.502)	−0.003 (−0.797)
Size	0.027*** (17.496)	−0.004* (−1.946)	−0.004* (−1.924)	−0.003* (−1.707)	−0.003* (−1.864)
BEf_ME	0.016*** (10.950)	0.000 (0.057)	−0.000 (−0.002)	−0.000 (−0.018)	0.001 (0.570)
ROA	0.040*** (3.051)	0.029 (1.421)	0.017 (1.045)	0.017 (0.827)	0.021 (1.236)
AG	0.002*** (2.776)	−0.003* (−1.867)	−0.002 (−1.636)	−0.003* (−1.898)	−0.003** (−2.156)
RD	0.064*** (5.898)	0.051* (1.708)	0.042* (1.785)	0.030 (1.347)	0.025 (1.544)
Constant	−0.580*** (−16.443)	0.099 (1.808)	0.074* (1.747)	0.065 (1.509)	0.067 (1.658)
样本量	124 244	120 195	120 195	120 195	120 195
R^2	0.222	0.093	0.073	0.073	0.058
Adj_R^2	0.219 1	0.087	0.067	0.066	0.051

*、**和***分别表示在 10%、5%和 1%的水平下显著

注：括号中为 t 值

　　表 8.12 报告了以 $f1$iholding 为中介变量的绿色创新指数和股票收益关系检验。其中，第（1）列报告了以 $f1$iholding 为因变量，GI 为自变量的回归结果。GI 的系数在 1%的显著性水平下拒绝原假设，表明上市公司的绿色创新表现与能够带来更高的未来机构投资者关注。第（2）到第（5）列分别以 R、R_city、R_sector 和 R_ind 为因变量，以 GI 为自变量，以 $f1$iholding 为中介变量进行回归。$f1$iholding 的回归系数均能够在 1%的显著性水平下大于 0，而 GI 的回归系数均在 10%及以下的显著性水平下大于 0，表明未来一期机构投资者关注度和绿色创新能够带来更高的未来股票收益率。结合第（1）列的结果，表明未来一期机构投资者关注度在绿色创新和未来股票收益中起到部分中介作用，假设 8.3 成立。

表 8.12　以 $f1$ iholding 为中介变量的绿色创新指数和股票收益回归结果

变量	（1）$f1$iholding	（2）R	（3）R_city	（4）R_sector	（5）R_ind
$f1$iholding		0.016*** (6.543)	0.014*** (6.014)	0.016*** (6.657)	0.016*** (6.961)
GI	0.153*** (3.154)	0.048** (2.617)	0.031* (1.764)	0.044** (2.361)	0.033** (2.059)
$R11$		−0.066*** (−6.472)	−0.056*** (−6.547)	−0.066*** (−6.653)	−0.065*** (−7.143)
$R122$		−0.003 (−0.811)	−0.004 (−1.173)	−0.003 (−0.838)	−0.004 (−1.184)
Size	0.113*** (26.302)	−0.006** (−2.624)	−0.005** (−2.627)	−0.005** (−2.509)	−0.005*** (−2.637)
BEf_ME	0.010 (1.124)	0.000 (0.048)	−0.000 (−0.029)	−0.000 (−0.052)	0.001 (0.583)
ROA	0.184*** (4.046)	0.027 (1.362)	0.016 (0.988)	0.016 (0.755)	0.020 (1.171)
AG	−0.012* (−1.681)	−0.003* (−1.703)	−0.002 (−1.439)	−0.003* (−1.744)	−0.003* (−1.962)
RD	−0.576*** (−5.769)	0.061** (2.099)	0.052** (2.209)	0.041* (1.836)	0.035** (2.208)
Constant	−2.082*** (−20.741)	0.123** (2.313)	0.095** (2.304)	0.093** (2.140)	0.090** (2.266)
样本量	124 244	120 195	120 195	120 195	120 195
R^2	0.279	0.096	0.076	0.076	0.061
Adj_R^2	0.276	0.090	0.070	0.069	0.054

*、**和***分别表示在 10%、5%和 1%的水平下显著

注：括号中为 t 值

　　根据表 8.10~表 8.12 的结果，表现假设 8.3 成立，即上市公司的绿色创新表现通过吸引未来分析师、媒体和机构投资者关注的渠道作用于股票收益。但实证计算的结果表明，分析师、媒体和机构投资者关注在绿色创新与股票收益之间都只是起到部分中介作用，因此其他渠道还有待进一步挖掘。

（三）内生性及其他稳健性检验

1. 内生性问题

　　内生性问题的来源主要包括反向因果、关键变量遗漏、测量误差和样本选择性偏误四个方面。在上文的实证研究中，本章将第 t 年的截面数据与 $t+1$ 年 6 月到 $t+2$ 年 6 月的股票收益率数据相匹配，以检验当期的绿色创新表现对未来股票收益率的影响，避免了研究过程中的前瞻性偏差。由于企业无法根据未来尚未发生的

股票交易进行绿色创新决策，反向因果所导致的内生性问题得到一定程度的缓解。故本章的内生性问题讨论中主要考虑变量遗漏、测量误差和样本选择三方面的影响。

a. 变量遗漏的内生性问题

根据 Hirshleifer 等（2013）的研究，上市公司的创新表现也是预测未来股票收益的重要因素，因此为了控制创新表现对股票未来收益的影响，在基准回归中加入了衡量创新投入的控制变量 RD。在内生性检验中，本书进一步将控制变量中的研发投入 RD 替换为衡量创新产出的上市公司当年所获专利总量 Patent 和衡量创新效率的变量 IE。IE 是基于 Hirshleifer 等（2013）的研究，由上市公司当年获得的专利总量除以向前滚动五年的加权研发支出所得，回归结果如表 8.13 所示。在表 8.13 中，第（1）到第（4）列汇报了加入 Patent 后的实证检验结果，GI 的回归系数均在 10%及以下的显著性水平下大于 0，表明绿色创新与未来股票收益存在正相关的关系。第（5）到第（8）列汇报了加入 IE 后的实证检验结果，除第（8）列外，GI 的回归系数均在 10%的显著性水平下显著。总体来看，在将控制变量 RD 替换为 Patent 和 IE 后，稳健性检验的结果与基准回归基本一致。

表 8.13　替换衡量创新表现的控制变量的稳健性检验结果

变量	（1）	（2）	（3）	（4）	（5）	（6）	（7）	（8）
	R	R_city	R_sector	R_ind	R	R_city	R_sector	R_ind
GI	0.041** （2.458）	0.026* （1.695）	0.037** （2.138）	0.025* （1.693）	0.056** （2.059）	0.027* （1.697）	0.064** （2.282）	0.016 （0.584）
$R11$	−0.058*** （−5.649）	−0.051*** （−5.921）	−0.060*** （−5.951）	−0.059*** （−6.484）	−0.053*** （−4.101）	−0.048*** （−4.471）	−0.054*** （−4.236）	−0.058*** （−4.710）
$R122$	−0.001 （−0.274）	−0.002 （−0.635）	−0.001 （−0.308）	−0.002 （−0.585）	−0.002 （−0.472）	−0.003 （−0.695）	−0.002 （−0.447）	−0.004 （−0.939）
Size	−0.005** （−2.055）	−0.004** （−1.991）	−0.003* （−1.835）	−0.003* （−1.953）	−0.005* （−1.844）	−0.004 （−1.665）	−0.005* （−1.915）	−0.003 （−1.505）
BEf_ME	−0.000 （−0.094）	−0.000 （−0.201）	−0.000 （−0.135）	0.001 （0.367）	−0.002 （−0.435）	−0.002 （−0.517）	−0.002 （−0.526）	−0.001 （−0.231）
ROA	0.029 （1.637）	0.016 （1.138）	0.014 （0.840）	0.017 （1.219）	0.021 （0.824）	0.007 （0.363）	0.011 （0.454）	0.012 （0.547）
AG	−0.003* （−1.730）	−0.002 （−1.469）	−0.003* （−1.754）	−0.003* （−1.788）	−0.002 （−0.765）	−0.001 （−0.369）	−0.002 （−0.758）	−0.003 （−1.108）
Patent	0.000** （2.011）	0.000 （1.445）	0.000 （1.523）	0.000** （2.590）				
IE					0.000 （1.535）	0.000 （0.940）	0.000 （1.518）	0.000** （2.468）
Constant	0.103* （1.947）	0.075* （1.853）	0.066* （1.675）	0.065* （1.791）	0.122* （1.803）	0.081 （1.577）	0.106* （1.829）	0.071 （1.409）
样本量	141 802	141 802	141 802	141 802	50 318	50 318	50 318	50 318

续表

变量	（1）	（2）	（3）	（4）	（5）	（6）	（7）	（8）
	R	R_city	R_sector	R_ind	R	R_city	R_sector	R_ind
R^2	0.078	0.062	0.063	0.051	0.097	0.080	0.089	0.073
Adj_R^2	0.073	0.057	0.058	0.046	0.078	0.060	0.069	0.053

*、**和***分别表示在 10%、5%和 1%的水平下显著

注：括号中为 t 值

b. 测量误差的内生性问题

如前文所述，本章为缓解区域、板块和行业异质性对研究结果的影响，同时将经过区域、板块和行业中位数调整的股票收益率作为因变量进行 Fama-Macbeth 截面回归检验。但一个潜在测量误差的来源是，中国上市公司发布年报的规定时间是会计截止日后的 4 个月内，但实际上在 6 月以前并非所有上市公司都发布了年报。由此，本书将因变量替换为 $t+1$ 年 4 月到 $t+2$ 年 4 月和 $t+1$ 年 8 月到 $t+2$ 年 8 月的股票收益率数据，以缓解测量误差带来的内生性问题。

在表 8.14 中，第（1）至第（4）列汇报了将因变量替换为 $t+1$ 年 4 月到 $t+2$ 年 4 月的稳健性检验结果，GI 的回归系数均在 10%及以下的显著性水平下大于 0，表明绿色创新与未来股票收益存在正相关的关系。第（5）至第（8）列汇报了将因变量替换为 $t+1$ 年 8 月到 $t+2$ 年 8 月的稳健性检验结果，GI 的回归系数均在 10%及以下的显著性水平下大于 0，同样证明了绿色创新与未来股票收益的正相关关系。总体来看，在将因变量替换为 $t+1$ 年 4 月到 $t+2$ 年 4 月和 $t+1$ 年 8 月到 $t+2$ 年 8 月之后，稳健性检验的结果与基准回归基本一致。

表 8.14　替换因变量的稳健性检验分析

变量	（1）	（2）	（3）	（4）	（5）	（6）	（7）	（8）
	R	R_city	R_sector	R_ind	R	R_city	R_sector	R_ind
GI	0.044*** （2.628）	0.029* （1.734）	0.041** （2.392）	0.035** （2.604）	0.048*** （2.980）	0.028* （1.836）	0.046*** （2.851）	0.040*** （2.823）
$R11$	−0.067*** （−6.356）	−0.058*** （−6.581）	−0.067*** （−6.534）	−0.067*** （−7.055）	−0.059*** （−5.421）	−0.052*** （−5.787）	−0.060*** （−5.546）	−0.061*** （−6.453）
$R122$	−0.004 （−1.046）	−0.004 （−1.314）	−0.004 （−1.069）	−0.004 （−1.316）	−0.000 （−0.122）	−0.001 （−0.410）	−0.000 （−0.113）	−0.001 （−0.389）
Size	−0.003* （−1.690）	−0.003 （−1.540）	−0.003 （−1.522）	−0.003 （−1.649）	−0.003 （−1.323）	−0.002 （−1.192）	−0.002 （−1.220）	−0.002 （−1.222）
BEf_ME	0.001 （0.557）	0.001 （0.477）	0.001 （0.461）	0.001 （0.967）	0.002 （0.610）	0.001 （0.546）	0.001 （0.451）	0.002 （0.987）
ROA	0.020 （1.244）	0.011 （0.888）	0.012 （0.785）	0.015 （1.173）	0.020 （1.166）	0.007 （0.559）	0.013 （0.760）	0.016 （1.249）
AG	−0.004* （−1.807）	−0.002 （−1.528）	−0.004* （−1.861）	−0.003** （−1.994）	−0.004** （−2.368）	−0.003** （−2.212）	−0.004** （−2.303）	−0.003** （−2.463）

续表

变量	（1）	（2）	（3）	（4）	（5）	（6）	（7）	（8）
	R	R_city	R_sector	R_ind	R	R_city	R_sector	R_ind
RD	0.039 (1.407)	0.037* (1.727)	0.027 (1.208)	0.021 (1.441)	0.043 (1.418)	0.036 (1.516)	0.031 (1.373)	0.024 (1.562)
Constant	0.076 (1.555)	0.050 (1.352)	0.052 (1.313)	0.052 (1.436)	0.059 (1.180)	0.041 (1.048)	0.042 (1.047)	0.038 (1.046)
样本量	149 532	149 532	149 532	149 532	135 679	135 679	135 679	135 679
R^2	0.090	0.071	0.069	0.056	0.091	0.072	0.071	0.055
Adj_R^2	0.085	0.066	0.064	0.051	0.086	0.067	0.066	0.050

*、**和***分别表示在 10%、5%和 1%的水平下显著

注：括号中为 t 值

c. 样本选择的内生性问题

样本选择性偏差也可能是本文研究的内生性来源。参考已有研究的常用做法，本章采用倾向匹配得分匹配（PSM）后的样本进行稳健性检验，以缓解样本选择性偏差对回归结果的影响。具体而言，基于绿色创新指数是否为 0 构建虚拟变量，以表 8.1 中的变量作为匹配变量，采用无放回的最邻近匹配法对样本进行匹配。在表 8.15 中，第（1）到第（4）列汇报的是 PSM 后的稳健性检验结果，GI 的回归系数均在 10%及以下的显著性水平下大于 0，表明绿色创新与未来股票收益存在正相关的关系。总体来看，在进行 PSM 处理后，稳健性检验的结果与基准回归基本一致。

表 8.15　PSM 后的稳健性检验结果

变量	（1）	（2）	（3）	（4）
	R	R_city	R_sector	R_ind
GI	0.041** (2.372)	0.025* (1.703)	0.038** (2.171)	0.029* (1.930)
$R11$	−0.060*** (−5.730)	−0.053*** (−6.046)	−0.061*** (−5.844)	−0.059*** (−6.468)
$R122$	−0.000 (−0.066)	−0.001 (−0.479)	−0.000 (−0.107)	−0.001 (−0.369)
Size	−0.003 (−1.634)	−0.003 (−1.568)	−0.002 (−1.380)	−0.002 (−1.562)
BEf_ME	0.000 (0.177)	0.000 (0.078)	0.000 (0.129)	0.001 (0.753)
ROA	0.024 (1.343)	0.013 (0.880)	0.014 (0.748)	0.016 (1.078)
AG	−0.002 (−1.161)	−0.002 (−1.113)	−0.002 (−1.246)	−0.002 (−1.348)

续表

变量	（1）	（2）	（3）	（4）
	R	R_city	R_sector	R_ind
RD	0.063** （2.302）	0.055** （2.516）	0.043** （2.110）	0.030** （2.238）
Constant	0.076 （1.519）	0.053 （1.388）	0.048 （1.187）	0.048 （1.365）
样本量	125 762	125 762	125 762	125 762
R^2	0.092	0.071	0.073	0.055
Adj_R^2	0.086	0.066	0.067	0.049

*、**和***分别表示在10%、5%和1%的水平下显著

注：括号中为t值

2. 其他稳健性检验

a. 仅保留制造业的回归结果

相比其他行业，制造业企业在生产过程会发生更多能源消耗和污染排放活动，更容易受到环境规制的影响，绿色转型的需求更加迫切，绿色创新对企业的作用也更加突出。因此本章仅保留制造业上市公司的样本进行回归分析，结果如表8.16所示。第（1）至第（4）列分别汇报了 GI 对 R、R_city、R_sector 和 R_ind 的回归结果，可以看到 GI 的系数均在 5%及以下的显著性水平下大于 0，表明制造业上市公司的绿色创新水平能够正向影响未来的股票收益。

表 8.16　仅保留制造业上市公司的稳健性检验结果

变量	（1）	（2）	（3）	（4）
	R	R_city	R_sector	R_ind
GI	0.055*** （2.919）	0.034** （1.984）	0.053*** （2.749）	0.040** （2.280）
$R11$	−0.063*** （−5.952）	−0.054*** （−5.847）	−0.064*** （−6.026）	−0.063*** （−6.070）
$R122$	−0.002 （−0.390）	−0.003 （−0.799）	−0.001 （−0.372）	−0.002 （−0.682）
Size	−0.005** （−2.172）	−0.004** （−2.091）	−0.003* （−1.928）	−0.004** （−2.234）
BEf_ME	−0.000 （−0.176）	−0.001 （−0.433）	−0.001 （−0.244）	−0.000 （−0.001）
ROA	0.026 （1.440）	0.013 （0.950）	0.014 （0.766）	0.020 （1.352）
AG	−0.004* （−1.913）	−0.002 （−1.304）	−0.004** （−2.102）	−0.003** （−2.010）
RD	0.042 （1.410）	0.030 （1.351）	0.018 （0.805）	0.023 （1.177）

续表

变量	（1）	（2）	（3）	（4）
	R	R_city	R_sector	R_ind
Constant	0.103** （2.011）	0.075* （1.934）	0.071* （1.738）	0.084** （2.050）
样本量	102 587	102 587	102 587	102 587
R^2	0.084	0.066	0.068	0.062
Adj_R^2	0.077	0.059	0.061	0.056

*、**和***分别表示在10%、5%和1%的水平下显著

注：括号中为 t 值

b. 排除极端市场行情后的稳健性检验结果

为避免极端市场行情对因子异象研究的影响，本章在排除 2010~2018 年市场极端情形后进行稳健性检验。由于沪深 A 股在 2015 年和 2018 年均发生了持续一段时期的震荡，本章在排除对应的上市公司月度数据后再次回归分析，结果如表 8.17 所示。除第（2）列以外，GI 的回归系数均在 10%及以下的显著性水平下大于 0，表明在排除极端市场行情后，绿色创新与未来股票收益依然存在正相关的关系。

表 8.17　排除极端市场行情后的稳健性检验结果

变量	（1）R	（2）R_city	（3）R_sector	（4）R_ind
GI	0.046** （2.313）	0.017 （0.950）	0.041** （2.173）	0.027* （1.803）
R11	−0.067*** （−6.192）	−0.057*** （−6.174）	−0.068*** （−6.344）	−0.067*** （−6.929）
R122	−0.002 （−0.388）	−0.003 （−0.805）	−0.002 （−0.439）	−0.002 （−0.683）
Size	−0.005** （−2.114）	−0.004** （−2.103）	−0.003* （−1.826）	−0.003** （−2.033）
BEf_ME	−0.002 （−0.657）	−0.001 （−0.633）	−0.002 （−0.732）	0.000 （0.060）
ROA	0.022 （1.147）	0.008 （0.529）	0.008 （0.386）	0.011 （0.743）
AG	−0.004** （−2.183）	−0.003* （−1.909）	−0.004** （−2.294）	−0.004*** （−2.877）
RD	0.075** （2.355）	0.064** （2.493）	0.048* （1.972）	0.034* （1.909）
Constant	0.109** （1.991）	0.081* （1.941）	0.071 （1.648）	0.073* （1.858）
样本量	114 566	114 566	114 566	114 566

续表

变量	（1）	（2）	（3）	（4）
	R	R_city	R_sector	R_ind
R^2	0.092	0.073	0.071	0.056
Adj_R^2	0.087	0.068	0.065	0.051

*、**和***分别表示在10%、5%和1%的水平下显著

注：括号中为 t 值

c. 未来多期基本面的稳健性检验结果

表 8.18 报告了 GI 对未来两期和未来三期基本面的回归结果。第（1）至第（4）列汇报了 GI 与未来两期盈利能力、未预期盈余和投资规模的关系，仅有第（4）列的 GI 系数显著为负。第（5）到第（8）列汇报了 GI 与未来三期盈利能力、未预期盈余和投资规模的关系，仅有第（8）列的 GI 系数显著为负。因此，将中介变量替换为未来两期与未来三期的基本面变量后，数据结果与正文中对应的部分所指向的结论基本一致，即 GI 不能通过改善未来盈利能力、未预期盈余和投资规模的渠道作用于股票收益。

表 8.18　未来多期基本面的稳健性检验结果

变量	未来两期基本面				未来三期基本面			
	（1）	（2）	（3）	（4）	（5）	（6）	（7）	（8）
	f2ROA	f2ROE	f2SUE	f2AG	f2ROA	f2ROE	f2SUE	f2AG
GI	−0.010 （−0.551）	0.029 （0.470）	0.462 （0.325）	−0.459*** （−2.832）	0.002 （0.195）	−0.282 （−1.175）	3.395** （2.227）	−0.100*** （−2.690）
Size	0.001* （1.694）	0.013** （2.018）	−0.012 （−0.240）	−0.035*** （−4.029）	−0.000 （−0.984）	0.011 （0.859）	−0.049 （−1.032）	−0.056*** （−7.236）
BEf_ME	−0.002* （−1.884）	0.008 （0.841）	−0.839** （−2.307）	−0.063*** （−10.992）	−0.002 （−0.797）	0.075 （1.656）	0.038 （0.344）	−0.105*** （−9.210）
ROA	0.676*** （41.464）		2.017** （2.185）	0.440*** （2.917）	0.571*** （31.312）		1.633* （1.926）	0.075 （0.511）
AG	−0.006*** （−2.861）	0.022 （1.522）	−0.462*** （−4.884）	0.033** （2.534）	−0.006** （−2.579）	0.025*** （3.978）	−0.100 （−0.638）	0.010 （0.478）
RD	0.013 （0.427）	0.282*** （7.112）	−1.052 （−0.958）	1.311** （2.149）	0.053* （1.855）	−0.705 （−1.145）	−0.156 （−0.117）	−0.197 （−1.209）
ROE		0.135 （0.742）				1.003*** （3.682）		
SUE			0.107*** （3.928）				0.020 （1.329）	
Constant	−0.018 （−1.267）	−0.272* （−1.973）	0.254 （0.245）	0.966*** （4.708）	0.020* （1.780）	−0.321 （−1.038）	0.724 （0.715）	1.503*** （7.937）
样本量	89 363	89 363	89 363	89 363	68 507	68 507	68 507	68 507

续表

变量	未来两期基本面				未来三期基本面			
	（1）	（2）	（3）	（4）	（5）	（6）	（7）	（8）
	f2ROA	f2ROE	f2SUE	f2AG	f2ROA	f2ROE	f2SUE	f2AG
R^2	0.301	0.089	0.017	0.022	0.216	0.054	0.011	0.018
Adj_R^2	0.298	0.085	0.012	0.017	0.212	0.049	0.005	0.013

*、**和***分别表示在 10%、5%和 1%的水平下显著

注：括号中为 t 值

d. 新《环保法》执行前后的稳健性检验结果

2015 年起实施的新《环保法》引入更加公开公正的环境监督机制，在完善环境法治的同时也反映了中国政府进行绿色治理的决心。从市场关注的视角来看，新《环保法》的颁布使市场参与者和监管者能够更加准确地处理企业环境绩效相关的信息，有助于投资者将企业的绿色创新纳入投资决策过程中。因此，本书以 2015 年 1 月起实施的新《环保法》执行为分界点，将新《环保法》执行前后的样本分别进行实证检验，结果如表 8.19 所示。在表 8.19 中，第（1）到第（4）列汇报了新《环保法》执行后（Post=1）的检验结果，GI 的回归系数均在 10%及以下的显著性水平下大于 0。第（5）到第（8）列汇报了新《环保法》执行前（Post=0）的检验结果，GI 的回归系数均不显著。上述结果表明，绿色创新与股票收益的正相关关系在新《环保法》执行后更加突出。随着环境立法的完善，投资者在决策过程中更加考虑绿色创新的影响，绿色创新能够带来未来更高的股票收益。

表 8.19　新《环保法》执行前后的绿色创新与股票收益检验

变量	Post=1				Post=0			
	（1）	（2）	（3）	（4）	（5）	（6）	（7）	（8）
	R	R_city	R_sector	R_ind	R	R_city	R_sector	R_ind
GI	0.068* (1.833)	0.061* (1.874)	0.066* (1.777)	0.064** (2.308)	0.025 (1.543)	0.002 (0.138)	0.022 (1.242)	0.008 (0.501)
R11	−0.050*** (−4.229)	−0.046*** (−4.728)	−0.051*** (−4.384)	−0.048*** (−4.461)	−0.066*** (−4.707)	−0.056*** (−4.647)	−0.066*** (−4.787)	−0.066*** (−5.294)
R122	0.006 (1.244)	0.005 (1.111)	0.006 (1.308)	0.005 (1.210)	−0.005 (−1.155)	−0.006 (−1.597)	−0.006 (−1.208)	−0.006 (−1.505)
Size	0.001 (0.649)	0.001 (0.751)	0.001 (0.523)	0.001 (0.618)	−0.007** (−2.594)	−0.006** (−2.626)	−0.005** (−2.350)	−0.005** (−2.520)
BEf_ME	0.005 (1.326)	0.003 (0.947)	0.005 (1.328)	0.004 (1.494)	−0.003 (−0.865)	−0.002 (−0.739)	−0.003 (−0.906)	−0.001 (−0.296)
ROA	0.061** (2.198)	0.039* (1.784)	0.061** (2.297)	0.052** (2.598)	0.002 (0.098)	−0.005 (−0.301)	−0.017 (−0.895)	−0.007 (−0.410)

续表

变量	Post=1				Post=0			
	（1）	（2）	（3）	（4）	（5）	（6）	（7）	（8）
	R	R_city	R_sector	R_ind	R	R_city	R_sector	R_ind
AG	−0.001 （−0.390）	−0.001 （−0.309）	−0.001 （−0.240）	−0.000 （−0.024）	−0.004* （−1.917）	−0.003 （−1.618）	−0.004** （−2.103）	−0.004*** （−2.724）
RD	0.026 （0.743）	0.020 （0.750）	0.030 （1.096）	0.029** （2.041）	0.080* （1.978）	0.069** （2.131）	0.044 （1.430）	0.029 （1.295）
Constant	−0.051 （−0.925）	−0.036 （−0.828）	−0.033 （−0.630）	−0.033 （−0.728）	0.167*** （2.678）	0.119** （2.473）	0.107** （2.178）	0.108** （2.363）
样本量	64 383	64 383	64 383	64 383	77 419	77 419	77 419	77 419
R^2	0.063	0.052	0.055	0.042	0.100	0.078	0.074	0.059
Adj_R^2	0.059	0.048	0.051	0.038	0.095	0.072	0.069	0.054

*、**和***分别表示在 10%、5%和 1%的水平下显著

注：括号中为 t 值

第三节　均值−方差−绿色创新投资组合构建

面对持续恶化的环境污染和气候变化问题，如何有效地推动绿色增长成为人类经济社会在可持续发展中被广泛关注的问题。一方面，已有研究表明，投资者在资产配置过程中考虑将企业的环境绩效视为一个重要的因素，因此，良好的环境绩效能够满足投资者的社会偏好。另一方面，由于投资者有限关注和环境偏好的存在，绿色创新与未来股票收益之间存在正相关关系，基于历史收益率估算的样本期望收益和样本协方差矩阵无法反映未来股票收益中与绿色创新关联的部分，故这样的投资组合选择不能为投资者提供有关绿色创新投资决策的有效信息。因此，综合上述两方面原因，本书对传统的均值−方差模型进行扩展，从而构建出包含绿色创新的三目标投资组合选择模型。本节首先对传统投资组合选择进行回顾研究，进而分析总结出多目标投资组合选择模型的建模依据，在此基础上进行均值−方差−绿色创新投资组合模型的拓展。

一、传统投资组合选择

Markowitz（1952）在"Portfolio Selection"文献中提出的均值−方差模型，为投资者提供了构建最优风险资产组合的方法，形成投资组合选择研究和发展的坚实基础。Markowitz（1959）指出："Two objectives, however, are common to all investors for which the techniques of this monograph are designed：1. They want 'return' to be high … 2. They want this return to be dependable, stable, not subject to uncertainty."（所有投资者都有两个共同的目标，本书的技术就是为此设计的：①他们希望回报率高……②他们希望这种回报是可靠的、稳定的，不受不确定性的影响。）由此投资组合选择可看作一个双目标的优化问题，即实现最大化收益和最小化风险，如式（8.5）所示，其中 x 是权重向量，Σ 是收益协方差矩阵，μ 是期望收益向量，S 是权重向量的可行域：

$$\begin{cases} \min\ x^T\Sigma x \\ \max\ \mu^T x \\ \text{s.t. } x\in S \end{cases} \tag{8.5}$$

为了进一步研究式（8.5）的性质，Merton（1972）将可行域 S 设定为 $S=\{x\in R\,|\,\mathbf{1}^T x=1\}$，进而将式（8.5）转化为式（8.6）：

$$\begin{cases} \min\ x^T\Sigma x \\ \max\ \mu^T x \\ \text{s.t. } \mathbf{1}^T x=1 \end{cases} \tag{8.6}$$

其中，$\mathbf{1}$ 是单位向量。通过引入式（8.7）的定义，Merton（1972）将式（8.6）的解集表示为式（8.8），然后证明了其在 (z_1,z_2) 二维空间的映射是一条平滑的抛物线，并将其定义为最小方差边界式（8.9）：

$$\begin{bmatrix} a & c \\ c & f \end{bmatrix}_{2\times 2} = \begin{bmatrix} \mu^T\Sigma^{-1}\mu & \mu^T\Sigma^{-1}\mathbf{1} \\ \mu^T\Sigma^{-1}\mathbf{1} & \mathbf{1}^T\Sigma^{-1}\mathbf{1} \end{bmatrix} \tag{8.7}$$

$$x(\lambda)=\frac{\Sigma^{-1}\mathbf{1}}{f}+\lambda\left(\Sigma^{-1}\mu-\frac{c}{f}\Sigma^{-1}\mathbf{1}\right) \tag{8.8}$$

$$z_1=\frac{1}{af-cc}\left(fz_2^2-2cz_2+a\right) \tag{8.9}$$

其中，参数 λ 大于或等于 0，当 $\lambda=0$ 时，可以得到全局最小方差投资组合。

具体来说，权重向量 x_1，x_2，x_3 和 x_4 在准则空间中的映射点分别对应 z_1，z_2，z_3 和 z_4。根据 Merton（1972）的定义，全局最小方差投资组合以上的最小方差边界是投资组合的有效边界，对应式（8.9）中的加粗曲线。当给定期望收益时，有效边界上的点具有最低的方差。而当给定方差时，有效边界上的点则具有最高的期望收益。

自均值-方差模型提出以来，不少学者对其与投资者效用函数之间的关系进行了广泛的探讨。在效用最大化决策视角下，投资组合选择问题定义为一个单目标决策问题：

$$\begin{cases} \max E\left(u\left(\boldsymbol{r}^{\mathrm{T}}\boldsymbol{x}\right)\right) \\ \text{s.t. } \boldsymbol{x} \in S \end{cases} \quad (8.10)$$

其中，$\boldsymbol{r}$ 为个股收益向量；$\boldsymbol{r}^{\mathrm{T}}\boldsymbol{x}$ 为投资组合收益；$u(\ )$ 为投资者一元效用函数，即 $u: R \to R$。Levy 和 Markowitz（1979）定义 $u(\ )$ 严格递增且为凹函数，进而证明了当 $u(\ )$ 是二次性函数或收益满足联合正态分布时，式（8.10）的最优解是式（8.5）的有效集的一个元素，从而统一了投资组合选择模型式（8.5）和投资者的期望效用最大化式（8.10）。Markowitz（2014）进一步指出，"均值–方差分析的应用假设为正态（高斯）回归分布或二次效用函数"，这一说法是一种局限理解，并在文献回顾和理论分析的基础上证明：对于各种凹形（风险规避）效用函数，均值–方差的优化结果将实现其预期效用的近似最大化。由此，投资者可以在给定准确的估计参数时定量地求解投资组合选择的有效边界，进而根据其风险偏好选择最优的资产配置结构。

二、包含绿色创新的三目标投资组合选择

（一）多目标决策理论的基本回顾

多目标决策理论最早由法国经济学家帕累托在 1896 年提出，与此同时帕累托最优（非劣解）的概念也相应提出。自此，对非劣集的精确求解就成为多目标决策关注的核心问题。Kuhn 和 Tucker（1951）从数学规划角度提出向量优化解的充要条件，这项研究推动了多目标决策理论的发展。Charnes 和 Cooper（1961）提出了目标规划的概念，为后续多目标决策理论的发展提供了重要的参考。此外，Steuer（1986）、Ehrgott 等（2012）等学者也从不同角度深入研究了非劣集求解等相关问题，由此可见，多目标决策理论在包括投资组合选择的金融领域得到了广泛应用。

在提出包含绿色创新的三目标投资组合选择模型之前，本书首先对多目标决策理论的基本概念进行回顾。多目标决策的研究问题可以表示如下：

$$\begin{cases} \max\ z_1 = f_1(\boldsymbol{x}) \\ \qquad \vdots \\ \max\ z_k = f_k(\boldsymbol{x}) \\ \text{s.t. } \boldsymbol{x} \in S \end{cases} \quad (8.11)$$

其中，$\boldsymbol{x}$ 是 n 维实数空间 R^n 中的解向量；k 是目标函数的个数；$f_1(\boldsymbol{x})\cdots f_k(\boldsymbol{x})$ 是目标函数；$\boldsymbol{z}=\left[z_1\cdots z_k\right]^{\mathrm{T}}$ 是准则向量；z_i 是第 i 个准则标量；S 是 R^n 上的可行域；

$Z = \{z \mid x \in S\}$ 是目标空间的可行域。

当投资者面对具有多个目标的可行投资方案并需要对其进行权衡取舍时，多目标决策理论便在此时为投资者提供了可行方法。由于多个目标之间联系紧密且往往互相矛盾，因此一个目标的提升可能需要以其他目标的降低为代价。例如，制定关于环境治理和经济发展的方案就是一个需要用多目标决策理论解决的科学研究问题。具体而言，当发展经济的同时，人类社会可能会面临环境污染的问题，而改善环境却可能会降低经济发展速度。故不同于单目标决策，多目标决策的求解结果为一个扩展最优解的集合。基于此，本书介绍如下的定义：

定义 8.1：在式（8.11）中，对于两个目标向量 $y = [y_1 \cdots y_k]^T \in Z$ 和 $z = [z_1 \cdots z_k]^T \in Z$，其中 y 占优于 z 定义为 $y_1 \geqslant z_1, \cdots, y_k \geqslant z_k$，而且至少有一个 $y_i > z_i$。

定义 8.2：在式（8.11）中，一个目标向量 $y \in Z$ 是非劣的，这意味着不存在 Z 中的另外一个目标向量 z 使得 z 占优于 y。否则 y 就是劣的。

定义 8.3：在式（8.11）中，一个解向量 $x \in S$ 是有效的，这意味着它的目标向量 $y \in Z$ 是非劣的。否则（也就是 $y \in Z$ 是劣的），$x \in S$ 是无效的。

同时，对单目标函数最优解向量进行推广便得到有效解向量。将所有的有效解向量组成的集合称为有效集，用 E 表示。将所有的非劣目标向量组成的集合称为非劣集，用 N 表示。由此多目标决策理论的关键在于获取使得目标函数之间相互平衡的非劣集 N，从而逆向求解权重空间的有效集 E。

（二）多目标投资组合选择

均值-方差模型为投资组合选择提供了经典的理论分析框架，Levy 和 Markowitz（1979）、Huang 和 Litzenberger（1988）、Markowitz（2014）进一步论证了效用最大化和均值-方差优化的一致性。但在回顾和展望投资组合选择时，Markowitz（1991）则指出在投资组合选择中可能存在其他重要的目标："Utility function may depend on portfolio return and perhaps other state variables … the modern portfolio theorist is able to trace out mean-variance frontiers for large universes of securities. But is this the right thing to do for the investor? In particular, are mean and variance proper and sufficient criteria for portfolio choice."（效用函数可能取决于投资组合收益和其他状态变量……现代投资组合理论能为大范围的证券找出均值-方差边界。但这对投资者而言是正确做法吗？特别地，均值和方差是投资组合选择的适当和充分的标准。）由此，在投资组合理论的发展中，对多目标投资组合选择的研究成为一个重要的研究方向，试图将投资者风险和收益以外的目标融入量化投资决策中。

在此基础上，Steuer 等（2007）提出投资者效用函数不仅包含收益，还可以包括如股息率、交易流动性、证券数量、企业社会责任等其他目标，如式（8.12）所示，其中 $r_2, \cdots, r_k$ 为个股公司治理向量、个股企业社会责任等向量，$r^T x, r_2^T x, \cdots, r_k^T x$ 为投资组合收益、投资组合公司治理、投资组合企业社会责任。效用函数 $u(r^T x)$ 由一元函数扩展为 k 元函数 $u(r^T x, r_2^T x, \cdots, r_k^T x)$，即 $u: R^k \to R$。因此式（8.10）扩展为

$$\begin{cases} \max E\left(u\left(r^T x, r_2^T x, \cdots, r_k^T x\right)\right) \\ \text{s.t. } x \in S \end{cases} \quad (8.12)$$

与此同时，为了更好地满足投资者需求，自 20 世纪 70 年代起，基于多目标决策理论的投资组合选择逐步兴起。多目标决策理论旨在多个相互矛盾、相互竞争的决策目标机制下选择有效解（扩展的最优解），为关注股息率、交易流动性等目标的投资者提供了建模和求解的方法。从多目标决策的视角，Steuer 等（2007）将均值-方差模型式（8.5）扩展为多目标投资组合选择模型式（8.13）：

$$\begin{cases} \min z_1 = x^T \Sigma x \\ \max z_2 = \mu^T x \\ \max z_3 = \mu_2^T x \\ \qquad \vdots \\ \max z_k = \mu_{k-1}^T x \\ \text{s.t. } x \in S \end{cases} \quad (8.13)$$

其中，$z_1, \cdots, z_k$ 为投资者的投资目标；μ，$\mu_2, \cdots, \mu_{k-1}$ 为 $r, r_2, \cdots, r_{k-1}$ 所对应的期望值向量，即 $\mu = E(r), \mu_2 = E(r_2), \cdots, \mu_k = E(r_k)$。进一步地，结合式（8.12）和式（8.13），Steuer 等（2007）证明了当 $u(r^T x, r_2^T x, \cdots, r_k^T x)$ 是 $r^T x$ 的二次性函数且是 $r_2^T x, \cdots, r_k^T x$ 的线性函数时，式（8.12）的最优解是式（8.13）的有效集的一个元素，从而统一了多目标投资组合选择式（8.13）和投资者的扩展的期望效用最大化式（8.12）。

（三）包含绿色创新的三目标投资组合选择模型

基于前文的理论回顾和实证数据结果，绿色创新是测度上市公司环境表现的一个有效维度，并与上市公司未来的股票收益存在正相关关系。并且，通过降低投资者有限关注的渠道能够实现绿色创新与股票收益的关系。由此，基于股票历史收益率序列计算的期望收益和方差无法有效地将与绿色创新相关的价值信息考虑在内。根据 Lo 等（2003）的论述，需要将历史收益率中无法反映的公司竞争力

信息融入投资组合选择当中。另外，投资者愿意为了投资组合的环境绩效在一定程度上牺牲财务回报。然而，Pedersen 等（2020）指出，相较于目前万亿级的 ESG 投资需求，投资者将 ESG 信息融入投资组合选择的理论工具还十分缺乏。

　　基于以上因素，结合多目标决策的理论基础，本书研究在投资组合选择的过程中对目标函数考虑上市公司绿色创新的因素。具体而言，将式（8.6）扩展为式（8.14）：

$$
\begin{cases}
\min\ z_1 = \boldsymbol{x}^{\mathrm{T}}\boldsymbol{\Sigma}\boldsymbol{x} \\
\max\ z_2 = \boldsymbol{\mu}^{\mathrm{T}}\boldsymbol{x} \\
\max\ z_3 = \mathbf{GI}^{\mathrm{T}}\boldsymbol{x} \\
\text{s.t. } \boldsymbol{x} \in S
\end{cases}
\tag{8.14}
$$

其中，**GI** 为期望绿色创新向量。Qi 等（2017）证明了式（8.14）的计算结果是一个三维空间中的非退化抛物面。非退化的含义是期望收益、期望绿色创新和方差的系数均不为 0，式（8.6）扩展为式（8.14）。

　　对于投资者而言，最小方差界面提供了一个能够有效兼顾均值、方差和绿色创新的决策方案。根据非劣的定义，给定期望收益和方差，投资者能够在最小方差界面上获得具有最高绿色创新的准则向量，由此可以在可行域 S 上得到对应的有效权重向量。

第九章 非劣绿色创新组合的构建与实证检验

本章着重研究绿色创新的三目标投资组合选择模型的求解问题，使用模型推理的方式为投资者提供一种能够兼顾均值-方差-绿色创新的投资组合选择方案。基于前文中的理论和实证分析结果，首先本章第一节在等式约束下对传统的均值-方差模型进行拓展和求解，分别给出非劣集和有效集两种求解结果。第二节结合筛选-加权指数，在第一节计算的有效集基础上确定非劣于筛选-加权指数的多目标投资组合选择方案。第三节给出两个算例，首先对一个包含 5 只股票的算例说明模型进行计算并得到模型的小样本结果，进一步以中证100指数成分股为基础构建均值-方差-绿色创新投资组合，并将其绩效与筛选-加权指数在样本期外进行比较。第四节总结主要的模型推导结果和样本期外实证结果，并提炼本章主要结论。

第一节 等式约束下均值-方差-绿色创新投资组合的建模求解

在建立均值-方差-绿色创新投资组合模型之后，随之而来的一个重要的问题就是如何求解均值-方差-绿色创新投资组合模型。在式（8.14）中，假设投资组合选择的约束条件为 $x \in S$ ，表示一般性的约束条件。为了进一步分析式（8.14）在准则空间中对应的非劣集和在权重空间中对应的有效集，参考 Merton（1972）的方法，本书将约束条件简化为预算约束条件 $\mathbf{1}^{\mathrm{T}} x = 1$ ，由此将式（8.14）改写为式（9.1）：

$$\begin{cases} \min \ z_1 = \boldsymbol{x}^{\mathrm{T}} \boldsymbol{\Sigma} \boldsymbol{x} \\ \max \ z_2 = \boldsymbol{\mu}^{\mathrm{T}} \boldsymbol{x} \\ \max \ z_3 = \mathbf{GI}^{\mathrm{T}} \boldsymbol{x} \\ \text{s.t. } \mathbf{1}^{\mathrm{T}} \boldsymbol{x} = 1 \end{cases} \qquad (9.1)$$

在求解式（9.1）之前，本书提出如下两个假设：

假设 9.1： 协方差矩阵 $\boldsymbol{\Sigma}$ 是正定可逆的。

假设 9.2： 期望收益 $\boldsymbol{\mu}$、绿色创新 **GI** 和 **1** 是线性无关的。

参考 Merton（1972）和 Qi 等（2017）的研究，本书利用 ε-约束法对式（9.1）进行求解。根据 Steuer（1986），将式（9.1）进一步转化为式（9.2）：

$$\begin{cases} \min \ z_1 = \boldsymbol{x}^{\mathrm{T}} \boldsymbol{\Sigma} \boldsymbol{x} \\ \text{s.t. } \boldsymbol{\mu}^{\mathrm{T}} \boldsymbol{x} = e_2 \\ \mathbf{GI}^{\mathrm{T}} \boldsymbol{x} = e_3 \\ \mathbf{1}^{\mathrm{T}} \boldsymbol{x} = 1 \end{cases} \qquad (9.2)$$

其中，e_2 和 e_3 是参数变量。当参数变量 e_2 和 e_3 发生变化时，所有准则向量 (z_1, z_2, z_3) 构成的集合对应均值–方差–绿色创新模型的最小方差边界。

根据 Lagrangian 求解法，Qi 等（2017）将式（9.2）的计算结果推导为式（9.3）：

$$z_1 = \boldsymbol{d}_2^{\mathrm{T}} \boldsymbol{\Sigma} \boldsymbol{d}_2 z_2^2 + \boldsymbol{d}_3^{\mathrm{T}} \boldsymbol{\Sigma} \boldsymbol{d}_3 z_3^2 + 2\boldsymbol{d}_2^{\mathrm{T}} \boldsymbol{\Sigma} \boldsymbol{d}_3 z_2 z_3 + 2\boldsymbol{d}_2^{\mathrm{T}} \boldsymbol{\Sigma} \boldsymbol{x}_0 z_2 + 2\boldsymbol{d}_3^{\mathrm{T}} \boldsymbol{\Sigma} \boldsymbol{x}_0 z_3 + \boldsymbol{x}_0^{\mathrm{T}} \boldsymbol{\Sigma} \boldsymbol{x}_0 \qquad (9.3)$$

其中，$\boldsymbol{x}^0$、$\boldsymbol{d}_2$、$\boldsymbol{d}_3$ 和 $a, \cdots, f$ 等向量或标量计算如下：

$$\boldsymbol{x}^0 = \frac{1}{|\boldsymbol{C}|} \Big[(be - cd) \boldsymbol{\Sigma}^{-1} \boldsymbol{\mu} + (bc - ae) \boldsymbol{\Sigma}^{-1} \boldsymbol{g} + (ad - bb) \boldsymbol{\Sigma}^{-1} \mathbf{1} \Big] \qquad (9.4)$$

$$\boldsymbol{d}_2 = \frac{1}{|\boldsymbol{C}|} \Big[(df - ee) \boldsymbol{\Sigma}^{-1} \boldsymbol{\mu} + (ce - bf) \boldsymbol{\Sigma}^{-1} \mathbf{GI} + (be - cd) \boldsymbol{\Sigma}^{-1} \mathbf{1} \Big] \qquad (9.5)$$

$$\boldsymbol{d}_3 = \frac{1}{|\boldsymbol{C}|} \Big[(ce - bf) \boldsymbol{\Sigma}^{-1} \boldsymbol{\mu} + (af - cc) \boldsymbol{\Sigma}^{-1} \mathbf{GI} + (bc - ae) \boldsymbol{\Sigma}^{-1} \mathbf{1} \Big] \qquad (9.6)$$

$$\boldsymbol{C} = \begin{pmatrix} a & b & c \\ b & d & e \\ c & e & f \end{pmatrix} = \begin{pmatrix} \boldsymbol{\mu}^{\mathrm{T}} \boldsymbol{\Sigma}^{-1} \boldsymbol{\mu} & \boldsymbol{\mu}^{\mathrm{T}} \boldsymbol{\Sigma}^{-1} \mathbf{GI} & \boldsymbol{\mu}^{\mathrm{T}} \boldsymbol{\Sigma}^{-1} \mathbf{1} \\ \boldsymbol{\mu}^{\mathrm{T}} \boldsymbol{\Sigma}^{-1} \mathbf{GI} & \mathbf{GI}^{\mathrm{T}} \boldsymbol{\Sigma}^{-1} \mathbf{GI} & \mathbf{GI}^{\mathrm{T}} \boldsymbol{\Sigma}^{-1} \mathbf{1} \\ \boldsymbol{\mu}^{\mathrm{T}} \boldsymbol{\Sigma}^{-1} \mathbf{1} & \mathbf{GI}^{\mathrm{T}} \boldsymbol{\Sigma}^{-1} \mathbf{1} & \mathbf{1}^{\mathrm{T}} \boldsymbol{\Sigma}^{-1} \mathbf{1} \end{pmatrix} \qquad (9.7)$$

Qi 等（2017）证明了 $\boldsymbol{x}_0$、$\boldsymbol{d}_2$ 和 $\boldsymbol{d}_3$ 之间不存在线性相关关系。由此，在多目标投资组合的有效界面上，假设给定目标 z_2 和 z_3 的取值，可将其投资组合权重计算如下：

$$\boldsymbol{x} = \boldsymbol{x}_0 + z_2 \boldsymbol{d}_2 + z_3 \boldsymbol{d}_3 \qquad (9.8)$$

进一步地，通过加权求和法，可以将式（9.2）转化为式（9.9）：

$$\begin{cases} \min\left\{\boldsymbol{x}^{\mathrm{T}}\boldsymbol{\Sigma}\boldsymbol{x} - \lambda_2\boldsymbol{\mu}^{\mathrm{T}}\boldsymbol{x} - \lambda_3\mathbf{GI}^{\mathrm{T}}\boldsymbol{x}\right\} \\ \text{s.t. } \mathbf{1}^{\mathrm{T}}\boldsymbol{x} = 1 \end{cases} \quad (9.9)$$

其中，参数 λ_2 和 λ_3 是大于 0 的参数变量，分别代表投资者对期望收益和绿色创新的偏好程度。基于 Lagrangian 求解法，Qi 等（2017）将式（9.9）的计算结果推导为式（9.10），并证明了 $\boldsymbol{x}_{\mathrm{mv}}$、$\boldsymbol{\Delta}_2$ 和 $\boldsymbol{\Delta}_3$ 线性无关，由此给出了式（9.2）在权重空间的有效集：

$$\left\{\boldsymbol{x} \in \mathrm{R}^n \,\middle|\, \boldsymbol{x} = \boldsymbol{x}_{\mathrm{mv}} + \lambda_2\boldsymbol{\Delta}_2 + \lambda_3\boldsymbol{\Delta}_3, \ \lambda_2, \lambda_3 \geqslant 0\right\} \quad (9.10)$$

其中，$\boldsymbol{x}_{\mathrm{mv}}$、$\boldsymbol{\Delta}_2$ 和 $\boldsymbol{\Delta}_3$ 计算如下：

$$\boldsymbol{x}_{\mathrm{mv}} = \frac{1}{f}\boldsymbol{\Sigma}^{-1}\mathbf{1} \quad (9.11)$$

$$\boldsymbol{\Delta}_2 = \frac{1}{2}\left(\boldsymbol{\Sigma}^{-1}\boldsymbol{\mu} - \frac{c}{f}\boldsymbol{\Sigma}^{-1}\mathbf{1}\right) \quad (9.12)$$

$$\boldsymbol{\Delta}_3 = \frac{1}{2}\left(\boldsymbol{\Sigma}^{-1}\mathbf{GI} - \frac{e}{f}\boldsymbol{\Sigma}^{-1}\mathbf{1}\right) \quad (9.13)$$

将式（9.11）~式（9.13）代入式（9.2），可以得到多目标投资组合选择的非劣集：

$$\begin{cases} z_1 = \left(\boldsymbol{x}_{\mathrm{mv}} + \lambda_2\boldsymbol{\Delta}_2 + \lambda_3\boldsymbol{\Delta}_3\right)^{\mathrm{T}} \boldsymbol{\Sigma} \left(\boldsymbol{x}_{\mathrm{mv}} + \lambda_2\boldsymbol{\Delta}_2 + \lambda_3\boldsymbol{\Delta}_3\right) \\ z_2 = \boldsymbol{\mu}^{\mathrm{T}}\left(\boldsymbol{x}_{\mathrm{mv}} + \lambda_2\boldsymbol{\Delta}_2 + \lambda_3\boldsymbol{\Delta}_3\right) \\ z_3 = \mathbf{GI}^{\mathrm{T}}\left(\boldsymbol{x}_{\mathrm{mv}} + \lambda_2\boldsymbol{\Delta}_2 + \lambda_3\boldsymbol{\Delta}_3\right) \end{cases} \quad (9.14)$$

第二节　非劣于筛选-加权指数的均值-方差-绿色创新投资组合

在建立包含绿色创新的多目标投资组合模型后，本章下一个需要面对的研究问题是，包含绿色创新的三目标决策是否能够优于筛选-加权组合的样本期外绩效。在比较多目标投资组合选择与筛选-加权组合的样本期外绩效方面，已经有学者进行了研究且进行了一定程度的探索，但并未能够得到一致的结论。Bilbao-Terol 等（2013）将"特征价格"的概念引入投资组合选择，通过 ε-约束法获得投资组合有效边界，然而所得的有效边界是 Hirschberger 等（2013）计算有效界面的部分解。Bertrand 和 Lapointe（2015）对比了简单分散化和最小方差投资组合在社会责任筛选前后的样本期外绩效。然而，Bertrand 和 Lapointe（2015）关注的只是投资组合有效边界上的特定点，而非整个有效界面的信息。Hirschberger 等（2013）提出了一般化的三目标投资组合选择模型的求解方案。Qi（2018）基于多目标决策构建了超越筛选-加权指数的社会责任投资组合。然而，他们的关注点主要集中于美国市场，根据 AsseT4（Refinitiv）或 KLD 数据库公布的长期社会责任跟踪调查数据进行研究，这在中国市场并不具备可行性。一方面，中国市场的绿色投资方兴未艾，绿色基金成立时间大多在几年以内，缺乏可供比较的合理基准。另一方面，环境评级指标的分析和环境信息披露中的"漂绿"问题也成为阻碍中国 ESG 投资发展的重要原因。以"漂绿"的问题为例，根据南方周末发布的"中国漂绿榜"，2009~2016 年中国共有 115 家上市公司出现"漂绿"的行为。

综上所述，本书考虑当企业发生不易操作的长期投资行为时，将绿色创新这一目标要素作为度量企业环境绩效的标准。在此基础上，首次提出一种同时兼顾期望收益-方差-绿色创新的三目标投资组合选择模型，并在样本期内论证其非劣于筛选-加权指数的原因。在样本期外，本书以中证 100 指数成分股企业为研究对象，实证检验筛选-加权指数与本书提出模型的样本期外绩效差异。

一、筛选-加权指数的局限性

筛选-加权指数凭借其简单易行的特点，已经成为目前在实践领域被广泛应用于 ESG 投资组合的构建方法。具体而言，筛选-加权指数的构建方法一共分为两步：第一，剔除不符合投资者 ESG 目标的上市公司样本，如重污染行业或烟草、军工等行业。第二，加总筛选后的上市公司的流通市值，可以通过流通市值加权的方式计算每只股票的权重。筛选-加权指数的主要优点是简单易行，并且能够达到较高的分散化程度和持股数量。但筛选-加权指数具有以下的局限性。

首先，筛选-加权指数的方法在面对具有差异的投资者时，便无法适应为其提供多样化的投资方案。对于存在不同程度环境偏好的投资者而言，筛选-加权指数的权重向量是一样的。然而，特定的筛选方案对部分投资者适用，却与其他投资者的环境偏好不匹配。对一个投资者重要的社会特征对另一个有社会意识的投资者可能并不重要。

其次，筛选-加权指数忽略了投资者可以将绿色创新作为新增目标，从而获得额外效用的事实。当投资切实有效地试图平衡商业、社会和金融的竞争目标时，却同时面临诸多困境，此时需要去判断如何最好地调和经常相互冲突的关切。

最后，筛选-加权指数通常通过一系列具有良好 ESG 表现的股票来建立投资组合，但忽略了投资组合的整体特征。对此，在 Markowitz（1959）看来，投资组合选择不是一系列股票的简单排列，而是一个整体的优化过程。投资组合选择的过程中需要考虑证券间的关系，将其作为一个平衡的整体进行处理。

二、非劣于筛选-加权指数的多目标投资组合选择

本节进一步给出非劣于筛选-加权指数的多目标投资组合选择构建方法，后文将其简称为非劣绿色创新组合。对应着筛选-加权指数的准则向量 z_{gi}，本书将其权重向量定义为 x_{gi}。由于筛选-加权指数剔除了绿色创新为 0 的上市公司样本，x_{gi} 中包含了部分数值为 0 的元素。由于式（9.10）中较少包含数值为 0 的元素，一般情况下 x_{gi} 并不包含在有效集式（9.10）中。由此，z_{gi} 往往处于非劣曲面的下方。

本书过 z_{gi} 点设定一个平行与 (z_2, z_3) 二维空间平行的平面，平面的表达式如式（9.15）所示：

$$z_1 = z_{gi1} \tag{9.15}$$

因为交线上所有的投资组合具有相同的 z_1，非劣绿色创新组合的构建主要需要关注（z_2，z_3）的取值。由于 Qi 等（2017）证明了最小方差界面是一个非退化抛物面，则交线表达式为式（9.16）：

$$z_{gi1} = d_2^T \Sigma d_2 z_2^2 + d_3^T \Sigma d_3 z_3^2 + 2d_2^T \Sigma d_3 z_2 z_3 + 2d_2^T \Sigma x_0 z_2 + 2d_3^T \Sigma x_0 z_3 + x_0^T \Sigma x_0 \tag{9.16}$$

本书将上述结果表达为定理 9.1。

定理 9.1：在式（9.2）对应的 (z_1, z_2, z_3) 空间中，若 z_{gi} 不是非劣的，则存在一个通过 z_{gi} 且与 (z_2, z_3) 二维空间平行的平面。该平面式（9.15）与最小方差界面式（9.3）相交。在交线式（9.16）上，存在一个范围内的投资组合占优于 z_{gi}。即，这些投资组合的方差与 z_{gi} 相同，期望收益大于或等于 z_{gi}，期望绿色创新大于或等于 z_{gi}，并且上述"大于或等于"的关系至少有一个是"大于"关系。

证明：平面式（9.15）与式（9.2）的 Z 相交。由于所有交线投资组合具有相同的 z_1 且有效界面是式（9.2）的优化投资组合，则交线对应的解集是 z_R 到 z_G 的加粗曲线。其中，$z_R = (z_{gi1}, z_{R2}, z_{R3})$ 和 $z_G = (z_{gi1}, z_{G2}, z_{G3})$ 可由式（9.10）和式（9.16）计算得到。

根据 Anton 等（2015）和式（9.16），对 z_3 求偏导，取两个解中具有较大 z_2 值的结果得到 $z_R = (z_{gi1}, z_{R2}, z_{R3})$。计算过程如式（9.17）所示：

$$\frac{\partial z_1}{\partial z_3} = 2d_3^T \Sigma d_3 z_3 + 2d_2^T \Sigma d_3 z_2 + 2d_3^T \Sigma x_0 = 0 \tag{9.17}$$

同理，对 z_2 求偏导，取两个解中具有较大 z_3 值的结果得到

$z_R = \left(z_{gi1}, z_{G2}, z_{G3}\right)$。计算过程如式（9.18）所示：

$$\frac{\partial z_1}{\partial z_2} = 2\boldsymbol{d}_2^{\mathrm{T}}\boldsymbol{\Sigma}\boldsymbol{d}_2 z_2 + 2\boldsymbol{d}_2^{\mathrm{T}}\boldsymbol{\Sigma}\boldsymbol{d}_3 z_3 + 2\boldsymbol{d}_2^{\mathrm{T}}\boldsymbol{\Sigma}\boldsymbol{x}_0 = 0 \tag{9.18}$$

若 z_{gi} 在 z_R 的右侧，即 $z_{gi3} \geqslant z_{R3}$，则可以将 $z_3 = z_{gi3}$ 代入式（9.16）得到 $z_{k1} = \left(z_{gi1}, z_{k1\_2}, z_{gi3}\right)$。计算可以得到两个单位根，取较大的数值为 z_{k1_2}。若 $z_{gi3} < z_{R3}$，则将 z_{k1_2} 取值为 z_{R2}。

同理可以对 z_{k4} 进行计算。若 z_{gi} 在 z_G 的右侧，即 $z_{gi2} \geqslant z_{G2}$，则可以将 $z_2 = z_{gi2}$ 代入式（9.16）得到 $z_{k4} = \left(z_{gi1}, z_{gi2}, z_{k4\_3}\right)$。计算可以得到两个单位根，取较大的数值为 z_{k4_3}。若 $z_{gi2} < z_{G2}$，则将 z_{k4_3} 取值为 z_{G3}。

综上所述，z_R、z_G 和 z_{gi} 之间有且仅有以下四种情况。

（1）$z_{gi3} \geqslant z_{R3}$ 且 $z_{gi2} \geqslant z_{G2}$。

（2）$z_{gi3} \geqslant z_{R3}$ 且 $z_{gi2} < z_{G2}$。

（3）$z_{gi3} < z_{R3}$ 且 $z_{gi2} \geqslant z_{G2}$。

（4）$z_{gi3} < z_{R3}$ 且 $z_{gi2} < z_{G2}$。

对于上述的四种情况，本书表明了 z_{gi} 各自对应的控制集。在控制集中，所有的投资组合均非劣于 z_{gi}。换言之，在 z_{k1} 到 z_{k4} 加粗曲线上的所有投资组合都占优于 z_{gi}，对应的投资组合权重向量可由式（9.8）计算。

定理 9.1 在样本期内证明了 z_{k1} 到 z_{k4} 加粗曲线上的所有投资组合相对于 z_{gi} 的非劣性质。DeMeguel 等（2009）、Hwang 等（2018）、齐岳和廖科智（2021）的研究表明了样本期外检验的重要性。由此，本书从 z_{k1} 到 z_{k4} 加粗曲线上选择特定的投资组合，搜集其样本期内外的数据，计算投资组合在样本期外的收益，方差和绿色创新指数，并进行以下假设检验：

假设 9.1 原假设：z_{k1} 到 z_{k4} 加粗曲线上的方差大于或等于 z_{gi} 的方差。

假设 9.1 备择假设：z_{k1} 到 z_{k4} 加粗曲线上的方差小于 z_{gi} 的方差。

假设 9.2 原假设：z_{k1} 到 z_{k4} 加粗曲线上的收益小于或等于 z_{gi} 的收益。

假设 9.2 备择假设：z_{k1} 到 z_{k4} 加粗曲线上的收益大于 z_{gi} 的收益。

假设 9.3 原假设：z_{k1} 到 z_{k4} 加粗曲线上的绿色创新小于或等于 z_{gi} 的绿色创新。

假设 9.3 备择假设：z_{k1} 到 z_{k4} 加粗曲线上的绿色创新大于 z_{gi} 的绿色创新。

在进行上述检验后，本书再结合 z_{gi} 和 z_{k1} 到 z_{k4} 加粗曲线上的投资组合对应准则的数值关系对样本期外非劣与否的计算结果进行判定。

第三节　均值-方差-绿色创新投资组合的实证检验

基于前文的理论分析，本节以中证 100 指数成分股为样本空间，构建包含绿色创新的三目标投资组合并求解其非劣集和有效集。进一步地，以筛选-加权指数为基准，在非劣曲面上确定控制集的范围，取其权重向量作为非劣绿色创新组合。最后，在样本期外检验非劣绿色创新组合相对于筛选-加权指数的非劣特征是否成立。本节的计算一共分为两个部分，第一部分先以一个包含 5 只股票的算例说明具体的求解过程，第二部分呈现以中证 100 指数为样本空间的计算和实证检验结果。

一、投资组合计算前的数据预处理

本节以中证 100 指数成分股为样本空间，选择其 2009 年 1 月~2018 年 12 月的收益率和绿色创新指数数据，旨在检验非劣绿色创新组合相对于筛选-加权指数的非劣特征。考虑到中国上市公司发布企业社会责任报告主要是在 2009 年以后，因此本章和第七章的样本区间选取均从 2009 年开始。对于 2009 年 1 月~2018 年 12 月，本书将其划分为两个阶段：第一个阶段是 2009 年 1 月~2013 年 12 月，该阶段作为样本期内数据，用以计算样本期望收益 $\widehat{\boldsymbol{\mu}}$、样本协方差矩阵 $\widehat{\boldsymbol{\Sigma}}$ 和样本期望绿色创新 $\widehat{\mathbf{GI}}$，计算式（9.19）~式（9.21）。第二个阶段是 2014 年 1 月~2018 年 12 月，该阶段作为样本期外数据，用以检验假设 9.1~假设 9.3，给出非劣绿色创新组合在样本期外是否非劣的推断。

$$\widehat{\boldsymbol{\mu}} = \frac{1}{M}\sum_{t=1}^{M}\boldsymbol{r}_t \qquad (9.19)$$

$$\widehat{\boldsymbol{\Sigma}} = \frac{1}{M-1}\sum_{t=1}^{M}\left(\boldsymbol{r}_t - \widehat{\boldsymbol{\mu}}\right)\left(\boldsymbol{r}_t - \widehat{\boldsymbol{\mu}}\right)^{\mathrm{T}} \qquad (9.20)$$

$$\widehat{\mathbf{GI}} = \frac{1}{M}\sum_{t=1}^{M}\mathbf{GI}_t \qquad (9.21)$$

其中，$\boldsymbol{r}_t$ 是 n 只股票在第 t 期的历史收益率；$\mathbf{GI}_t$ 是 n 只股票在第 t 期的绿色创新；M 是估计窗口的长度，本书中 $M = 60$。

根据第七章和第八章的阐述，本节对中证 100 指数成分股进行以下预处理：第一，剔除 ST、PT 上市公司和次新股；第二，剔除金融业和房地产业的上市公司；第三，剔除滚动五年周期内没有研发投入和专利产出的上市公司；第四，剔除 2009 年后上市或收益率存在 10%及以上缺失值的上市公司样本。筛选完成后，将上市公司收益率的缺失值替换为 0，最终一共得到 39 家上市公司 120 个月的收益率作为研究样本。

二、基于 5 只股票的多目标投资组合求解及检验

本节首先选取 5 只股票呈现计算的过程，选取的 5 只股票信息如表 9.1 所示。5 家上市公司分属不同的行业（根据 2012 年证监会行业分类），其中有 3 家属于重污染行业，2 家属于非重污染行业。

表 9.1　5 家样本上市公司的基本情况

股票代码	公司全称	行业	上市板块	重污染行业
000538	云南白药集团股份有限公司	医药制造业	深圳主板	是
000725	京东方科技集团股份有限公司	计算机、通信和其他电子设备制造业	深圳主板	否
600346	恒力石化股份有限公司	化学纤维制造业	上证主板	是
600585	安徽海螺水泥股份有限公司	非金属矿物制品业	上证主板	是
600588	用友网络科技股份有限公司	软件和信息技术服务业	上证主板	否

基于上述 5 家上市公司 2009 年 1 月~2013 年 12 月的月收益率数据，结合式（9.19）~式（9.21），本书计算样本协方差矩阵 $\hat{\Sigma}$、样本期望收益 $\hat{\mu}$ 和样本期望绿色创新 $\widehat{GI}$，并根据 Bodie 等（2018）的做法，将月度数据转化为年度数据。结果如下：

$$\hat{\Sigma} = \begin{pmatrix} 0.0792 & 0.0142 & 0.0027 & 0.0007 & 0.0429 \\ 0.0142 & 0.1176 & 0.0831 & 0.0772 & 0.0434 \\ 0.0027 & 0.0831 & 0.1963 & 0.0911 & 0.0691 \\ 0.0007 & 0.0772 & 0.0911 & 0.1744 & 0.0267 \\ 0.0429 & 0.0434 & 0.0691 & 0.0267 & 0.1393 \end{pmatrix}, \hat{\mu} = \begin{pmatrix} 0.3145 \\ 0.0502 \\ 0.2711 \\ 0.2342 \\ 0.1348 \end{pmatrix}, \widehat{GI} = \begin{pmatrix} 0.0260 \\ 0.0920 \\ 0.0000 \\ 0.0000 \\ 0.0460 \end{pmatrix}$$

根据筛选规则，本书剔除期望绿色创新为 0 的 600346 和 600585。然后，基于加权规则，使用 000538、000725 和 600588 在 2009 年 1 月~2013 年 12 月流通市值计算期望流通市值，分别是 38 523 718、17 420 221 和 13 618 071，继而得到筛选-加权的权重为

$$x_{\text{gi}} = \begin{pmatrix} \dfrac{38\,523\,718}{69\,562\,012} \\[2mm] \dfrac{17\,420\,222}{69\,562\,012} \\[2mm] 0 \\[1mm] 0 \\[1mm] \dfrac{13\,618\,072}{69\,562\,012} \end{pmatrix} = \begin{pmatrix} 0.553\,8 \\ 0.250\,4 \\ 0.000\,0 \\ 0.000\,0 \\ 0.195\,8 \end{pmatrix}$$

将 x_{gi} 代入式（10.2）得到 x_{gi} 在准则空间 (z_1, z_2, z_3) 的映射集：

$$z_{\text{gi}} = \begin{pmatrix} 0.054\,5 \\ 0.213\,1 \\ 0.046\,4 \end{pmatrix}$$

由此，可以确定通过点 z_{gi} 且平行于 (z_2, z_3) 轴的平面表达式为

$$z_1 = 0.054\,5 \tag{9.22}$$

根据式（9.16），可以将式（9.2）对应的最小方差曲面表示为

$$z_1 = 5.994\,1z_2^2 + 52.244\,9z_3^2 + 31.930\,2z_2z_3 - 3.955\,8z_2 - 11.171\,3z_3 + 0.711\,4 \tag{9.23}$$

具体而言，式（9.22）和式（9.23）交线的表达式可以表示为式（9.24）：

$$0.054\,5 = 5.994\,1z_2^2 + 52.244\,9z_3^2 + 31.930\,2z_2z_3 - 3.955\,8z_2 - 11.171\,3z_3 + 0.711\,4 \tag{9.24}$$

根据式（9.24），可以判断式（9.22）和式（9.23）的交线是一个椭圆。由于 z_2z_3 项的系数不为 0，式（9.24）是一个长短轴不与坐标轴平行的斜椭圆。基于式（9.17）和式（9.18），本书求解得到：

$$z_R = \begin{pmatrix} 0.054\,5 \\ 0.317\,4 \\ 0.009\,9 \end{pmatrix}, \quad z_G = \begin{pmatrix} 0.054\,5 \\ 0.176\,0 \\ 0.057\,9 \end{pmatrix}$$

基于式（9.23）和式（9.24），本书求解得到：

$$z_{k1} = \begin{pmatrix} 0.054\,5 \\ 0.233\,2 \\ 0.046\,4 \end{pmatrix}, \quad z_{k4} = \begin{pmatrix} 0.054\,5 \\ 0.213\,1 \\ 0.051\,7 \end{pmatrix}$$

本书以期望绿色创新为基准，均匀地在 z_{k1} 到 z_{k4} 的曲线上选择两点 z_{k2} 和 z_{k3}，并对应求解其权重，结果如表 9.2 所示。

表 9.2　　z_{gi}、z_{k1} 到 z_{k4} 的权重向量

股票代码	x_{gi}	x_{k1}	x_{k2}	x_{k3}	x_{k4}
000538	0.553 8	0.678 3	0.660 9	0.641 2	0.618 8
000725	0.250 4	0.343 9	0.361 9	0.379 7	0.397 2
600346	0.000 0	0.044 8	0.034 2	0.023 1	0.011 5
600585	0.000 0	−0.005 5	−0.007 6	−0.008 6	−0.008 1
600588	0.195 8	−0.061 4	−0.049 3	−0.035 5	−0.019 3

　　基于表 9.2 的计算结果，本书计算样本期外 x_{k1}、x_{k2}、x_{k3} 和 x_{k4} 非劣绿色创新组合的收益、方差和绿色创新表现，并将其与 x_{gi} 筛选-加权指数进行比较。检验结果如表 9.3 所示。

表 9.3　　5 只股票非劣绿色创新组合与筛选-加权指数的样本期外比较

对应假设及指标	x_{k1} vs. x_{gi}	x_{k2} vs. x_{gi}	x_{k3} vs. x_{gi}	x_{k4} vs. x_{gi}	x_{gi}
对假设 9.1，统计量	0.007 0	0.007 0	0.007 1	0.007 1	0.006 5
对假设 9.1，p 值	（0.64）	（0.64）	（0.64）	（0.63）	
对假设 9.1，推断	接受原假设	接受原假设	接受原假设	接受原假设	
对假设 9.2，统计量	0.006 7	0.006 8	0.006 9	0.007 1	0.012 2
对假设 9.2，p 值	（0.61）	（0.62）	（0.63）	（0.64）	
对假设 9.2，推断	接受原假设	接受原假设	接受原假设	接受原假设	
对假设 9.3，统计量	0.092 9	0.095 6	0.098 3	0.100 9	0.084 5
对假设 9.3，p 值	（0.09）	（0.08）	（0.07）	（0.04）	
对假设 9.3，推断	拒绝原假设	拒绝原假设	拒绝原假设	拒绝原假设	
非劣	是	是	是	是	

　　注：vs. 表示比较关系；括号中的数据为对应 p 值

　　根据表 9.3，x_{gi} 的投资组合方差为 0.006 5，x_{k1}、x_{k2}、x_{k3} 和 x_{k4} 的投资组合方差为 0.007 0、0.007 0、0.007 1、0.007 1，对假设 9.1 检验对应的 p 值分别为 0.64、0.64、0.64 和 0.63。虽然 x_{k1}、x_{k2}、x_{k3} 和 x_{k4} 的投资组合方差都大于 x_{gi}，但统计上大于关系不显著，统计推断为接受原假设。x_{gi} 的投资组合期望收益为 0.012 2，x_{k1}、x_{k2}、x_{k3} 和 x_{k4} 的投资组合期望收益为 0.006 7、0.006 8、0.006 9、0.007 1，对假设 9.2 检验对应的 p 值分别为 0.61、0.62、0.63 和 0.64。虽然 x_{k1}、x_{k2}、x_{k3} 和 x_{k4} 的投资组合期望收益均低于 x_{gi}，但统计上小于关系是不显著的，统计推断为接受原假设。x_{gi} 的投资组合绿色创新为 0.084 5，x_{k1}、x_{k2}、x_{k3} 和 x_{k4} 的投资组合绿色创新为 0.092 9、0.095 6、0.098 3、0.100 9，对假设 9.3 检验对应的 p 值分别为 0.09、0.08、0.07 和 0.04，

在 10%的显著性水平下拒绝原假设。由此，结合多准则决策的定义，x_{k1}、x_{k2}、x_{k3} 和 x_{k4} 都非劣于 x_{gi}。

三、基于中证 100 指数成分股的多目标投资组合求解及检验

进一步地，本书将样本空间扩展至中证 100 指数中的 39 只股票，并基于式（9.19）~式（9.21）使用与前文类似的步骤计算样本协方差矩阵 $\hat{\boldsymbol{\Sigma}}$、样本期望收益 $\hat{\boldsymbol{\mu}}$ 和样本期望绿色创新 $\widehat{\mathbf{GI}}$，并将月度数据转化为年度数据。由于样本期和股票数量的差距较小，计算的 $\hat{\boldsymbol{\Sigma}}$ 是一个近似奇异的矩阵，导致权重中出现较多极端的结果，因此参考 Ledoit 和 Wolf（2004，2003）的做法，使用单位矩阵对样本协方差矩阵进行压缩调整，调整的系数选定为 0.5。

根据筛选-加权的指数构建方法，本书得到权重向量 x_{gi}，将其代入式（9.2）后得到 z_{gi}：

$$z_{gi} = \begin{pmatrix} 0.095\,7 \\ 0.077\,3 \\ 0.109\,2 \end{pmatrix}$$

由此，可以确定通过点 z_{gi} 且平行于 (z_2, z_3) 轴的平面表达式为

$$z_1 = 0.095\,7 \tag{9.25}$$

根据式（9.16），可以将式（9.2）对应的最小方差曲面表示为

$$z_1 = 0.549\,3z_2^2 + 6.028\,3z_3^2 + 0.545\,7z_2z_3 - 0.196\,2z_2 - 0.633\,4z_3 + 0.061\,2 \tag{9.26}$$

此外，式（9.25）平面和式（9.26）抛物面相交得到一条曲线，在这条曲线上所有投资组合的 z_1 均等于 0.095 7。具体而言，式（9.25）和式（9.26）交线的表达式可以表示为式（9.27）：

$$0.095\,7 = 0.549\,3z_2^2 + 6.028\,3z_3^2 + 0.545\,7z_2z_3 - 0.196\,2z_2 - 0.633\,4z_3 + 0.061\,2 \tag{9.27}$$

根据式（9.27），可以判断式（9.22）和式（9.23）的交线是一个椭圆。由于 z_2z_3 项的系数不为 0，式（9.24）是一个斜椭圆。基于式（9.17）和式（9.18），可以得到：

$$z_R = \begin{pmatrix} 0.095\,7 \\ 0.501\,8 \\ 0.030\,3 \end{pmatrix}, \quad z_G = \begin{pmatrix} 0.095\,7 \\ 0.104\,7 \\ 0.149\,9 \end{pmatrix}$$

基于式（9.26）和式（9.27），可以得到：

$$z_{k1} = \begin{pmatrix} 0.095\,7 \\ 0.395\,2 \\ 0.109\,2 \end{pmatrix}, z_{k4} = \begin{pmatrix} 0.095\,7 \\ 0.104\,7 \\ 0.149\,9 \end{pmatrix}$$

本书以期望绿色创新为基准，均匀地在 z_{k1} 到 z_{k4} 的曲线上选择两点 z_{k2} 到 z_{k3}，并对应求解其权重。进一步地，计算样本期外 x_{k1}、x_{k2}、x_{k3} 和 x_{k4} 非劣绿色创新组合的收益、方差和绿色创新表现，并将其与 x_{gi} 筛选–加权指数进行比较。检验结果如表 9.4 所示。

表 9.4　中证 100 非劣绿色创新组合与筛选–加权指数的样本期外比较

对应假设及指标	x_{k1} vs. x_{gi}	x_{k2} vs. x_{gi}	x_{k3} vs. x_{gi}	x_{k4} vs. x_{gi}	x_{gi}
对假设 9.1，统计量	0.003 9	0.003 9	0.004 2	0.005 8	0.004 5
对假设 9.1，p 值	（0.30）	（0.32）	（0.41）	（0.84）	
对假设 9.1，推断	接受原假设	接受原假设	接受原假设	接受原假设	
对假设 9.2，统计量	0.010 5	0.010 2	0.010 3	0.012 0	0.011 0
对假设 9.2，p 值	（0.52）	（0.53）	（0.52）	（0.47）	
对假设 9.2，推断	接受原假设	接受原假设	接受原假设	接受原假设	
对假设 9.3，统计量	0.132 1	0.147 6	0.163 5	0.181 0	0.138 8
对假设 9.3，p 值	（0.84）	（0.09）	（0.00）	（0.00）	
对假设 9.3，推断	拒绝原假设	拒绝原假设	拒绝原假设	拒绝原假设	
非劣	否	是	是	是	

注：vs. 表示比较关系；括号中的数据为对应 p 值

根据表 9.4，x_{gi} 的投资组合方差为 0.004 5，x_{k1}、x_{k2}、x_{k3} 和 x_{k4} 的投资组合方差为 0.003 9、0.003 9、0.004 2、0.005 8，对假设 9.1 检验对应的 p 值分别为 0.30、0.32、0.41 和 0.84。x_{k1}、x_{k2} 和 x_{k3} 都小于 x_{gi}，x_{k4} 的投资组合方差大于 x_{gi}，但上述关系不显著，统计推断为接受原假设。x_{gi} 的投资组合期望收益为 0.011 0，x_{k1}、x_{k2}、x_{k3} 和 x_{k4} 的投资组合期望收益为 0.010 5、0.010 2、0.010 3、0.012 0，对假设 9.2 检验对应的 p 值分别为 0.52、0.53、0.52 和 0.47。虽然 x_{k1}、x_{k2}、x_{k3} 都小于 x_{gi}，x_{k4} 大于 x_{gi}，但是统计上并不显著，故统计推断为接受原假设。x_{gi} 的投资组合绿色创新为 0.138 8，x_{k1}、x_{k2}、x_{k3} 和 x_{k4} 的投资组合绿色创新为 0.132 1、0.147 6、0.163 5、0.181 0，对假设 9.3 检验对应的 p 值分别为 0.84、0.09、0.00 和 0.00，x_{k2}、x_{k3} 和 x_{k4} 的投资组合绿色创新在 10% 的显著性水平下拒绝原假设，x_{k1} 的投资组合绿色创新推断为拒绝原假设。由此，结合多准则决策的定义，x_{k2}、x_{k3} 和 x_{k4} 都非劣于 x_{gi}。

第四节　多目标绿色创新支持实体经济发展

一、多目标绿色创新支持实体经济发展的理论基础

2022 年 2 月 28 日，中央全面深化改革委员会第二十四次会议强调，"促进普惠金融和绿色金融、科创金融等融合发展，提升政策精准度和有效性"[①]。这为资本市场深化金融供给侧结构性改革，大力发展绿色金融，更好地服务国家实体经济发展指明了方向。自 2000 年以来，全球绿色创新投资的规模一直在快速增长，同样，通过筛选构建形成的绿色创新指数在绿色创新投资中发挥着重要的作用。然而，Markowitz（1952）强调投资组合选择而不是证券选择，并强调"好的投资组合不仅仅是一长串好股票"。此外，筛选指数策略忽略了投资者可以将绿色创新作为额外目标从而获得额外效用。

因此，除了方差和预期收益外，我们还构建了绿色创新的三目标投资组合选择。然后，投资组合选择的有效前沿延伸到一个有效曲面，该曲面是最优方差、预期收益和预期绿色创新的全景图。因此，投资者充分权衡，并在表面上享有选择优先投资组合的自由。相比之下，筛选指数策略只给投资者留下一个点（即绿色创新指数）。

我们创新性地在一个定理中证明了有效曲面上通常存在一条曲线，因此曲线上的所有投资组合都支配绿色创新指数。我们以中国证券指数 300 的成分股为样本，对其优势度进行了检验，得到了肯定的结果。这些结果在稳健性测试中仍然有效。最后，我们对绿色创新进行了分类，并通过一般的 k-目标投资组合选择对分类进行了进一步的建模，并对其优势进行了说明。因此，投资者可以考虑并控制每个类别。

新型冠状病毒（COVID-19）大流行引发环境和健康危机，环境和绿色成为更重要的问题。Huang 和 Li（2017）将绿色创新定义为旨在减轻或回收污染生产者或资源使用者的环境影响，或在预期负面影响的情况下减少资源使用的战略。根据国际可持续投资联盟（Global Sustainable Investment Alliance，GSIA）发布的报告，2018 年全球可持续投资资产达到了 30.7 万亿美元，相比于比 2016 年增长了 34%。可持续投资通常通过筛选和指数化来实现。例如，MSCI 率先将 KLD 400 社会指数作为 1 500 个 MSCI ESG 指数中的佼佼者，并

---

① 习近平主持召开中央全面深化改革委员会第二十四次会议强调 加快建设世界一流企业 加强基础学科人才培养 李克强王沪宁韩正出席[EB/OL]. https://www.ccps.gov.cn/xtt/202202/t20220228_152986.shtml，2022-02-28.

将其构建为一个自由浮动调整的市值指数，旨在针对具有积极环境、社会和治理特征的美国公司。

一方面，筛选指数化策略非常实用，大大加快了绿色创新投资的发展。另一方面，这些策略存在以下缺点：首先，这些策略僵化地为投资者规定了一个指数，忽视了投资者之间的差异；筛选某些种类的股票对一些投资者来说是合适的，但对其他投资者来说是不合适的。其次，这些策略忽视了一个事实，即投资者可以将绿色创新作为一个额外的目标，从而获得额外的效用。负责任的投资不可避免地会带来许多这样的困境，因为它寻求平衡商业、社会和金融的竞争目标，并判断如何最好地调和经常相互冲突的担忧。最后，这些策略通常通过一系列优质股票来构建投资组合，因此忽略了投资组合的完整性，Markowitz（1959）强调投资组合选择，而不是证券选择，好的投资组合不仅仅是一长串好的股票和债券，这是一个平衡的整体。

二、多目标绿色创新支持实体经济发展的可行路径

Markowitz（1959）提出"common to all investors ⋯ 1. They want 'return' to be high ⋯ 2. They want this return to be dependable"（所有投资者都希望得到高回报且希望回报是可靠的）。因此，Markowitz（1952）将投资组合选择表述为以下两个目标优化：

$$\min\left\{z_1 = \boldsymbol{x}^{\mathrm{T}}\boldsymbol{\Sigma}\boldsymbol{x}\right\}$$
$$\max\left\{z_2 = \boldsymbol{x}^{\mathrm{T}}\boldsymbol{\mu}\right\} \tag{9.28}$$
$$\text{s.t. } \boldsymbol{x} \in S$$

其中，$\boldsymbol{x}$ 是指 n 只股票所构成投资组合的权重向量，也是投资组合选择模型中最为重要的参数之一；$\boldsymbol{\Sigma}$ 是 $n \times n$ 的协方差矩阵；$\boldsymbol{\mu}$ 是 n 只股票的期望收益率向量；z_1 是投资组合的方差；z_2 是投资组合的期望收益率。Markowitz（1952）将 (z_1, z_2) 空间中的最优解称为有效前沿。同时，在上述投资组合选择模型中，线性约束条件（包括下界和上界）通常假定为 S。在标注时，普通字母为标量，加粗的字母为向量或者矩阵。

Markowitz（1991）提出"are mean and variance proper and sufficient criteria ⋯ utility function may depend on portfolio return and perhaps other state variables ⋯ help evaluate the adequacy of mean and variance, or alternate practical measures, as criteria".（均值和方差是适当和充分的标准吗⋯⋯效用函数可能取决于组合收益和其他变量⋯⋯帮助评估均值和方差的充分式，或替代的实用措施作为标准。）Sharpe（2011）还实现了其他标准，并将它们合并到一个实用函

数中，如下所示：

$$up = ep + uy \times yp - vp/rt$$

Fama（1996）强调了资产定价的多个因素，并进一步提出了这些因素的风险（如衰退因素风险）作为标准。Fama（1996）、Steuer 等（2007）、Qi 等（2017）、Qi 和 Steuer（2019）通过以下方式制定附加标准：

$$\min\left\{z_1 = \boldsymbol{x}^\mathrm{T} \boldsymbol{\Sigma} \boldsymbol{x}\right\}$$
$$\min\left\{z_2 = \boldsymbol{x}^\mathrm{T} \boldsymbol{\mu}^2\right\}$$
$$\vdots \tag{9.29}$$
$$\max\left\{z_k = \boldsymbol{x}^\mathrm{T} \boldsymbol{\mu}^k\right\}$$
$$\mathrm{s.t.}\ \ \boldsymbol{x} \in S$$

其中，$\boldsymbol{\mu}^2, \cdots, \boldsymbol{\mu}^k$ 表示向量，上标 $2, \cdots, k$ 不表示幂，$\boldsymbol{\mu}^2$ 表示式（8.5）中的 $\boldsymbol{\mu}$，也就是预期收益率，$\boldsymbol{\mu}^3, \cdots, \boldsymbol{\mu}^k$ 表示除股票预期收益率外的其他预期标准，如企业的社会责任表现，$z_3, \cdots, z_k$ 衡量的是投资组合的预期目标。具体的应用场景和实证结果，读者可以参阅 Steuer 和 Na（2003）、Zopounidis 等（2015）。

我们通过将 $\boldsymbol{\mu}^3$ 作为股票预期绿色创新的向量，并将 z_3 作为投资组合的预期绿色创新，构建了以下绿色创新投资模型：

$$\min\left\{z_1 = \boldsymbol{x}^\mathrm{T} \boldsymbol{\Sigma} \boldsymbol{x}\right\}$$
$$\min\left\{z_2 = \boldsymbol{x}^\mathrm{T} \boldsymbol{\mu}^2\right\} \tag{9.30}$$
$$\min\left\{z_3 = \boldsymbol{x}^\mathrm{T} \boldsymbol{\mu}^3\right\}$$
$$\mathrm{s.t.}\ \ \boldsymbol{1}^\mathrm{T} \boldsymbol{x} = 1$$

其中，$\boldsymbol{1}$ 代表向量 1，上述绿色创新模型能够克服指数筛选的缺点，绿色创新指数的筛选结果仅为一个点。此外，投资者可以通过最优方差、预期收益和预期绿色创新的全景图获得有效曲面，从而在曲面上自由选择投资组合。

此外，投资者可以利用有效曲面，获得主导绿色创新指数 z_g 的投资组合，同时，我们创新性地对下述定理进行了证明，存在一个投资组合：①与绿色创新指数相比，具有更好的预期回报和更好的预期绿色创新；②同时具有与绿色创新指数相同的方差。

在构建多目标绿色创新支持实体经济发展的可行路径时，我们首先在绿色创新投资模型的基础上通过一个定理证明了主导绿色创新指数的投资组合的存在性，并提出相应的样本外假设。此外，我们在专利引用数量的基础上衡量企业的绿色创新水平，同时利用中国沪深 300 指数的成分股进行假设检验。我们也对绿色创新进行类别划分，进一步将类别作为目标，施加更多的约束条件，将绿色创新投资模型推广到一般的 k 目标投资组合选择中。

三、多目标绿色创新支持实体经济发展的具体模型

大量的绿色创新研究集中在绿色创新背后的驱动力和绿色创新对企业或社会的影响上。例如，Berrone 等（2013）提出监管和规范压力作为驱动力，并通过环境相关专利验证这一主张。Lin 等（2014）提出政治资本是企业绿色创新的驱动力。Chen 等（2006）认为绿色创新与企业竞争优势正相关。Chen（2008）报告了绿色创新与绿色核心竞争力之间的正相关关系。Huang 和 Li（2017）得出结论，绿色创新对组织绩效有积极影响。

Renneboog 等（2008）发现 SRI（socially responsible investment，社会责任投资）投资者愿意接受次优的财务表现，以追求社会或道德目标，这一结论可以用以解释绿色创新的多目标投资组合选择，即投资者接受在多目标选择情形下的最优解，但在某些目标上表现可能并不是最优的。此外，Ballestero 等（2012）在效用函数的框架下考虑了传统的财务目标和道德目标，并优化了双目标投资组合选择模型。

Sharpe（1970）和 Merton（1972）分析了下述模型：

$$\min\left\{z_1 = \boldsymbol{x}^{\mathrm{T}}\boldsymbol{\varSigma}\boldsymbol{x}\right\}$$
$$\min\left\{z_2 = \boldsymbol{x}^{\mathrm{T}}\boldsymbol{\mu}\right\} \tag{9.31}$$
$$\mathrm{s.t.}\ \ \mathbf{1}^{\mathrm{T}}\boldsymbol{x}=1$$

Merton（1972）通过分析推导出最小方差前沿，并证明该前沿为抛物线。该前沿是上述模型中 Z 的边界。Qi 等（2017）对上述模型进行了扩展，并提出了一般投资组合的预期目标 z_3。在对模型求解时，他们运用的是 Steuer（1986）提出的等式约束法，具体的求解模型为

$$\min\left\{z_1 = \boldsymbol{x}^{\mathrm{T}}\boldsymbol{\varSigma}\boldsymbol{x}\right\}$$
$$\mathrm{s.t.}\ \ \boldsymbol{x}^{\mathrm{T}}\boldsymbol{\mu}=e_2$$
$$\boldsymbol{x}^{\mathrm{T}}\boldsymbol{\mu}=e_3 \tag{9.32}$$
$$\mathbf{1}^{\mathrm{T}}\boldsymbol{x}=1$$

其中，e_2 和 e_3 是该种求解方法的参数，这是因为随着 e_2 和 e_3 的变动，上述模型的求解向量 (z_1, z_2, z_3) 构成了最小方差曲面，Qi 等（2017）证明了该曲面为抛物面，并推导出该抛物曲面的公式：

$$z_1 = \boldsymbol{d}_2^{\mathrm{T}}\boldsymbol{\varSigma}\boldsymbol{d}_2 z_2^2 + \boldsymbol{d}_3^{\mathrm{T}}\boldsymbol{\varSigma}\boldsymbol{d}_3 z_3^2 + 2\boldsymbol{d}_2^{\mathrm{T}}\boldsymbol{\varSigma}\boldsymbol{d}_3 z_2 z_3 + 2\boldsymbol{d}_2^{\mathrm{T}}\boldsymbol{\varSigma}\boldsymbol{x}_0 z_2 + 2\boldsymbol{d}_3^{\mathrm{T}}\boldsymbol{\varSigma}\boldsymbol{x}_0 z_3 + \boldsymbol{x}_0^{\mathrm{T}}\boldsymbol{\varSigma}\boldsymbol{x}_0 \tag{9.33}$$

其中，$\boldsymbol{x}_0$、$\boldsymbol{d}_2$、$\boldsymbol{d}_3$ 和 $a,\cdots,f$ 等向量或标量计算如下：

$$\boldsymbol{x}_0 = \frac{1}{|\boldsymbol{C}|}\Big[(be-cd)\boldsymbol{\Sigma}^{-1}\boldsymbol{\mu}+(bc-ae)\boldsymbol{\Sigma}^{-1}\mathbf{GI}+(ad-bb)\boldsymbol{\Sigma}^{-1}\mathbf{1}\Big]$$

$$\boldsymbol{d}_2 = \frac{1}{|\boldsymbol{C}|}\Big[(df-ee)\boldsymbol{\Sigma}^{-1}\boldsymbol{\mu}+(ce-bf)\boldsymbol{\Sigma}^{-1}\mathbf{GI}+(be-cd)\boldsymbol{\Sigma}^{-1}\mathbf{1}\Big]$$

$$\boldsymbol{d}_3 = \frac{1}{|\boldsymbol{C}|}\Big[(ce-bf)\boldsymbol{\Sigma}^{-1}\boldsymbol{\mu}+(af-cc)\boldsymbol{\Sigma}^{-1}\mathbf{GI}+(bc-ae)\boldsymbol{\Sigma}^{-1}\mathbf{1}\Big] \quad (9.34)$$

$$\boldsymbol{C}=\begin{pmatrix} a & b & c \\ b & d & e \\ c & e & f \end{pmatrix}=\begin{pmatrix} \boldsymbol{\mu}^{\mathrm{T}}\boldsymbol{\Sigma}^{-1}\boldsymbol{\mu} & \boldsymbol{\mu}^{\mathrm{T}}\boldsymbol{\Sigma}^{-1}\mathbf{GI} & \boldsymbol{\mu}^{\mathrm{T}}\boldsymbol{\Sigma}^{-1}\mathbf{1} \\ \boldsymbol{\mu}^{\mathrm{T}}\boldsymbol{\Sigma}^{-1}\mathbf{GI} & \mathbf{GI}^{\mathrm{T}}\boldsymbol{\Sigma}^{-1}\mathbf{GI} & \mathbf{GI}^{\mathrm{T}}\boldsymbol{\Sigma}^{-1}\mathbf{1} \\ \boldsymbol{\mu}^{\mathrm{T}}\boldsymbol{\Sigma}^{-1}\mathbf{1} & \mathbf{GI}^{\mathrm{T}}\boldsymbol{\Sigma}^{-1}\mathbf{1} & \mathbf{1}^{\mathrm{T}}\boldsymbol{\Sigma}^{-1}\mathbf{1} \end{pmatrix}$$

Qi 等（2017）证明了 $\boldsymbol{x}_0$、$\boldsymbol{d}_2$ 和 $\boldsymbol{d}_3$ 之间线性无关。由此，在多目标投资组合的有效界面上，给定目标 z_2 和 z_3 的取值，可将其投资组合权重计算如下：

$$\boldsymbol{x} = \boldsymbol{x}_0 + z_2\boldsymbol{d}_2 + z_3\boldsymbol{d}_3 \quad (9.35)$$

进一步，通过加权求和法，可以转化为

$$\begin{cases} \min\left\{\boldsymbol{x}^{\mathrm{T}}\boldsymbol{\Sigma}\boldsymbol{x}-\lambda_2\boldsymbol{\mu}^{\mathrm{T}}\boldsymbol{x}-\lambda_3\mathbf{GI}^{\mathrm{T}}\boldsymbol{x}\right\} \\ \text{s.t. } \mathbf{1}^{\mathrm{T}}\boldsymbol{x}=1 \end{cases} \quad (9.36)$$

其中，λ_2 和 λ_3 是大于 0 的参数变量，分别代表投资者对期望收益和绿色创新的偏好程度。基于 Lagrangian 求解法，Qi 等（2017）证明了 $\boldsymbol{x}_{mv}$、$\boldsymbol{\Delta}_2$ 和 $\boldsymbol{\Delta}_3$ 线性无关，由此给出了在权重空间的有效集：

$$\left\{\boldsymbol{x}\in \mathrm{R}^n \,\middle|\, \boldsymbol{x}=\boldsymbol{x}_{mv}+\lambda_2\boldsymbol{\Delta}_2+\lambda_3\boldsymbol{\Delta}_3,\ \lambda_2,\ \lambda_3\geqslant 0\right\} \quad (9.37)$$

其中，$\boldsymbol{x}_{mv}$、$\boldsymbol{\Delta}_2$ 和 $\boldsymbol{\Delta}_3$ 计算如下：

$$\boldsymbol{x}_{mv} = \frac{1}{f}\boldsymbol{\Sigma}^{-1}\mathbf{1}$$

$$\boldsymbol{\Delta}_2 = \frac{1}{2}\left(\boldsymbol{\Sigma}^{-1}\boldsymbol{\mu}-\frac{c}{f}\boldsymbol{\Sigma}^{-1}\mathbf{1}\right) \quad (9.38)$$

$$\boldsymbol{\Delta}_3 = \frac{1}{2}\left(\boldsymbol{\Sigma}^{-1}\mathbf{GI}-\frac{e}{f}\boldsymbol{\Sigma}^{-1}\mathbf{1}\right)$$

第十章　多目标公司治理与绿色创新支持实体经济的对策建议

第一节　研究结论

　　面对资本市场的日益成熟和完善，投资者在构建投资组合时已经不再仅仅考虑收益和风险这两个目标维度，这也意味着传统投资组合选择从某种程度上已经难以满足投资者的需要。公司治理水平作为保护投资者利益、公司战略部署、经营绩效等反映公司特质的有效系统机制，对企业价值具有重要的影响，也为投资者提供了价值投资的重要参考依据。如何为投资者提供兼顾收益、风险和公司治理水平的投资组合选择模型，成为投资组合选择发展的一个重要问题。

　　同时，当前中国经济正处于新旧动能转换的关键时期，经济增长的理念和模式正在发生重大变化。习近平总书记在党的十八届五中全会上提出"创新、协调、绿色、开放、共享"的五大发展理念，将绿色和创新上升到国家战略的地位[1]。在此背景下，有效地量化上市公司的绿色创新表现，并将其定量地融入资产配置的过程中，成为中国情景下多目标投资组合选择支持实体经济发展的重要课题。2022年2月28日，中央全面深化改革委员会第二十四次会议强调，"促进普惠金融和绿色金融、科创金融等融合发展，提升政策精准度和有效性"[2]。这有助于国家进一步深化资本市场的金融供给侧结构性改革和大力发展绿色金融，更好地指导国家实体经济的发展。自21世纪以来，全球绿色创新投资的规模

---

　　① 坚持创新发展——"五大发展理念"解读之一[EB/OL]. http://theory.people.com.cn/n1/2015/1218/c40531-27944079.html，2015-12-18.

　　② 习近平主持召开中央全面深化改革委员会第二十四次会议强调 加快建设世界一流企业 加强基础学科人才培养 李克强王沪宁韩正出席[EB/OL]. https://www.ccps.gov.cn/xtt/202202/t20220228_152986.shtml，2022-02-28.

一直在快速增长，同样，通过筛选构建形成的绿色创新指数在绿色创新投资中发挥着重要的作用。

　　基于此，本书分别从包含公司治理和绿色创新的多目标投资组合选择两个角度开展研究。首先，本书对公司治理评价进行了相关研究并展开了系统梳理，基于此内容，本书接着对投资组合选择理论基础与研究前沿进行了系统的回顾。其次，本书在对多目标投资组合选择进行系统性综述的基础上，探讨了包含公司治理和绿色创新的多目标投资组合选择的科学性与现实必要性，进而给出了参数二次型规划、遗传算法等模型求解方法，并对多目标投资组合最小方差曲面的性质和算法有效性的评价问题进行了分析。最后，本书从实证分析的角度针对企业的绿色创新构建了一套评价体系，同时给出了绿色创新的多目标投资组合选择模型的构建与求解，以此实现了将公司治理和绿色创新纳入投资组合的选择过程，从而为资本市场中投资者的价值选择提供理论参考和依据，最终实现从多目标价值投资到支持实体经济发展的有效架构。

　　本书在第三章对相关研究领域进行了系统的文献梳理与总结：首先对公司治理评价指标与公司业绩、公司治理评价体系的研究文献进行了详细的总结与归纳，这为建立包含公司治理的多目标投资组合的研究进行了理论铺垫。其次对多目标投资组合模型与多目标规划的相关研究进行了总结与梳理，为本书所建立的包含公司治理的多目标投资组合选择模型的研究提供了数理理论铺垫。

　　接着在本书第四章建立了包含公司治理的多目标投资组合选择模型：首先对建立包含公司治理的投资组合选择模型的合理性进行了详细的阐述和说明。其次对传统的投资组合模型进行了介绍和研究。最后将公司治理表现纳入投资组合选择模型中，实现了多目标投资组合选择模型的构建。

　　在本书的第五章中，首先对多目标投资组合选择模型最优解的特点进行了分析和探讨，其次实现了对多目标投资组合选择模型的求解与计算，最后分析了包含公司治理的多目标投资组合非劣曲面性质，进一步探讨了该椭圆抛物面在期望收益率最大值的点集与传统投资组合最优曲线的关系。

　　第六章我们对绿色创新、因子定价和多目标投资组合选择等相关领域的文献进行系统回顾和总结，形成了多目标绿色创新投资支持实体经济发展的理论基础和论述基础。具体而言，首先，我们回顾了绿色创新的定义、特征，强调绿色创新与企业价值之间的关系，阐述将绿色创新纳入投资组合选择的意义。其次，对定价因子产生的原因和路径进行回顾，着重探讨绿色创新作用于其长期价值的理论逻辑和路径，为绿色创新与股票收益实证研究的展开提供理论基础。最后，对投资组合选择理论的发展过程进行回顾，着重阐述多目标投资组合的研究前沿，为将绿色创新纳入多目标投资组合选择分析提供理论基础。

　　在第七章中，我们首先系统地整理目前 ESG 评级和绿色创新测度的主流方法，阐述绿色创新指数的构建依据。进一步地，对绿色创新指数进行维度划分，包含绿色技术创新和绿色管理创新两个维度，结合公开可得的绿色专利授予信息和现有数据库的文本整理，对金融和房地产以外的中国 A 股上市公司绿色创新表现进行评价。其次根据绿色创新指数评价的原始数据，形成时序、行业和区域分布特征的统计数据，呈现当前 A 股上市公司的绿色创新整体表现。

第八章和第九章聚焦于包含绿色创新的三目标投资组合模型的求解问题。在等式约束下，利用 ε-约束法和加权求和法对均值-方差-绿色创新模型的非劣集和有效集进行求解。进一步地，基于多目标投资组合有效界面，我们提出了非劣于筛选-加权指数的权重计算方案，并在样本期外对均值-方差-绿色创新模型的表现进行实证检验，为模型的有效性提供经验证据。

基于以上研究内容，我们得到了如下研究结论。

（1）我们将传统的投资组合选择模型扩展为包含公司治理的多目标投资组合选择模型。首先，本书论证了当投资者效用函数为经典的二次性函数时，我们所构建的多目标投资组合选择模型是科学、有效的。我们接着分析了当投资者效用函数为一般形式的时候，对效用函数期望的最大化进行求解，根据本书的证明可以严格推导得出基于随机规划的角度进行的对传统的投资组合选择模型的拓展，实现了将公司治理和绿色创新纳入投资者效用函数的公式推导和实证检验，进而使投资框架从传统的风险-收益维度向风险-收益-公司治理及风险-收益-绿色创新突破，从金融投资的视角引导资金流向公司治理水平和绿色创新表现良好的企业，解决企业在实现治理体系现代化和绿色创新投入方面所存在的资金短缺问题。

（2）我们研究了多目标投资组合最小方差曲面的性质，证明了该椭圆抛物面在期望收益率最大值的点集正好投影在传统投资组合最优曲线上。本书的研究结果表明了在当期的数据下，传统的投资组合的最优解收益率不可能低于包含公司治理和绿色创新的多目标投资组合选择模型，但是从长期来看，收益率可能优于大盘指数，这为多目标公司治理和绿色创新投资支持实体经济发展建立了理论基础。正是因为纳入公司治理和绿色创新维度后的投资组合表现良好，投资者才愿意将资金投入公司治理和绿色创新表现良好的企业，从而促进企业绿色创新水平和公司治理水平的进一步提升。

（3）我们研究了多目标投资组合最小方差曲面在给定可行方差下期望收益率-期望公司治理指数和绿色创新表现的椭圆截面性质。当期望公司治理指数向量、绿色创新表现向量、期望收益率向量和单位向量满足一定的条件的时候，该椭圆的性质表明其为一个正椭圆。该研究结论可以进行进一步扩展，即在给定方差下的包含公司治理和绿色创新的多目标投资组合能够求出最优解曲线方程，进而求出最优解曲面上对应的投资组合权重向量。这一结论实现了多目标投资组合的权重向量现实求解，使多目标公司治理和绿色创新投资不再停留在理论层面，而是在现实市场中，为机构或个人投资者提供投资决策向量，从投资层面促使企业提升自身的公司治理水平和绿色创新水平，进一步实现了金融工具支持实体经济发展的可行路径。

第二节　关于治理体系现代化支持实体经济的对策建议

在第三章中，本书详细回顾了将公司治理加入投资组合选择中的理论依据和经验证据，在第四章和第五章构建了包含公司治理的三目标投资组合选择模型并给出非劣集和有效集的解析解，进一步阐述了多目标公司治理支持实体经济发展的理论基础、可行路径和具体方法。而想要通过以上章节的理论分析和数学模型构建高质量的包含公司治理的多目标投资组合，并借此实现支持实体经济发展的目标，需要大量具有良好公司治理水平的上市公司来完成。因此，本节分别从上市公司、个人投资者、机构投资者等与公司治理密切相关的内外部主体的角度，结合前文，提出推进上市公司的公司治理体系和治理能力现代化的相关建议。

一、提高上市公司对治理有效性的重视

多年以来，随着我国资本市场法制化、市场化、国际化改革不断加快，基础制度日益完善，资本市场在提高资源配置效率、激发全社会创新创业活力、丰富居民的财富管理渠道、助力实体经济转型升级等方面发挥了巨大作用。在这期间，一方面不断扩大民营上市公司的数量和规模，另一方面持续推进国有企业混合所有制改革，使得我国上市公司的数量和质量都有了明显提升。根据南开大学中国公司治理研究院发布的 2021 年中国上市公司治理指数，被纳入统计的 4 134 家上市公司平均得分 64.05 分，而这一指标在 2003 年是 49.62 分①。

但与此同时，正如 2020 年国务院印发《关于进一步提高上市公司质量的意见》所指出的，"上市公司经营和治理不规范、发展质量不高等问题仍较突出，与建设现代化经济体系、推动经济高质量发展的要求还存在差距"②。根据

---

① 资料来源：中国上市公司治理水平创新高　提升治理有效性是未来重点. https://www.thepaper.cn/newsDetail_forward_14715297.

② 国务院关于进一步提高上市公司质量的意见[EB/OL]. https://www.gov.cn/zhengce/zhengceku/2020-10/09/content_5549924.htm，2020-10-09.

CSMAR 的上市公司违规信息数据库，按照公告日期划分，2003~2021 年共 13 181 条违规记录。在所有违规类型中，关于信息披露方面的违规，如虚假记载、误导性陈述、重大遗漏、推迟披露等共 7 270 条（占比 55.16%）；关于证券市场交易方面的违规，如内幕交易、操纵股价和违规买卖股票等共 2 625 条（占比 19.92%）；关于会计方面的重大违规，如虚构利润、虚列资产、欺诈上市等共 436 条（占比 3.31%）；关于违背股东权益保护方面的违规，如违规担保、占用公司资产、擅自改变资金用途等共 288 条（占比 2.18%）①。从以上数据中可以看到，我国上市公司在信息披露、内部控制、会计行为规范等方面的问题不容小觑，这说明了尽管上市公司都已经按照监管要求建立起了基于股东、董事会、监事会、高级管理人员的公司治理基本结构，但部分公司在实际运行中并没有遵守法律法规和自律规则所规定的责任与义务，侵害了股东的合法权益和其他利益相关者的基本权益，损害上市公司价值、破坏市场秩序、降低投资者信心，影响恶劣。

因此，上市公司股东、实际控制人、董事、监事、高级管理人员等在公司治理中具有重要作用的责任人员应当认识到规范的公司治理机制是公司持续健康发展的重要制度保障，自觉树立科学决策和规范运作的意识，主动加强对相关法律法规和自律规则的学习，依法依规参与公司日常经营管理和决策活动，严格履行信息披露义务并提高信息披露质量。此外，公司应当定期组织专门人员进行公司治理自我评价和考察，根据自我评价结果和监管机构意见不断完善公司治理机制，加强风险管理、合规管理和内部控制，强化公司内部和外部的监督制衡，提高公司治理有效性，切实维护上市公司利益。

二、引导投资者培养长期投资和价值投资理念

据统计，截至 2022 年第一季度 A 股市场上个人投资者数量超过 2 亿户②，持有流通股市值 22.55 万亿元、占比 33.78%③，这一数据超过了专业机构投资者的合计持有流通市值和比例。显然，个人投资者仍然是我国资本市场上一股不可忽视的力量。相比于专业机构投资者和一般法人投资者，绝大多数个人投资者资金体量小，价值判断能力和风险承受能力较差，而我国股票市场上长期存在散户追涨杀跌、盲目追逐热点和频繁换手等现象，一方面反映出我国个人投资者接受的

---

① 此处归为同一大类的不重复计算，归为不同大类的存在重复。
② 资料来源：中国证券登记结算有限责任公司. http://www.chinaclear.cn/zdjs/tjyb1/center_tjbg.shtml.
③ 资料来源：Wind 金融终端，华西证券研报《A 股投资者结构全景图深度剖析（2022Q1）》，此处持股市值均为流通口径下测算结果。其他类型投资者持股情况为：一般法人持股 29.14 万亿元、占比 43.64%，境内专业机构投资者合计持股 11.89 万亿元、占比为 17.80%，外资持股 3.19 万亿元、占比 4.77%。

投资教育水平普遍较低，存在情绪化决策和盲目跟风等非理性行为，另一方面反映出大量个人投资者在参与股票市场交易的过程中抱有投机心理，希望通过频繁的短线操作赚取利益而并不关心宏观经济形势、行业发展趋势和企业基本面等内容。

在当前我国股票市场板块轮动加快的情况下，投资者若依然按照追逐热点的投资方式行动，将很可能会被"套牢"或承受亏损。因此交易所、行业协会、证券公司等部门、组织和机构有必要进一步加强投资者教育，帮助投资者特别是中小投资者树立长期投资和价值投资的理念，协助和鼓励投资者主动学习与掌握证券市场、股票估值等方面的必要知识，在推动资本市场优胜劣汰的同时实现个人财富增长的目标。

机构投资者同样需要增强长期投资和价值投资的理念，这有助于增加市场上的中长期投资比重，以便更好地发挥金融机构的资本市场"压舱石"作用。针对我国公募基金长期存在的"风格漂移""高换手率"等博取短线交易收益的行为，2022 年 4 月，证监会发布的《关于加快推进公募基金行业高质量发展的意见》提出，公募基金要着力提升投研核心能力，引导基金管理人完善投研体系，提高投研人员占比，坚持长期投资、价值投资理念，切实发挥资本市场"稳定器"和"压舱石"的功能作用。此外，银保监会也在 2022 年召开专题会议，对信托、理财和保险公司等机构进行引导并提出树立长期投资的理念，开展真正的专业投资、价值投资，在促进资本市场发展、维护资本市场稳定方面助力其成为中坚力量。此外，通过派驻人员、增强信息交流、及时反馈机构意见等方式令机构投资者参与上市公司治理，以实现提高信息披露质量、加强投资者权益保护和提高投资收益等目标，由此使得机构投资者在公司治理中充分发挥作用。

三、加强高校与金融机构交流合作

尽管目前我国 ESG 概念的金融产品日益丰富，资金规模不断扩大，但是 ESG 的三个维度，即环境、社会和公司治理之间各有侧重，如果以 ESG 评价的总体结果作为投资依据，可能会将部分由于行业特征等原因在环境方面表现并不十分突出但公司治理水平优异、未来发展持续稳定向好的公司排除在外。此外，目前 ESG 评价在数据来源、评价框架和重点、具体指标和权重赋予等方面存在一定差异，使用不同的 ESG 评价体系，即使决策流程相同，也很可能得到不同的投资组合选择结果。因此可以针对公司治理这一具体因素开发更多的主题金融产品，为投资者提供更加丰富多样并且有针对性的金融产品选择空间。

开发公司治理主题的金融产品需要使用相对客观的、具有科学性和严谨性的公司治理评价数据。例如，第六章第二节所述的 3 只主动型公募基金，在其投资策略中仅告知投资者将对上市公司治理结构进行定性和定量评估并选出优质企业，在评价指标、得分依据、权重赋值等方面没有明确说明，仅有鹏华优质治理混合型证券投资基金（160611）对其内外部治理机制的主要考察方面进行了简要描述，但并没有公布更加详细的信息。投资者仅凭这些信息无法对基金自行采取的公司治理评价方式是否科学合理做出判断，进而怀疑基金选择的那些具有"良好"公司治理特征的投资标的是否真的在公司治理方面表现突出。相应地，国内高校的许多学者和科研团队对我国公司治理评价具有丰富的理论积累和研究成果，因此金融机构可以加强研究部门与高校等科研机构的合作交流，结合高校科研经验与金融机构一线实践经验，一方面提高新开发的公司治理主题金融产品所使用的公司治理评价体系的质量，同时也增强社会公众产品的认可度，另一方面推动我国公司治理和投资研究的进展。

第三节　关于绿色创新投资支持实体经济的对策建议

面对资本市场的日臻成熟和完善，投资者在构建投资组合时已经不再仅仅考虑收益和风险这两个目标维度，这也意味着传统投资组合选择从某种程度上已经难以满足投资者的需要。当前绿色低碳已经成为业界和学术界的共识，如何切实推进企业的绿色创新发展水平、推动节能环保产品与服务、搭建绿色平台已经成为国内经济发展的重要问题。在此背景下，我们在本书中提出多目标绿色创新投资组合的构建和求解方式，为投资者提供了兼顾收益、风险和公司绿色创新水平的投资组合选择模型，从而在向资本市场资源中引入绿色创新产业方面实现了有效路径的扩展，并进一步促进绿色实体经济的发展。为此，我们基于本书的研究成果，提出关于绿色创新投资支持实体经济发展的具体对策建议。

一、推动绿色创新投资的发展

面对持续严格化的环境规制，企业可以选择关停工厂、减少生产等消极应对的方式降低短期环境成本。与此同时，企业也可以选择进行节能减排、废弃物处置和清洁生产等相关绿色技术的研发投入和商业转化。但绿色创新是一个长期且具有一定程度不确定性的持续投入，故绿色创新转型离不开配套的绿色创新投资金融体系支持。2020年7月，国家绿色发展基金股份有限公司的成立也表明绿色创新投资需要更多长期资金的支持。

本书的理论模型为投资者提供了一种能够兼顾期望收益、风险和绿色创新的资产配置方案。相对于绿色创新筛选–加权指数，投资者可以在三目标投资组合有效界面上依照其效用函数选择最优的投资组合权重向量。本书的理论和实证分析验证了该模型相对于绿色创新加权指数在样本期内和样本期外的非劣性质。由此，投资者可以根据本书提出的理论模型，构建合理有效的投资组合选择方案，将绿色创新纳入投资组合的分析框架中。

从具体实践的角度来看，本书提出的理论模型不仅可以为以公募基金为代表的机构投资者提供参考，同时也能够被政府绿色发展基金使用。通过对模型的数值求解，实现有效的投资组合构建，促进资本市场资源流向绿色发展产业，不仅保障了投资基金的收益，同时也能够兼顾企业绿色创新。

二、引导投资者理性参与绿色创新投资

Pedersen 等（2020）指出，相较于目前万亿级的 ESG 投资需求，投资者将 ESG 信息融入投资组合选择的理论工具还十分缺乏。目前，ESG 投资已经成为投资管理领域发展的一个重要趋势。但 ESG 分歧的存在表明投资者需要采用更客观、更具明确定义的指标进行投资组合管理。

本书的实证研究验证了绿色创新与股票收益的正向关系，并依托于多目标投资组合选择理论提出了可以兼顾均值–方差–绿色创新的非劣绿色创新组合，验证了其相对于筛选–加权指数的非劣性。在投资实践中，投资者应使用合适的方式将与绿色创新相关的信息纳入投资组合选择的过程，以有效地对冲绿色转型相关的制度风险对资产财富的影响。

对于监管部门而言，应对投资者加强关于 ESG 和绿色创新概念的教育，阐述其定义、特征和对投资组合的影响，为投资者提供可以有效实现绿色创新投资的分析工具，引导投资者理性参与绿色创新投资。同时，监管部门应当考虑督促完善当前 ESG 和绿色创新有关概念的定义。由于目前学术界和业界对 ESG 评价体系存在分歧，不同的评价体系侧重不同，当投资者参照不同评价体系进行投资时，所构建的投资组合也存在较大差异。因此，监管部门应当促使相关评级机构制定有效的评价体系和标准，同时完善相关法律法规，避免由于评级分歧所导致的投资者权益受到损害。

三、关注绿色转型中出现的金融问题

当前，中国经济高质量增长面临新旧动能转化和绿色转型两个重要趋势。随着大气、水和土地污染防治计划的提出，以及新《环保法》和环保税法等环境规制举措的出台，企业发展所面临的环境规制也呈现严格化的趋势。进一步地，中

国提出"双碳"目标。可以预见的是，上述举措会对高碳、高排放行业带来较大的经营压力。随着环境成本的持续增加，上述行业企业经营所获得的利润空间会被压缩，同时债务压力也会持续上升。

与此同时，绿色转型也会带来企业增长转型的机会。根据波特假说，适度的环境规制会带来利润最大化导向的绿色创新，这一部分的内容已得到较多的实证支持。然后，绿色创新会推动企业长期竞争力的提升，本书的实证研究不支持未来基本面改善的研究假设。然而，本书的实证研究表明，绿色创新确实会带来更高程度的分析师、机构投资者和媒体关注，有助于企业股票收益的提升，印证了投资者的环境偏好假说。在现实中，投资者也会更倾向于购买具有绿色标签的企业产品和服务。

上述两方面的结果表明，绿色转型的宏观趋势会对经营绩效、债务压力和市场关注产生影响。在此背景下，相关部门需要更加关注绿色转型所带来的金融问题，有效化解风险，引导市场理性投资绿色产业，推动经济高质量发展。

四、完善绿色投资相关的管理规定

近年来，我国大力推进经济的结构转型以及供给侧结构性改革，由于之前经济粗放式发展导致环境污染与资源耗竭等问题，企业社会责任意识和公司治理水平参差不齐，亟须提高。推动践行绿色投资理念是推动绿色金融体系建设的一项长期性、战略性工作。《中国上市公司 ESG 评价体系研究报告》等文件的相继发布，标志着我国绿色投资实践开启新进程，对推动企业承担社会责任、服务绿色发展及践行绿色投资具有重要的意义。

由于绿色投资在我国仍处于发展初期阶段，一些企业仍存在社会责任意识淡薄的情况，因此需要政府以及监管部门提高对绿色投资的关注，提升企业和社会的观念，主要可以从以下两个方面进行。

第一，促进我国企业绿色评级机构和评级体系的发展。目前我国企业绿色创新发展仍处于起步阶段，相关的评级体现在 ESG 评级机构，主要有中央财经大学绿色金融国际研究院和商道融绿。由于我国 ESG 信息披露的不足，有关 ESG 的评级仅限于公司规模比较大、排名比较靠前的一些上市公司，如商道融绿仅公布沪深 300 样本股的 ESG 评级结果。同时，我国缺少统一的企业绿色创新评价指标体系，无法在企业之间和各行业之间进行横向对比，因此，需要构建统一的绿色评价体系，并促进绿色评级机构的发展，这不仅可以促进政府和监管部门的管理，同时也可以促使更多投资者将绿色方面因素纳入投资决策中。

第二，完善企业绿色信息披露制度。研究发现我国各公司有关绿色创新信息披露水平参差不齐。因此，政府部门可以通过制定强制性信息披露框架提高绿色创新数据的质量和数量，中国的监管机构也需要推动建立针对上市公司的环境、社会和公司治理信息披露政策，形成一个统一的、规范的、符合国际报告的标准。这样既可以促进我国绿色创新的发展，同时也有利于加强社会公众对企业ESG的监督。

第三，充分发挥绿色价值投资的引领作用。通过研究发现我国ESG投资和绿色创新投资仍然处于起步阶段，通过金融工具的创新实现ESG投资和绿色价值投资的引领作用，从而推动金融经济资源流向绿色创新领域。此外，政府部门在构建绿色价值投资体系时也要充分考虑到相应的金融体系和平台的设立标准，引导更多金融资源倾斜向绿色创新发展领域。例如，搭建碳排放交易市场等，通过市场这一"无形之手"和政府部门的政策实施，共同促进我国ESG和绿色创新体系的全面发展。

五、促进 ESG 投资的发展

我国ESG投资在发展过程中仍需要良好健康稳定的资本市场以及政府的政策措施保障，ESG投资有两方面的优势，首先有助于投资者长期获得更加稳定的回报，尤其是在相关政策制度、公司治理水平不完善的新兴市场国家，ESG为投资者的投资回报带来更为显著的正面影响；其次也有利于规避投资风险，高ESG评分的公司通常风险控制能力更强，合规制度更加完善。因此，相关部门需要采取积极的措施，促进ESG投资的发展，以促进投资者和企业践行ESG理念，促进我国经济健康可持续发展。

第一，促进ESG投资产品等绿色金融产品的协同与开发。在资本市场中进一步促进绿色投资和ESG投资的发展，我国可以在借鉴国外ESG投资的基础上，结合我国资本市场的实际，创新设计ESG投资产品，丰富ESG投资产品种类，进一步促进我国ESG责任投资的发展。同时也督促证券交易所及责任投资机构在促进ESG投资产品的协同中发挥其关键作用。

第二，积极引导投资者，增强ESG投资意识。在ESG投资的发展过程中，投资者的角色举足轻重。投资者在践行ESG投资理念的同时，能够促进ESG投资市场的形成和完善，并推动我国ESG投资的发展。个人投资者应该关注企业的各类ESG问题，选择ESG绩效良好的企业进行投资，逐步增强ESG投资理念。机构投资者也应该从自身出发，结合ESG更加注重长期投资收益的特点，推出更为人性化、更符合我国资本市场实际的ESG投资产品，以促进我国ESG投资的发展，并进一步推动我国资本市场的健康发展。

第三，加强政府对ESG领域的相关投资。已有研究表明政府的监督对推动地区企业的绿色创新水平具有关键的推动作用。因此，政府部门可以通过对绿色创新和 ESG 表现良好企业的投资政策支持，促进企业绿色创新水平的提升。同时，证券监管部门应该注重分析师在资本市场中发挥的作用，加强监督的有效性。此外，针对污染性企业，地方政府也应该加大监管力度，通过税收、市场和公众共同构建企业绿色创新所需的内外部环境，从而使企业的绿色创新投资不仅仅是迫于监管压力进行的。

参 考 文 献

毕立华，罗党论. 2021. 无实际控制人与中小投资者保护——来自中国资本市场的经验证据[J].
　　金融经济学研究，36（6）：113-129.

陈斌，李拓. 2020. 财政分权和环境规制促进了中国绿色技术创新吗?[J]. 统计研究，37（6）：
　　27-39.

陈钰芬，金碧霞，任奕. 2020. 企业社会责任对技术创新绩效的影响机制——基于社会资本的中
　　介效应[J]. 科研管理，41（9）：87-98.

陈泽文，陈丹. 2019. 新旧动能转换的环境不确定性背景下高管环保意识风格如何提升企业绩
　　效——绿色创新的中介作用[J]. 科学学与科学技术管理，40（10）：113-128.

丁方飞，范丽. 2009. 我国机构投资者持股与上市公司信息披露质量——来自深市上市公司的证
　　据[J]. 软科学，23（5）：18-23.

方先明，那晋领. 2020. 创业板上市公司绿色创新溢酬研究[J]. 经济研究，55（10）：106-123.

傅超，王文姣，傅代国. 2021. 高管从军经历与企业战略定位——来自战略差异度的证据[J]. 管
　　理科学，34（1）：66-81.

傅传锐，洪运超. 2018. 公司治理、产品市场竞争与智力资本自愿信息披露——基于我国 A 股高
　　科技行业的实证研究[J]. 中国软科学，（5）：123-134.

郝臣. 2008. 公司治理、股票估值与资产定价[J]. 经济管理，（13）：32-37.

黄金波，李仲飞，丁杰. 2017. 基于非参数核估计方法的均值-VaR 模型[J]. 中国管理科学，
　　25（5）：4-13.

黄泽悦，罗进辉，李向昕. 2022. 中小股东"人多势众"的治理效应——基于年度股东大会出席
　　人数的考察[J]. 管理世界，38（4）：159-185.

姜巍. 2019. 公司治理、产品市场竞争与股票收益[J]. 财经问题研究，（6）：50-57.

金秀，曲晓洁，刘家和. 2017. 考虑投资者心理的模糊多目标投资组合模型及交互式算法[J]. 系
　　统管理学报，26（6）：1081-1088，1096.

李大元，宋杰，陈丽，等. 2018. 舆论压力能促进企业绿色创新吗?[J]. 研究与发展管理，30（6）：
　　23-33.

李国成，肖庆宪. 2014. CVaR 投资组合问题求解的一种混合元启发式搜索算法[J]. 运筹与管理，23（6）：229-235.

李维安. 2016. 公司治理学[M]. 北京：高等教育出版社.

李维安，郝臣，崔光耀，等. 2019a. 公司治理研究 40 年：脉络与展望[J]. 外国经济与管理，41（12）：161-185.

李维安，李滨. 2008. 机构投资者介入公司治理效果的实证研究——基于 CCGI~（NK）的经验研究[J]. 南开管理评论，（1）：4-14.

李维安，李慧聪，郝臣. 2012b. 保险公司治理、偿付能力与利益相关者保护[J]. 中国软科学，（8）：35-44.

李维安，张立党，张苏. 2012a. 公司治理、投资者异质信念与股票投资风险——基于中国上市公司的实证研究[J]. 南开管理评论，15（6）：135-146.

李维安，张耀伟，郑敏娜，等. 2019b. 中国上市公司绿色治理及其评价研究[J]. 管理世界，35（5）：126-133，160.

梁巨方，韩乾. 2017. 商品期货可以提供潜在组合多样化收益吗?[J]. 金融研究，（8）：129-144.

刘柏，王馨竹. 2019. 企业研发投资对超额收益的影响研究[J]. 科研管理，40（5）：101-109.

刘家和，金秀，苑莹，等. 2018. 状态依赖和损失厌恶下的鲁棒投资组合模型及实证[J].管理工程学报，32（2）：196-201.

刘利敏，肖庆宪. 2014. 不允许卖空限制下跳-扩散模型的均值-方差策略选择[J]. 数理统计与管理，33（1）：83-92.

刘勇军，周敏娜，张卫国. 2020. 考虑背景风险的均值-半方差投资组合优化模型[J]. 系统工程理论与实践，40（9）：2282-2291.

陆瑶，张叶青，黎波，等. 2020. 高管个人特征与公司业绩——基于机器学习的经验证据[J]. 管理科学学报，23（2）：120-140.

牛建波，刘绪光. 2008. 董事会委员会有效性与治理溢价——基于中国上市公司的经验研究[J]. 证券市场导报，（1）：64-72.

潘翻番，徐建华，薛澜. 2020. 自愿型环境规制：研究进展及未来展望[J]. 中国人口·资源与环境，30（1）：74-82.

彭胜志，王福胜. 2013. 基于半定规划松弛的高阶投资组合优化研究[J]. 管理工程学报，27（2）：88-93.

齐绍洲，林屾，崔静波. 2018. 环境权益交易市场能否诱发绿色创新?——基于我国上市公司绿色专利数据的证据[J]. 经济研究，53（12）：129-143.

齐岳，郭怡群，刘彤阳. 2016. 五大发展下社会责任基金的深度分析和展望研究[J]. 中国人口·资源与环境，26（S1）：496-503.

齐岳，廖科智. 2021. 商品金融化背景下商品期货的多样化收益研究[J]. 中国管理科学，29（6）：

10-22.

齐岳，廖科智. 2022. 变动基数投资组合中的系统误差与估计误差权衡[J]. 运筹与管理，31（5）：
112-120.

齐岳，林龙. 2015. 投资组合模型的改进研究：基于企业社会责任视角的实证分析[J]. 运筹与管
理，24（3）：275-287.

齐岳，林龙，王治皓. 2015. 大数据背景下遗传算法在投资组合优化中的效果研究[J]. 中国管理
科学，23（S1）：464-469.

曲亮，任国良. 2010. 高管薪酬激励、股权激励与企业价值相关性的实证检验[J]. 当代经济科
学，32（5）：73-79，126.

沈红波，潘飞，高新梓. 2012. 制度环境与管理层持股的激励效应[J]. 中国工业经济，（8）：
96-108.

宋常，黄蕾，钟震. 2008. 产品市场竞争、董事会结构与公司绩效——基于中国上市公司的实证
分析[J]. 审计研究，（5）：55-60.

苏建皓，张延良，张笑玎. 2021. 市场危机时期公司治理与公司股价稳定性——基于 2015 年股
灾的经验证据[J]. 宏观经济研究，（2）：108-124.

唐跃军，左晶晶. 2012. 终极控制权、大股东制衡与信息披露质量[J]. 经济理论与经济管理，
（6）：83-95.

王灿杰，邓雪. 2019. 基于可信性理论的均值-熵-偏度投资组合模型及其算法求解[J]. 运筹与管
理，28（2）：154-159，192.

王金南，曹东，陈潇君. 2006. 国家绿色发展战略规划的初步构想[J]. 环境保护，（6）：
39-43，49.

王晓祺，郝双光，张俊民. 2020. 新《环保法》与企业绿色创新："倒逼"抑或"挤出"？[J].
中国人口·资源与环境，30（7）：107-117.

王秀国，伍慧玲. 2021. 基于修正 Black-Scholes 金融市场和下方风险测度的动态投资组合优化[J].
管理评论，33（3）：14-28.

王旭，褚旭. 2019. 基于企业规模门槛效应的外部融资对绿色创新影响研究[J]. 系统工程理论与
实践，39（8）：2027-2037.

王旭，王非. 2019. 无米下锅抑或激励不足？政府补贴、企业绿色创新与高管激励策略选择[J].
科研管理，40（7）：131-139.

魏立群，王智慧. 2002. 我国上市公司高管特征与企业绩效的实证研究[J]. 南开管理评论，
（4）：16-22.

吴育辉，吴世农. 2010. 高管薪酬：激励还是自利？——来自中国上市公司的证据[J]. 会计研
究，（11）：40-48，96-97.

席宁，严继超. 2010. 利益相关者治理与公司财务绩效——来自中国制造业上市公司的经验[J].
经济与管理研究，（2）：75-80.

熊彼特 J. 2019. 经济发展理论[M]. 贾拥民译. 北京：中国人民大学出版社.

徐沛劼. 2020. 高管薪酬、董事会治理与分类转移[J]. 财贸经济，41（3）：80-99.

徐晓东，陈小悦. 2003. 第一大股东对公司治理、企业业绩的影响分析[J]. 经济研究，（2）：64-74，93.

杨大可. 2022. 中国监事会真的可有可无吗?——以德国克服监事会履职障碍的制度经验为镜鉴[J]. 财经法学，（2）：3-15.

杨瑞龙，周业安. 2001. 企业共同治理的经济学分析[M]. 北京：经济科学出版社.

叶陈刚，裘丽，张立娟. 2016. 公司治理结构、内部控制质量与企业财务绩效[J]. 审计研究，（2）：104-112.

尹夏楠，明华，耿建芳. 2021. 高管薪酬激励对企业资源配置效率的影响研究——基于产权性质和行业异质性视角[J]. 中国软科学，（S1）：260-267.

于飞，刘明霞，王凌峰，等. 2019. 知识耦合对制造企业绿色创新的影响机理——冗余资源的调节作用[J]. 南开管理评论，22（3）：54-65，76.

张鹏. 2008. 不允许卖空情况下均值-方差和均值-VaR 投资组合比较研究[J]. 中国管理科学，15（4）：211-216.

张鹏，龚荷珊. 2018. 可调整的均值-半方差可信性投资组合绩效评价[J]. 模糊系统与数学，32（1）：144-157.

张鹏，张卫国，张逸菲. 2016. 具有最小交易量限制的多阶段均值-半方差投资组合优化[J]. 中国管理科学，24（7）：11-17.

张鹏，张忠桢，岳超源. 2006. 限制性卖空的均值-半绝对偏差投资组合模型及其旋转算法研究[J]. 中国管理科学，（2）：7-11.

张文魁. 2000. 企业负债的作用和偿债保障机制研究[J]. 经济研究，（7）：48-55，79-80.

张兆国，张弛，曹丹婷. 2019. 企业环境管理体系认证有效吗[J]. 南开管理评论，22（4）：123-134.

张兆国，张弛，裴潇. 2020. 环境管理体系认证与企业环境绩效研究[J]. 管理学报，17（7）：1043-1051.

赵玉洁. 2014. 公司治理质量与股票收益的渐进性[J]. 财经论丛，（5）：59-66.

郑国坚，蔡贵龙，卢昕. 2016. "深康佳"中小股东维权："庶民的胜利"抑或"百日维新"?—— 一个中小股东参与治理的分析框架[J]. 管理世界，（12）：145-158，188.

钟宁桦，唐逸舟，王姝晶，等. 2021. 融资融券与机构投资者交易占比[J]. 管理科学学报，24（1）：1-18.

周力，沈坤荣. 2020. 国家级城市群建设对绿色创新的影响[J]. 中国人口·资源与环境，30（8）：92-99.

周泽将，雷玲. 2020. 纪委参与改善了国有企业监事会的治理效率吗？——基于代理成本视角的考察[J]. 财经研究，46（3）：34-48.

卓文燕，邵斌. 2002. 公司治理结构的模式比较及我国公司治理结构模式的选择[J]. 经济工作导刊，（12）：8-10.

Abdelaziz F B. 2007. Multiple objective programming and goal programming: new trends and applications[J]. European Journal of Operational Research, 177（3）: 1520-1522.

Alexander G J, Baptista A M. 2004. A comparison of VaR and CVaR constraints on portfolio selection with the mean-variance model[J]. Management Science, 50（9）: 1261-1273.

Alexander G J, Resnick B G. 1985. Using linear and goal programming to immunize bond portfolios[J]. Journal of Banking and Finance, 9（1）: 35-54.

Alok S, Kumar N, Wermers R. 2020. Do fund managers misestimate climatic disaster risk?[J]. Review of Financial Studies, 33（3）: 1147-1183.

Andreou P C, Antoniou C, Horton J, et al. 2016. Corporate governance and firm-specific stock price crashes[J]. European Financial Management, 22（5）: 916-956.

Anton H, Bivens I, Davis S. 2015. Calculus: Early Transcendentals[M]. New York: John Wiley & Sons.

Arenas-Parra M, Bilbao-Terol A, Uría M V R. 2001. A fuzzy goal programming approach to portfolio selection[J]. European Journal of Operational Research, 133（2）: 287-297.

Ballestero E, Bilbao-Terol A, Arenas-Parra M, et al. 2009. Selecting portfolios given multiple Eurostoxx-based uncertainty scenarios: a stochastic goal programming approach from fuzzy betas[J]. Information Systems and Operational Research, 47（1）: 59-70.

Ballestero E, Bravoab M, Plà-Santamaria D. 2012. Socially responsible investment: a multicriteria approach to portfolio selection combining ethical and financial objectives[J]. European Journal of Operational Research, 216（2）: 487-494.

Barnett M, Brock W, Hansen L P. 2020. Pricing uncertainty induced by climate change[J]. Review of Financial Studies, 33（3）: 1024-1066.

Bebchuk L, Cohen A, Ferrell A. 2009. What matters in corporate governance?[J]. The Review of Financial Studies, 22（2）: 783-827.

Benth F E, Karlsen K H, Reikvam K. 2003. Merton's portfolio optimization problem in a black and scholes market with non-Gaussian stochastic volatility of Ornstein-Uhlenbeck type[J]. Mathematical Finance, 13（2）: 215-244.

Berg F, Kölbel J F, Rigobon R. 2022. Aggregate confusion: the divergence of ESG ratings[J]. Review of Finance, 26（6）: 1315-1344.

Berle A A, Means G C. 1932. The Modern Corporation and Private Property[M]. New York: Macmillan.

Berrone P, Fosfuri A, Gelabert L, et al. 2013. Necessity as the mother of "green" inventions: institutional pressures and environmental innovations[J]. Strategic Management Journal, 34（8）:

891-909.

Berrone P, Fosfuri A, Gelabert L. 2017. Does greenwashing pay off? Understanding the relationship between environmental actions and environmental legitimacy[J]. Journal of Business Ethics, 144（2）：363-379.

Besanko D, Kanatas G. 1993. Credit market equilibrium with bank monitoring and moral hazard[J]. Review of Financial Studies, 6：213-232.

Bhattacharya U, Daouk H. 2002. The world price of insider trading[J]. Journal of Finance, 57：75-108.

Bilbao-Terol A, Arenas-Parra M, Cañal-Fernández V. 2012. Selection of socially responsible portfolios using goal programming and fuzzy technology[J]. Information Sciences, 189（7）：110-125.

Bilbao-Terol A, Arenas-Parra M, Cañal-Fernández V, et al. 2013. Selection of socially responsible portfolios using hedonic prices[J]. Journal of Business Ethics, 115（3）：515-529.

Black F, Litterman R. 1991. Asset equilibrium：combining investor views with market equilibrium[J]. Journal of Fixed Income, 1：7-18.

Bodie Z, Kane A, Marcus A J. 2018. Essentials of Investments[M]. 11th ed. New York：McGraw-Hill Education.

Botte M, Schöbel A. 2019. Dominance for multi-objective robust optimization concepts[J]. European Journal of Operational Research, 273（2）：430-440.

Brandt M W. 2006. Hedging demands in hedging contingent claims[J]. Review of Economics and Statistics, 85（1）：119-140.

Brockwell P J, Davis R A. 1987. Time Series：Theory and Methods[M]. 1st ed. New York：Springer.

Bushee B J, Carter M E, Gerakos J. 2014. Institutional investor preferences for corporate governance mechanisms[J]. Journal of Management Accounting Research, 26（2）：123-149.

Cainelli G, de Marchi V, Grandinetti R. 2015. Does the development of environmental innovation require different resources? Evidence from Spanish manufacturing firms[J]. Journal of Cleaner Production, 94（5）：211-220.

Carhart M M. 1997. On persistence in mutual fund performance[J]. Journal of Finance, 52（1）：57-82.

Cecere G, Corrocher N, Cédric Gossar, et al. 2014. Technological pervasiveness and variety of innovators in Green ICT：a patent-based analysis[J]. Research Policy, 43（10）：1827-1839.

Chamberlain G. 1983. A characterization of the distributions that imply mean-variance utility functions[J]. Journal of Economic Theory, 29（1）：185-201.

Chan L K C, Lakonishok J, Sougiannis T. 2001. The stock market valuation of research and development expenditures[J]. The Journal of Finance, 56（6）: 2431-2456.

Chang C H. 2011. The influence of corporate environmental ethics on competitive advantage: the mediation role of green innovation[J]. Journal of Business Ethics, 104（3）: 361-370.

Chang T J, Meade N, Beasley J E, et al. 2000. Heuristics for cardinality constrained portfolio optimization[J]. Computers and Operations Research, 27（13）: 1271-1302.

Charnes A. 1955. Future of mathematics in management science[J]. Management Science, 1（2）: 180-182.

Charnes A, Cooper W. 1961. Management Models and Industrial Applications of Linear Programming[M]. Hoboken: Wiley.

Chatterji A K, Durand R, Levine D I, et al. 2016. Do ratings of firms converge? Implications for managers, investors and strategy researchers[J]. Strategic Management Journal, 37（8）: 1597-1614.

Chen C. 2004. Detecting and mapping thematic changes in transient networks[J]. IEEE Computer Society, 8（10）: 1023-1034.

Chen C. 2006. CiteSpace II: detecting and visualizing emerging trends and transient patterns in scientific literature[J]. Journal of the China Society for Scientific and Technical Information, 57（3）: 359-377.

Chen J S, Liao B P. 2007. Piecewise Nonlinear Goal-directed CPPI Strategy[M]. Oxford: Pergamon Press.

Chen T, Dong H, Lin C. 2020. Institutional shareholders and corporate social responsibility: evidence from two quasi-natural experiments[J]. Journal of Financial Economics, 135（2）: 484-504.

Chen Y S, Lai S B, Wen C T. 2006. The influence of green innovation performance on corporate advantage in Taiwan[J]. Journal of Business Ethics, 67（4）: 331-339.

Chia C P, Goldberg L R, Owyong D T, et al. 2009. Is there a green factor?[J]. Journal of Portfolio Management, 35（3）: 34-40.

Chow K V, Hulburt H M. 2000. Value, size, and portfolio efficiency[J].Journal of Portfolio Management, 26（3）: 78-89.

Chu Y, Tian X, Wang W. 2019. Corporate innovation along the supply chain[J]. Management Science, 65（6）: 2445-2466.

Chung H, Lee H H, Tsai P C. 2012. Are green fund investors really socially responsible?[J]. Review of Pacific Basin Financial Markets & Policies, 15（4）: 1-25.

Chung K, Elder J, Kim J. 2010. Corporate governance and liquidity[J]. Journal of Financial and Quantitative Analysis, 45（2）: 265-291.

Chung K H, Zhang H. 2011. Corporate governance and institutional ownership[J]. Journal of

Financial and Quantitative Analysis, 46（1）: 247-273.

Cleff T, Rennings K. 2012. Are there any first-mover advantages for pioneering firms? Lead market orientated business strategies for environmental innovation[J]. European Journal of Innovation Management, 15（4）: 491-513.

Climent F, Soriano P. 2011. Green and good? The investment performance of US environmental mutual funds[J]. Journal of Business Ethics, 103（2）: 275-287.

Cohen L, Diether K B, Malloy C J. 2012. Misvaluing innovation[J]. Review of Financial Studies, 26（3）: 635-666.

Cohen L, Lou D. 2012. Complicated firms[J]. Journal of Financial Economics, 104（2）: 383-400.

Costantini V, Crespi F, Martini C, et al. 2015. Demand-pull and technology-push public support for eco-innovation: the case of the biofuels sector[J]. Research Policy, 44（3）: 577-595.

DellaVigna S, Pollet J M. 2007. Demographics and industry returns[J]. American Economic Review, 70（2）: 193-225.

Delmas M, Blass V D. 2010. Measuring corporate environmental performance: the trade-offs of sustainability ratings[J]. Business Strategy and the Environment, 19（4）: 245-260.

Delmas M A, Montes-Sancho M J. 2010. Voluntary agreements to improve environmental quality: symbolic and substantive cooperation[J]. Strategic Management Journal, 31（6）: 575-601.

DeMiguel V, Garlappi L, Nogales F J, et al. 2009a. A generalized approach to portfolio optimization : improving performance by constraining portfolio norms[J]. Management Science, 55（5）: 798-812.

DeMiguel V, Garlappi L, Uppal R. 2009b. Optimal versus naive diversification: how inefficient is the 1/N portfolio strategy?[J]. Review of Financial Studies, 22: 1915-1953.

DeMiguel V, Martin-Utrera A, Nogales F J. 2013. Size matters: optimal calibration of shrinkage estimators for portfolio selection[J]. Journal of Banking & Finance, 37（8）: 3018-3034.

Dong R, Fisman R J, Wang Y, et al. 2020. Air pollution, affect, and forecasting bias: evidence from Chinese financial analysts[J]. Journal of Financial Economics, 139（3）: 971-984.

Drenovak M, Ranković V, Ivanović M, et al. 2016. Market risk management in a post-Basel Ⅱ regulatory environment[J]. European Journal of Operational Research, 257（3）: 1030-1044.

Ehrgott M. 2005. Multicriteria Optimization[M]. Berlin: Springer-Verlag.

Ehrgott M, Klamroth K, Schwehm C. 2004. An MCDM approach to portfolio optimization[J]. European Journal of Operational Research, 155（3）: 752-770.

Ehrgott M, Löhne A, Shao L. 2012. A dual variant of Benson's "outer approximation algorithm" for multiple objective linear programming[J]. Journal of Global Optimization, 52（4）: 757-778.

Ehrgott M, Waters C, Gasimov R N, et al. 2006. Multi-objective programming and multi-attribute utility functions in portfolio optimization[J]. Information Systems and Operational Research, 47 (1): 31-42.

Elton E J, Gruber M J, Brown S J, et al. 2014. Modern Portfolio Theory and Investment Analysis[M]. 9th ed. NewYork: Jonh Wiley & Sons.

Fama E F. 1970. Efficient capital markets-review of theory and empirical work[J]. Journal of Finance, 25 (2): 383-423.

Fama E F, French K R. 1992. The cross-section of expected stock returns[J]. Journal of Finance, 47 (2): 427-465.

Fama E F, French K R. 1993. Common risk factors in the returns on stocks and bonds[J]. Journal of Financial Economics, 33 (1): 3-56.

Fama E F, French K R. 1996. Multifactor explanations of asset pricing anomalies[J]. Journal of Finance, 51 (1): 55-84.

Fama E F, French K R. 2015. A five-factor asset pricing model[J]. Journal of Financial Economics, 116 (1): 1-22.

Fama E F, French K R. 2018. Choosing factors[J]. Journal of Financial Economics, 128 (1): 234-252.

Fama E F, French K R. 2020. Comparing cross-section and time-series factor models[J]. Review of Financial Studies, 33 (5): 1891-1926.

Fama E F, Macbeth J D. 1973. Risk, return and equilibrium: emprirical tests[J]. Journal of Political Economy, 81 (3): 607-636.

Flammer C. 2021. Corporate green bonds[J]. Journal of Financial Economics, 142 (2): 499-516.

Galema R, Plantinga A, Scholtens B. 2008. The stocks at stake: return and risk in socially responsible investment[J]. Journal of Banking & Finance, 32 (12): 2646-2654.

Gao Y, Xiong X, Feng X. 2020. Responsible investment in the Chinese stock market[J]. Research in International Business and Finance, 52: 101173.

Gompers P, Ishii J, Metrick A. 2003. Corporate governance and equity prices[J]. The Quarterly Journal of Economics, 118 (1): 107-155.

Grant R M. 1996. Toward a knowledge-based theory of the firm[J]. Strategic Management Journal, 17 (S2): 109-122.

Gratcheva E M, Falk J E. 2003. Optimal deviations from an asset allocation[J]. Computers and Operations Research, 30 (11): 1643-1659.

Grossman S J, Stiglitz J E. 1980. Stockholder unanimity in making production and financial decisions[J]. Quarterly Journal of Economics, 94 (3): 543-566.

Gupta F, Eichhorn D. 1998. Mean-variance optimization for practitioners of asset allocation//

Handbook of Portfolio Management[M]. New Hope：Frank J. Fabozzi Associates.

Hail L，Leuz C. 2006. International differences in cost of capital：do legal institutions and securities regulation matter? [J]. Journal of Accounting Research，44（3）：485-531.

Harrison H，Karolyi G A，Scheinkman J A. 2020. Climate finance[J]. Review of Financial Studies，33（3）：1011-1023.

Hartzmark S M，Sussman A B. 2019. Do investors value sustainability? A natural experiment examining ranking and fund flows[J]. Journal of Finance，74（6）：2789-2837.

Harvey C R，Liu Y，Zhu H. 2016. ...and the cross-section of expected returns[J]. Review of Financial Studies，29（1）：29-58.

Hirschberger M，Steuer R E，Utz S，et al. 2013. Computing the nondominated surface in tri-criterion portfolio selection[J]. Operations Research，61（1）：169-183.

Hirshleifer D，Hsu P H，Li D. 2013. Innovative efficiency and stock returns[J]. Journal of Financial Economics，107（3）：632-654.

Hirshleifer D，Hsu P H，Li D. 2018. Innovative originality，profitability，and stock returns[J]. Review of Financial Studies，25（25）：63-68.

Hirshleifer D，Lim S S，Teoh S H. 2009. Driven to distraction：extraneous events and underreaction to earnings news[J]. Journal of Finance，64（5）：2287-2323.

Hirshleifer D，Teoh S H. 2003. Limited attention，information disclosure，and financial reporting[J]. Journal of Accounting & Economics，36（1/3）：370-386.

Ho C，Oh K B. 2010. Selecting internet company stocks using a combined DEA and AHP approach[J]. International Journal of Systems Science，41（3）：325-336.

Horbach J，Rammer C，Rennings K. 2012. Determinants of eco-innovations by type of environmental impact：the role of regulatory push/pull，technology push and market pull[J]. Ecological Economics，78（6）：112-122.

Hu A，Kumar P. 2004. Managerial entrenchment and payout policy[J]. Journal of Financial and Quantitative Analysis，39（4）：759-790.

Huang C F，Litzenberger R H. 1988. Foundations for Financial Economics[M]. Englewood Cliffs：Prentice Hall.

Huang H，Wang C. 2013. Portfolio selection and portfolio frontier with background risk[J].The North American Journal of Economics and Finance，26：177-196.

Huang J W，Li Y H. 2017. Green innovation and performance：the view of organizational capability and social reciprocity[J]. Journal of Business Ethics，145（2）：1-16.

Huang K Y，Jane C J. 2009. A hybrid model for stock market forecasting and portfolio selection based on ARX，grey system and RS theories[J]. Expert Systems with Applications，36（3）：5387-5392.

Huang X. 2008. Mean-semivariance models for fuzzy portfolio selection[J].Journal of Computational and Applied Mathematics, 217（1）: 1-8.

Hurson C, Zopounidis C. 1997. On the use of multicriteria decision aid methods to portfolio selection//Clímaco J, Ferreira C, Captivo M E. Multicriteria Analysis[M]. Berlin: Springer.

Hwang I, Xu S, In F. 2018. Naive versus optimal diversification: tail risk and performance[J]. European Journal of Operational Research, 265（1）: 372-388.

Jaffe A B, Palmer K. 1997. Environmental regulation and innovation: a panel data study[J]. Review of Economics and Statistics, 79（4）: 19-61.

Jagannathan R, Ma T. 2003. Risk reduction in large portfolios: why imposing the wrong constraints helps[J]. Journal of Finance, 58（3）: 1651-1684.

James P. 1997. The sustainability circle: a new tool for product development and design[J]. Journal of Sustainable Product Design, 2（1）: 52-57.

Ji X, Zhu S, Wang S, et al. 2005. A stochastic linear goal programming approach to multistage portfolio management based on scenario generation via linear programming[J]. IIE Transactions, 37（10）: 957-969.

Johnstone N, Hascic I, Popp D. 2010. Renewable energy policies and technological innovation: evidence based on patent counts[J]. Environmental & Resource Economics, 45（1）: 133-155.

Kahneman D. 1973. Attention and Effort[M]. Englewood Cliffs: Prentice-Hall.

Kahneman D, Tversky A. 1978. Judgment under uncertainty: heuristics and biases[J]. Science, 185（4157）: 17-34.

Kahneman D, Tversky A. 1979. Prospect theory: an analysis of decision under risk[J]. Econometrica, 47（2）: 263-291.

Karvonen M, Kapoor R, Uusitalo A, et al. 2006. Technology competition in the internal combustion engine waste heat recovery: a patent landscape analysis[J]. Journal of Cleaner Production, 112（5）: 3735-3743.

Kemp R, Pearson P. 2008. Measuring eco-innovation: final report MEI project for the European commission[R]. Brussels: EC.

Klemmer P, Lehr U, Loebbe K. 1999. Environmental innovation. Volume 3 of publications from a Joint Project on Innovation Impacts of Environmental Policy Instruments[R]. Synthesis Report of a project commissioned by the German Ministry of Research and Technology, Analytica-Verlag, Berlin.

Kuhn H W, Tucker A W. 1951. Nonlinear programming[J]. Berkeley Symposium on Mathematical Statistics and Probability, 2: 481-492.

Kunapatarawong R, Martínez-Ros E. 2016. Towards green growth: how does green innovation affect employment?[J]. Research Policy, 45（6）: 1218-1232.

Ledoit O, Wolf M. 2003. Improved estimation of the covariance matrix of stock returns with an application to portfolio selection[J]. Journal of Empirical Finance, 10 (5): 603-621.

Ledoit O, Wolf M. 2004. Honey, I shrunk the sample covariance matrix[J]. Journal of Portfolio Management, 30 (4): 110-119.

Lee C M C, Sun S T, Wang R, et al. 2019. Technological links and predictable returns[J]. Journal of Financial Economics, 132 (3): 76-96.

Levy H, Markowitz H M. 1979. Approximating expected utility by a function of mean and variance[J]. American Economic Review, 69 (69): 308-317.

Li B, Li D, Xiong D. 2016. Alpha-robust mean-variance reinsurance-investment strategy[J]. Journal of Economic Dynamics and Control, 70 (6): 101-123.

Li D, Zhao Y, Zhang L, et al. 2018. Impact of quality management on green innovation[J]. Journal of Cleaner Production, 170 (1): 462-470.

Li J, Massa M, Zhang H, et al. 2019. Air pollution, behavioral bias, and the disposition effect in China[J]. Journal of Financial Economics, 142 (2): 641-673.

Li W, Chen C C, French J J. 2012. The relationship between liquidity, corporate governance, and firm valuation: evidence from Russia[J].Emerging Markets Review, 13 (4): 465-477.

Lin C C, Liu Y T. 2008. Genetic algorithms for portfolio selection problems with minimum transaction lots[J]. European Journal of Operational Research, 185 (1): 393-404.

Lintner J. 1965a. Security prices, risk, and maximal gains from diversification[J]. Journal of Finance, 20 (4), 587-615.

Lintner J. 1965b. The valuation of risk assets and the selection of risk investments in stock portfolios and capital budgets [J]. Review of Economics and Statistics, 47 (1): 13-37.

Lo A W, Petrov C, Wierzbicki M. 2003. It's 11pm - Do you know where your liquidity is? The mean-variance-liquidity frontier[J]. Journal of Investment Management, 1 (1): 55-93.

Markowitz H M. 1952. Portfolio selection[J]. Journal of Finance, 7 (1): 77-91.

Markowitz H M. 1956. The optimization of a quadratic function subject to linear constraints[J]. Naval Research Logistics Quarterly, 3 (1/2): 111-133.

Markowitz H M. 1959. Portfolio Selection: Efficient Diversification in Investments[M]. New York: John Wiley & Sons.

Markowitz H M. 1991. Foundations of portfolio selection[J]. Journal of Finance, 46 (2): 469-477.

Markowitz H M. 1999. The early history of portfolio theory: 1600-1960[J]. Financial Analysts Journal, 55 (4): 5-16.

Markowitz H M. 2014. Mean-variance approximations to expected utility[J]. European Journal of Operational Research, 234 (2): 346-355.

Markowitz H M, Todd G P. 2000. Mean-Variance Analysis in Portfolio Choice and Capital

Markets[M]. Hoboken：Wiley.

Marquis C，Toffel M W，Zhou Y. 2016. Scrutiny，norms，and selective disclosure：a global study of greenwashing[J]. Organization Science，27（2）：483-504.

Mclean R D，Pontiff J. 2016. Does academic research destroy stock return predictability?[J]. Journal of Finance，71（1）：5-32.

Merton R C. 1972. An analytic derivation of the efficient portfolio frontier[J]. Journal of Financial and Quantitative Analysis，7（4）：1851-1872.

Meucci A，InCont R，Tankov P. 2010. The Black-Litterman Approach：Original Model and Extensions in the Encyclopedia of Quantitative Finance[M]. Hoboken，New York：John Wiley & Sons.

Michaud R O. 1989. The markowitz optimization enigma：is "optimized" optimal?[J]. Financial Analysts Journal，45（1）：31-42.

Mukandwal P S，Cantor D E，Grimm C M，et al. 2020. Do firms spend more on suppliers that have environmental expertise? An empirical study of U.S. manufacturers' procurement spend：supplier environmental expertise[J]. Journal of Business Logistics，41（2）：129-148.

Ogryczak W. 2000. Multiple criteria linear programming model for portfolio selection[J]. Annals of Operations Research，97（1）：143-162.

Papahristodoulou C，Dotzauer E. 2004. Optimal portfolios using linear programming models[J]. Journal of the Operational Research Society，55：1169-1177.

Pedersen L H，Fitzgibbons S，Pomorski L. 2020. Responsible investing：the ESG-efficient frontier[J]. Journal of Financial Economics，142（2）：572-597.

Pendaraki K，Zopounidis C，Doumpos M. 2005. On the construction of mutual fund portfolios：a multicriteria methodology and an application to the Greek market of equity mutual funds[J]. European Journal of Operational Research，163（2）：462-481.

Penman S H，Zhang X J. 2002. Accounting conservatism，the quality of earnings，and stock returns[J]. Accounting Review，77（2）：237-264.

Porter M E，Vanderlinde C V D. 1995. Towards a new conception of the environment-competitiveness relationship[J]. Journal of Economic Perspectives，4（4）：97-118.

Prommin P，Jumreornvong S，Jiraporn P. 2014. The effect of corporate governance on stock liquidity：the case of Thailand[J]. International Review of Economics & Finance，32：132-142.

Przychodzen W，Dante I，LeyvadelaHiz D，et al. 2019. First-mover advantages in green innovation-opportunities and threats for financial performance：a longitudinal analysis[J]. Corporate Social Responsibility and Environmental Management，27（1）：1-19.

Qi G Y，Shen L Y，Zeng S X，et al. 2010. The drivers for contractors' green innovation：an industry perspective[J]. Journal of Cleaner Production，18（14）：1358-1365.

Qi Y. 2017. On the criterion vectors of lines of portfolio selection with multiple quadratic and multiple linear objectives[J]. Central European Journal of Operations Research, 25（1）, 145-158.

Qi Y. 2018. On outperforming social-screening-indexing by multiple-objective portfolio selection [J]. Annals of Operations Research, 267（1/2）: 493-513.

Qi Y, Steuer R E, Wimmer M. 2017. An analytical derivation of the efficient surface in portfolio selection with three criteria[J]. Annals of Operations Research, 251（1/2）: 161-177.

Qi Y, Zhang Y, Ma S. 2019. Parametrically computing efficient frontiers and reanalyzing efficiency-diversification discrepancies and naive diversification[J]. Information Systems and Operational Research Journal, 57（3）: 430-453.

Renneboog L, Horst J T, Zhang C. 2008. Socially responsible investments: institutional aspects, performance, and investor behavior[J]. Journal of Banking and Finance, 32（9）: 1723-1742.

Rennings K. 2000. Redefining innovation-eco-innovation research and the contribution from ecological economics[J]. Ecological Economics, 32（2）: 319-332.

Rockafellar R T, Uryasev S. 2002. Conditional value-at-risk for general loss distributions[J]. Journal of Banking & Finance, 26（7）: 1443-1471.

Romer P M. 1986. Increasing returns and long-run growth[J]. Journal of Political Economy, 94（5）: 1002-1037.

Ross S A. 1976. The arbitrage theory of capital asset pricing[J]. Journal of Economic Theory, 13（3）: 341-360.

Rubashkina Y, Galeotti M, Verdolini E. 2015. Environmental regulation and competitiveness: empirical evidence on the Porter Hypothesis from European manufacturing sectors[J]. Energy Policy, 83（8）: 288-300.

Sharpe W F. 1963. A simplified model for portfolio analysis[J]. Management Science, 9（2）: 277-293.

Sharpe W F. 1964. Capital asset prices: a theory of market equilibrium under conditions of risk[J]. Journal of Finance, 19（3）, 425-442.

Sharpe W F. 1967. A linear programming algorithm for mutual fund portfolio selection[J]. Management Science, 13（7）: 499-510.

Sharpe W F. 2011. Investors and Markets: Portfolio Choices, Asset Prices, and Investment Advice[M]. Princeton: Princeton University Press.

Shleifer A, Vishny R W. 1994. Politicians and firms[J]. Quarterly Journal of Economics, 109（4）: 995-1025.

Stein C. 1956. Inadmissibility of the usual estimator for the mean of a multivariate normal distribution[C]. Proceeding of the Third Berkeley Symposium Mathematical and Statistics Probability.

Steuer R E. 1986. Multiple Criteria Optimization: Theory, Computation, and Application[M]. New York: John Wiley & Sons.

Steuer R E, Na P. 2003. Multiple criteria decision making combined with finance: a categorized bibliographic study[J]. European Journal of Operational Research, 150（3）: 496-515.

Steuer R E, Qi Y, Hirschberger M. 2007. Suitable-portfolio investors, nondominated frontier sensitivity, and the effect of multiple objectives on standard portfolio selection[J]. Annals of Operations Research, 152（1）: 297-317.

Stone B K. 1973. A linear programming formulation of the general portfolio selection problem[J]. Journal of Financial & Quantitative Analysis, 8（4）: 621-636.

Tu J, Zhou G. 2011. Markowitz meets Talmud: a combination of sophisticated and naive diversification strategies[J]. Journal of Financial Economics, 99（1）: 204-215.

Tuba M, Bacanin N. 2014. Artificial bee colony algorithm hybridized with firefly algorithm for cardinality constrained mean-variance portfolio selection problem[J]. Applied Mathematics and Information Sciences, 8（6）: 2831-2844.

Wang C, Lin L, Li M. 2018 "Governance" premium? Evidences from the nine emerging markets of Asia[C]. Corporate Ownership & Control, 6: 6-14.

Wu H C. 2009. The Karush-Kuhn-Tucker optimality conditions for multi-objective programming problems with fuzzy-valued objective functions[J]. Fuzzy Optimization and Decision Making, 196（1）: 1-28.

Xidonas P, Mavrotas G, Krintas T, et al. 2009. Multicriteria Portfolio Management[M]. New York: Springer.

Xie S, Li Z, Wang A. 2008. Continuous-time portfolio selection with liability: mean-variance model and stochastic LQ approach[J]. Insurance: Mathematics and Economics, 42（3）: 943-953.

Yang X. 2006. Improving portfolio efficiency: a genetic algorithm approach[J]. Computational Economics, 28（1）: 1-14.

Yu P Y, Luu B V, Chen C H. 2020. Greenwashing in environmental, social and governance disclosures[J]. Research in International Business and Finance, 52: 101192.

Zhao L, Chakrabarti D, Muthuraman K. 2019. Portfolio construction by mitigating error amplification: the bounded-noise portfolio[J]. Operations Research, 67（4）: 965-983.

Zhao S, Lu Q, Han L, et al. 2014. A mean-CVaR-skewness portfolio optimization model based on asymmetric Laplace distribution[J]. Annals of Operation Research, 226（1）: 727-739.

Zhu H, Guo Y, Wu J, et al. 2011b. Paralleling euclidean particle swarm optimization in CUDA[J]. Expert Systems with Applications, 38（8）: 10161-10169.

Zhu H, Wang Y, Wang K, et al. 2011a. Particle Swarm Optimization（PSO）for the constrained

portfolio optimization problem[J]. Expert Systems with Applications an International Journal,
　　38（8）：10161-10169.

Zopounidis C, Galariotis E, Doumpos M, et al. 2015. Multiple criteria decision aiding for finance:
　　an updated bibliographic survey[J]. European Journal of Operational Research, 247（2）:
　　339-348.